試される民主主義（上）

20世紀ヨーロッパの政治思想

試される民主主義（上）

20世紀ヨーロッパの政治思想

Contesting Democracy:
Political Ideas in Twentieth-Century Europe

ヤン＝ヴェルナー・ミュラー【著】
Jan-Werner Müller

板橋拓己／田口 晃【監訳】

五十嵐美香／五十嵐元道／川嶋周一／
佐藤貴史／福田 宏【訳】

岩波書店

CONTESTING DEMOCRACY
Political Ideas in Twentieth-Century Europe

by Jan-Werner Müller

First published 2011 by Yale University Press, New Haven.
This Japanese edition published 2019
by Iwanami Shoten, Publishers, Tokyo
by arrangement with Yale Representation Limited, London
though The English Agency (Japan) Ltd., Tokyo

日本語版に寄せて

『試される民主主義』が完成した二〇一〇年の夏以来、ヨーロッパは多くの政治的（ならびに経済的、社会的）混乱を経てきた。世界全体が経験した劇的な政治展開、つまり「グローバリゼーションに対する反発」としての、いわゆる「ポピュリズム」の台頭と新たな権威主義体制の登場について、実のところ、われわれはいまだ充分に理解できていない。こうした不吉な傾向を、本書で展開された議論の筋道と関連付けるとすれば、どういうことになるのだろうか。

いまも試される民主主義の時代

「民主主義」は、少なくとも言葉の上では、いまでもほとんど全人類的な支持を得ている。地球全体を見ても、民主主義を否定する指導者はまず、いない。中国の指導層ですら、実は自分たちこそ、もっと優れた民主主義の形態を実現しているのだと時には主張しているのである。とはいえ、民主主義は、ここ半世紀(それ以前からとは言わないが)経験したことのないような仕方で疑惑の対象にされてもいる。この不確かな感じは、ここ数年のうちに地球上の実際の民主主義国の数が減少してきているという、世界中で「民主主義の後退」と呼ばれている(議論の余地がある)命題とはあまり関係がない。むしろ、新しい不確実感が二つの特有の形をとって現れていると言ったほうがよいだろう。ひとつは、自ら民主主義者だと公言し、しかし、やることを見ればとてもそうとは思われない政治家たちに対して、口もきけないという状況である。たとえばハンガリーのヴィクトル・オルバーンのように、自ら「非自由主義的民主主義者」を名乗る政治家のどこが実際におかしいのか、正確に言うことが観測者の多くにはできないのである。もうひとつの不確実感は、いまでも「西側」(この概念自体がますます怪しくなっている)と呼ばれている地域全域で見られる、何か本質的に民主主義がうまくいっていないという印象に関連している。さまざまな兆候自体はいまではよく知られている。社会・経済的格差の増大、いわゆるポピュリズム的な政党や運動の興隆、高まる棄権率と政治的疎外感のあからさまな表明などである。実際には民主主義者でないかもしれない自称民主主義者を批判することが困難なのと同様に、民主主義か否かを判定する基準を定め、それを守ることにも困難が付きまとうのである。別の言い方をすれば、民主主義は町にひとつしかないゲームのように見えるのに、どのようなルールとそこからどのような結果が期待されるのか、それがわれわれにはますます不確かになってきているのではないだろうか。

その結果、われわれの時代はたとえようもなく複雑で、理解困難なのだ、と言ってあきらめがちに自己満足してすますこともめずらしくない。二〇世紀を生きたわれわれの直前の先祖たちはもっと簡単に時代を扱えたのではないかなどとさえ思えてくる。しかし、それはとんでもない間違いだ。本書でわたしが示そうとしたように、民主主義という概念の意味をめぐって長い間激しい論争が行われてきたのであって、たとえばスターリン主義者やナチスのように、われわれがはっきりと反民主主義者だと見なす人びとも、しばしば民主主義の固有の価値を実現していると主張していたのである。しかも、こんにちでは大部分が忘れ去られているけれども、入念な理論的正当化を行って、そうしたのであった。その一部、たとえばイタリア・ファシズムに対するジェンティーレの理論については本書で論じられている。別の言い方をすれば、いくつかの思想は公然と提示されたから、そうした正当化について、もっとはっきり言えば、正当化に反対して言うべきことがあったのである。こんにち西側では「思想の闘い」の再現を希求している人びとがいる。西側の自由主義者《リベラル》が地球大で展開している知的白兵戦の最前線に立つなかで、彼らは懐旧の念とともに、たとえば「文化自由会議」の盛時を思いやったりしている。けれども、彼らは、新しい反民主主義者と思われる人びとからは何も期待できない類いの問題に直面しているのだ。

もしかすると、いま現在を理解しようと努めながら、われわれは間違った場所をのぞきこんでいるのかもしれない。政治論争が各種の著名な理論家の思想をめぐって形作られるという想定は、あまり深く考えられたことはないけれども、二〇世紀の遺産のひとつである。二一世紀に入り、わけのわからない政治現象に直面すると、しばしば最初に出てくる要請は、「思想の巨匠を探せ！」というものである。そこに「即席思想史」とでも名付けられる現象が目立ってくる。プーチンを理解したいのなら、ツァーリの玉座の背後を探せ、そうすればアレクサンドル・ドゥーギンが見つかる、というわけだ。トランプ現象を理解する一番の方法は、現在でもスティーヴン・バノン(とその多少秘密めいた読書遍歴、そのなかにはヨーロッパ新右翼の霊感源となっているイタリアの伝統主義者ユリウス・エヴォラも含まれる)を調べるにしくはない。こうした即席思想史はわれわれが目にする政治家というものが包括的な世界観に鼓舞されて活動しているという想定に基づいている。さらにまた一般市民もそうした世界観を求め、それを信奉する指導者を選んでいる、と暗黙裡に想定している。

とりわけリベラル派のひとたちが意図せずに彼らの敵対者を重要な思想家に仕立て上げる傾向が強かった理由も容易に見てとれるだろう。率直に言って、リベラルの敵対者が重要な思想家であることは稀である。むしろ実際には、そうした傾向が、敵対者に活動の材料を提供しているのだ。普通の男女は反自由主義的イデオロギーにのせられやすいという見解を、リベラル派の人びとがほとんど不用意に採用してきた理由も、残念ながら、容易に理解できる。大衆がよからぬことを企んでいるという疑いは、一九世紀初め以来のいわば自由主義の初期条件なのだ。「ブレクジットとトランプ」という非難の決まり文句は、一九世紀大衆心理学の偏見の復活を阻止できなかったことの結果である。民衆は本当に非合理的であり、あるいは、恐ろしいまでに情報不足であって、二〇一六年夏にあるドイツの自由主義派の新聞が報じたように「間違った人びとが勝利をおさめつつある」という現象はそこから説明できるという。そこから生まれた知的な「民主主義防衛産業」は一連の提言を公開しているけれども、反民主主義に対する真に有効な、あるいは有効に見える手段は、単純に選挙の回数と機会を制限することぐらいである(あるいはジェイソン・ブレナンがその物議をかもした『民主主義に抗して』で提案しているように投票者の数を制限することである)。

リベラル派の「そいつは大衆のせいだ」という叫びに呼応するのは、ポピュリスト側の「そいつはエリートのせいだ」という対抗主張である。どちらの側も個々人に焦点を当てていて、政治体制や構造的変動、たとえば公共圏の深刻な変貌を衝いてはいない。マクロ次元には決して到達しないミクロ経済学のようなものだ。ここでも、実際には何がおかしくなっているのかを説明するための概念や評価基準をめぐってわれわれは途方に暮れているのである。特に「左派」の場合、マクロ次元の説明らしきものを試みようとしても、「そいつは新自由主義だ、ばかばかしい」といった方向の、大雑把な、大雑把にすぎる非難で終わってしまう傾向が強い。「右派」の場合、こんにち知的であろうと真剣になると、二〇世紀の文化ペシミズムの決まり文句を無益に繰り返すしかないのであって、真にポスト自由主義的でかつ民主的な未来を描く試みをしっかりした輪郭をもって描くことができなかった。

思想と制度を再び

それではこんにち、われわれは民主主義の状態を以上と違った風に、どのように考えたらよいのだろうか。ひとつは、民主主義の根底にある社会契約が緊張に晒《さら》されており、時には事実上崩壊させられているという点に着目することである。とりわけ、本書がその興隆の経過を描いた「制約された民主主義」を支えてきた契約に課せられた緊張である。二つ目は、民主主義の制度的環境とでも呼ぶべきものに生じた重大な変化に関連する。制度的環境とは民主主義と一体化される核心部分以外を指し、本書ではほんの簡単にしか触れなかった問題である。以上の二種の展開は相互に強め合うけれども、必ずそうだというわけではない。

民主主義は紛争と協力の微妙な混合物である。民主主義のもとでは、意見の相違が道徳的な無礼と見なされたり、一方による他方の政治的(あるいは物理的)完全破壊の兆候と受け取られたりすることはない。クロード・ルフォールの指摘で評判になったとおり、民主主義は制度化された不確実性の一形態なのである。誰も自分たちが、自分たちだけが、人民を代表していると確実に言うことはできない(自分たちだけが代表していると主張するのがまさにポピュリズムであり、その民主主義に対する危険性をわたしは『ポピュリズムとは何か』〔板橋拓己訳、岩波書店、二〇一七年〕で指摘した)。政治的結果や政策の成果をあらかじめ確実に予測することはおよそ不可能である。なぜなら民主主義はつねに激しく動く過程だからである。そうして民主主義のさまざまな条件自体が民主的に変更可能である。つまり、われわれの民主主義の形態についても最終的な確実性はないということである。民主主義の基底にあるこうした思想への加担《コミットメント》は社会契約のなかに含まれている。さらに実践のレベルではときに勝者がすべてを得ることがあっても、自制を見せるという形で示されるし、さらに基本的には、資本と労働に限らず多種多様な勢力が同一の政治空間を共有していることを重視する共通理解も社会契約に含まれているのである。

いくつかの国でこの紛争と協力の微妙な均衡が、控えめに言っても、混乱させられていることは明らかである(アメリカではときに「分断」と呼ばれているが、これは紛らわしい)。体制に忠実な(そして正統性をもった)野党という概念はもう受け入れられてはいない。権力を握った者が反対派の正統性を否定することもあるし、また着実に影響力を失っている勢力の側がそうすることもある。後者の場合、相手方の否定は自暴自棄の兆候と見える。ある種の状況のもとでは、新しい運動や政党が、体制の克服を公言しながらも、体制の正統性回復に役立つかもしれない(たとえばスペインのポデモスをわたしは念頭に置いている)。既存の体制をして、「負け組」の人たちも結果を受け入れて生きてゆけるような形で、社会に潜む紛争を新たに考察させることが可能になるかもしれない(民主主義はすべての人が欲するものを手に入れる、というものではない。すべての人が自分の意見を述べる機会をもつことである)。だが、そうした事実上の改革は例外的かもしれない。もっと普通に見られるのは、一時的にとどまらぬ不平等から極端に不平等な参加が生じ、それがさらに不平等を強めるという展開であり、その結果広汎な市民のなかに、公正な社会契約に関わっているという実感がますます薄れてゆくという体験であろう。

とりわけて不吉な状況がユーロ危機の際、ヨーロッパに出現した。二〇〇九年の後、統治に対する技術者支配的《テクノクラティック》な扱いが増加している。危機に対しては唯一の合理的解決手段しかないと指導者たちは主張し続けた。議論することなど不要であり、提示した解決法に反対するのは自ら非合理的であることを暴露するに等しいというのである。こうした距離の取り方は、ポピュリストたちをして、自分たちこそが民主主義の真の唱導者だと主張しやすくする。選択肢のない民主主義は語義矛盾だという、技術者支配《テクノクラシー》に対する批判も確かにそこに含まれてはいる。けれども、技術者支配の反・多元主義（「合理的な解はこれだけだ！」）は、実は民衆の本当の意思はひとつしかない（そして自分たちだけがそれを知っている。議論は不要だし反対するのは民衆に対する裏切り者だと自白するに等しい）というポピュリストの主張と合わせ鏡になっているのである。

ポピュリズムとテクノクラシーという（互いに強化し合っている）両極端の中間で生じるさまざまなこと――つまり議論、多元主義、選択など、一言でいえば民主主義――が、ヨーロッパのいくつかの国とさらにヨーロッパ全体でもひどく傷ついている。確かに、表面的には本書で分析した「制約された民主主義」が再び登場してきたように見えるかもしれない。けれども民主主義自体を強化するために必要とされた本書の制約のモデルとは事実上何の関係もない。技術者支配的制約も、ポピュリズムの権威主義的傾向も、民主主義を補強してきた戦後体制の制約とは似ていないのである。

もうひとつの厄介な展開は、民主主義の制度的環境にかかわる。なかでも多くの観察者が公共空間の新たな構造変動として描いているものが最も重要であろう。ここでも、構造変化を個人的な性向や行動から書き直そうとする誘惑が強い。とりわけ、「ポスト真実《トゥルース》」という概念によって、「非合理的大衆」への偏見を野放図に表現することが事実上できるようになっている。あるいは、「ポスト事実《ファクト》の時代」と呼ばれるものが一種の技術的決定論で説明されたりもする。まるで、グーグル、アップル、フェイスブック、アマゾンのビジネスモデルが単純に「技術」のもたらしたものであるかのようだ。実状は分断と無知とが大きな商機になりうるということなのだ。もちろん、技術をめぐるこの新しいペシミズムは、インターネットが不可避的に民主主義を拡大するはずだという、似たような決定論に基づく過度の楽観と背中合わせの現象なのである。

純粋に事実に基づいて政治の議論が行われた黄金時代などというものが存在しなかったことは明らかだ。本書では特定の理想をめぐる紛争がいかに深刻だったかを示したつもりである。多くの悲嘆の声(たとえばウォルター・リップマンのもの)が挙げられたとはいえ、大衆民主主義の初期の時代には、もちろん政治的に一色ではないが、それでも共通の公衆と呼んでよいものが存在していた。われわれの時代には、公衆から完全に離脱することも、高度に党派的な多くの公共圏に分裂して暮らすことも、簡単にできるようになった(加えて、多くの国で専門ジャーナリストの数は劇的に減少し、その結果、断片化したさまざまな公共圏の質は低下するだろう。本書で扱ったような「仲介的越境者」の数も必然的に減少するものかどうか、予測は難しい)。共有される経験としての民主主義は後退しており、そうして紛争は悪化の一途をたどりそうだ。

こうした民主主義に対する挑戦は甚大であり、治療法などそれらしいものすら思いもよらない。「治療」という言葉はこの場合、示唆的である。民主主義の言説がほとんど完全に防御的なものになってしまった(「民主主義防衛産業」の登場についてはすでに触れた)という点は考察に値するだろう。代議制を乗り越える新しい民主政治について熱のこもった議論が一部に見られるものの、知識人が

「救えるものは何でも救え」と呼びかけているのがむしろ現在の風潮である。デーモスとしてわれわれは自分たちの集団の運命を決定できるという民主主義の理想は言うまでもなく、集団の自律を強調する民主主義の理想も、本書が誕生した一〇年前に比べて人を引き付ける魅力を失っているように見える。一〇年ほど前と同様、歴史はわれわれの問題に対する解答を提供するものではない、とわたしは考えている。しかし、ハンナ・アレントが「政治思想の失われた宝物」と呼んだものを探求することは、いつでもやりがいのあることである。二〇世紀の遺産とともに、またそれに対して創造的に思考することで、民主主義をめぐる新たな不確実性の時代、われわれの時代を理解し、また乗り越えるために、なおいくばくかの寄与をなすことができるであろう。

ヤン＝ヴェルナー・ミュラー

目　次

目　次

下巻　目次

凡例

一、本書は、Jan-Werner Müller, *Contesting Democracy: Political Ideas in Twentieth-Century Europe*, Yale University Press, 2011 の前半部の全訳である。

一、訳出にあたっては、ドイツ語版 Jan-Werner Müller, *Das demokratische Zeitalter: Eine politische Ideengeschichte Europas im 20. Jahrhundert*, Suhrkamp, 2013 およびフランス語版 *Difficile démocratie: les idées politiques en Europe au XX*^{e} *siècle*, Alma Éditeur, 2013 も参考にした。

一、原文のイタリック体は、強調の場合は傍点を付し、書名・新聞名・雑誌名等の場合は『 』で示し、英語以外の外国語の場合は片仮名でルビを付すか、原語を補足した。

一、原文の' 'は「 」にした。

一、文中の（ ）および〔 〕は原著者による。［ ］は訳者による補足である。

一、文中の引用箇所のうち、邦訳のあるものは既訳を参考にしたが、原則として訳者による訳文である。

一、ドイツ語版の出典注は英語版より充実しているため、ドイツ語版からの注を［独］と記して追加し、文献表記法はドイツ語版に従った。

一、上・下巻を通じた事項索引と人名索引を下巻に付した。索引の項目は原書を参考にしつつ、独自に選定した。

序章

……わたしが求めているのは、事実というよりは思想や感情の動きの軌跡なのです。それこそが何をおいても描きたいものなのですが……困難は大きい。わたしの心を一番悩ませるのは、狭い意味での歴史と呼ばれるものと歴史哲学とをどう混ぜ合わせるかという点です。二つのものをどう混ぜたらよいか、わたしにはまだ分かりません。けれども、混ぜ合わせることが不可欠です。最初のものをキャンバス、後のものを絵具に喩えることができるとすれば、絵を描くためには両方が同時に必要なわけですから。

アレクシ・ド・トクヴィル(1)

君たちは他の多くの破産を忘れてしまったのか？　社会のさまざまな破局のなかでキリスト教は何をしてきたのか？　自由主義から何が生まれた？　啓蒙された形だろうと、反動的な形だろうと、そもそも保守主義は何を生んできたのか？　……イデオロギーの破産を実際に誠実に測り分けるとすれば、われわれは長期的な課題の前に立たされるだろう。

ヴィクトル・セルジュ(2)

民主主義は、イデオロギー提唱者の抽象的な訴えと、現場のひとの具体的な実験とが協働するところで発展してきた。

A・D・リンゼイ(3)

「わたしは二〇世紀の大部分を生きてきた。ただし、個人的な苦難を経験しないですんだ、と付け加えねばなるまい。西欧の歴史上最も恐ろしい世紀として、わたしはもっぱら二〇世紀を記憶にとどめているのだから」と思想史家アイザィア・バーリンはかつて述べた。[4] 二〇世紀はまた、政治思想というものが例外的に重要な役割を果たした世紀でもあった。同時代人が、彼ら彼女らの体験した破滅や激変を政治思想と直接つなげて考えるほど、それは重要だったのだ。政治思想が巨大な影響力をもつと信じたのは、さまざまな政治的立場を取る広汎な層の人びとであった。ポーランドの詩人(で反共主義の)チェスワフ・ミウォシュは、二〇世紀中葉に「ヨーロッパの多くの国の住民が、大方は不快に思いながらも、自らの運命が複雑で難解な哲学書から直接影響を受けていると理解するに至った」と指摘している。[5] ほぼ同じ時期にソ連の指導者ニキータ・フルシチョフは、社会主義国ハンガリーでの反ソ暴動について、「適切なタイミングで作家を二、三人銃殺しておけば、こんなことは起きなかっただろう」と実務的に述べていた。[6]

かくして、二〇世紀は何よりも「イデオロギーの時代」と捉えられることが多い。そうした視点から見ると、イデオロギーとは社会改善の理念や設計図への情熱的な、それどころか狂信的な信仰を意味する。[7] そうして話は次のように展開する。ヨーロッパの人びとは、一九一七年ごろ、つまりロシア革命の時代に、多かれ少なかれ不可解な形でイデオロギー熱に取りつかれ、漸《ようや》く一九九一年ごろになって、つまりソ連帝国が崩壊し、自由民主主義がファシズムと共産主義に対して見かけ上勝利した時期に、その厄病から治癒したのだ、と。

しかし、二〇世紀を単純に、極端な非合理の時代や、さらには「憎悪の時代」と見なすと、知識人や政治指導者だけでなく、一般の男女が、難解な書物に含まれたイデオロギーの多く(とそれによって正当化された諸制度)を、彼らの問題への真の解答と見なしていた事情が理解できなくなってしまう。確かにイデオロギーは、意味を付与し、さらには救済をもたらすことさえ期待されていたのであって、その一部を「政治的宗教」と呼んだり、チャーチルのように「神なき宗教」と呼ぶことには根拠がある。しかし、イデオロギーの名のもとに作られた制度の多くが、救いようもなく時代遅れだと思われた自由主義の諸制度よりも、はるかに優れた機能を確実に発揮すると、多くのヨーロッパ人は信じていたのである。ファシズムの哲学者ジョヴァンニ・ジェンティーレが一九二七年にアメリカの雑誌『フォーリン・アフェアーズ』に書いた「ファシズムは戦後イタリア政治の難問に対処すべく登場した」という文章は、後世から見れば陳腐に(と同時に、厭《いと》うべき過小評価にも)聞こえるかもしれない。[8] けれども、問題解決と成功を約束する制度的実験を唱えるという重要な側面を捨象して論じたのでは、イデオロギーの本質的次元を見失ってしまうことになるだろう。[9] なぜ、どのようにしてイデオロギーがこれほどまでに魅力的たりえたか、を改めて意識することがわれわれには必要である。もちろん、許しを乞う弁解的言辞は必要ではない。「すべてを理解することはすべてを許すことである」という決まり文句は、真面目な歴史研究にとって有害な忠告でしかないのである。[10]

こうした理解方法を確実なものにするためには、二〇世紀ヨーロッパの主要な政治哲学の発展をあつかった既存の研究に依拠するだけでは足りない。むしろ、一方で多かれ少なかれ学術的な政治思想と、他方でさまざまな政治制度の創造(と破壊)との間の関係を研究すべきであろう。つまり、政治の世界で実際に問題とされた政治思想をつかまえなければならない。イギリスの学者A・D・リンゼイが、「抽象的なイデオロギー提唱者」の仕事と現場の実験的実践が一緒になる、と表現したような領域を対象とするのである。(11)

それゆえ本書では、いわば「境界を跨《また》ぐ人」に特に注意を向けることにしたい。政治家で哲学者、公法学者、憲法制定顧問、奇妙で一見矛盾する「想像力に富んだ官僚」、政党や政治運動に近い哲学者、さらにはフリードリヒ・フォン・ハイエクが以前「思想の中古商」と呼んだ類の人たちである。(12)こうした呼び方は別に蔑称ではない。彼らの方が独創的な思想家よりも数等も重要だ、とハイエクは考えていたのである。実際、「大衆民主主義」が成立した時代には、そうした仲介人への特別の需要が生じる。大衆民主主義のもとでは大衆的正当化《ジャスティフィケーション》(もしくは大衆的正統化《レジティメーション》)が何よりも必要になってくる。特定の形の規則と制度の正当化に加えて、目立たないけれど、全く新しい政治主体の創設、たとえば「人種的またはイデオロギー的に純化された国民」であるとか、社会主義の唯一つの「前衛党に忠誠を捧げる人民」とかを正当化することも必要になってくるのである。(13)ひとたび王朝の継承原理と正統性の伝統的な捉え方とが第一次世界大戦を機に広く信用を失ってしまうと、政治支配の正当化は従来と違ったものにならざるをえなかった。

一九一九年以前には公的な正当化が不要だった、ということではない。言うまでもなく、それは必要だった。そうではなくて、二〇世紀に入ると、正当化の必要性がいっそう広汎かつ公然たるものにならざるをえなかったという点が問題なのである。正統性が指導者の個人的カリスマに依拠していると思われた場合や、市民の望むものを提供できる有能な国家官僚に基づいている場合でもそう言える。カリスマも福祉サービス供給も、それだけでは正統性の証明にならない。公的正当化の必要性への新しい圧力は、戦間期ヨーロッパに多く見られた、伝統の名のもとに支配を試みる右翼体制、および独裁王政においてとりわけ顕著だった。伝統と君主の正統性は、もはや自明でもなければ、慣習として受け入れられることもなくなり、改めて明確化され積極的に推進される必要があった。大衆政治の正当化要求を無視して以前の状態に戻ることは、全く不可能だったのである。

二〇世紀が以前と違っており、政治的主義・信条の生産(と消費)を強いられる時代なのだという意識は、同時代を生きた人びとに鋭敏に共有されていた。「現代ヨーロッパの社会・政治教義」を通観したイギリスの哲学者マイケル・オークショットは次のように述べている。

われわれは自意識過剰な共同体の時代に生きている。現代ヨーロッパにおける最も粗野な政治体制であり、体系的に考え抜かれた教義などの世話にはなっていないと公言するイタリアのファシズム体制でさえも、自らの教義の正しさを誇る点では他の体制に負けていない。日和見主義が去勢されて教義に変わってしまったのだ。われわれはマキアヴェッリの率直さを失っただけでなく、反マキアヴェッリの率直さをも失ってしまった[14]。

というわけで、第一次世界大戦後のヨーロッパの二〇世紀は、きわめて特殊な意味で、民主主義の時代ということになる。ヨーロッパのすべての国が民主主義になったわけではない。それどころか、新しく作られた民主主義の多くが一九二〇年代から三〇年代の間に破壊されてしまい、多くのヨーロッパ人の目には独裁体制が明確な将来の道と見えるまでになっていた。けれども、議会制自由民主主義を声高に否定し、それに代わる自己規定を唱えた政治実験であっても、民主主義的な諸価値の目録は利用した。一方の完全な共産主義を将来に約束する現存の国家社会主義にしても、他方のファシズムにしてもそうであった。そうして、ときには自分たちこそが本物の民主主義なのだと主張したのである。たとえば、ジェンティーレはアメリカの読者に対し「ファシスト国家は人民の国家であり、その点で一段と優れた民主主義国家なのだ」と説いている[15]。

これらの体制の擁護者の多くが、後にみるように、民主主義の概念を拡張して自らの主張に合わせようと努力したけれども、そうした体制が民主主義ではなかったことはどう強弁しても動かしがたい。しかし、両体制とも民主主義に連なる共通の価値の完全な実現を約束していた。平等、それも法の前の平等という形式的なものよりも、実質的な平等、あるいは政治共同体への真の抱摂、さらに実際の、進行中の運動への政治参加、わけても共通の運命を支配できる集団的政治主体の創造――浄化された民族や社会主義的人民——などである[16]。これらは抽象的に聞こえるかもしれない。ところが、そうした抽象的な価値に向けられた情熱こそが、自由民主主義からの大がかりな脱出を活気づけ、政治的に大きな役割を果たしたのである。この点を理解しなければ、歴史に対して純朴無知ということになるだろう。われわれ西側の人間に抜きがたい自由主義への自己満足もそこに胚胎することになる。

この点を強調したからといって、民主主義を中傷しようというわけではない。実のところは、民主主義の理念のもつ力の大きさを強調しているのである。二〇世紀半ばにオーストリアの法学者ハンス・ケルゼンは、共産主義理論家による民主主義の語彙採用を評して「民主主義のシンボルは広く受け入れられる価値となってしまったので、中身を捨てる場合でもシンボルを捨てるわけにはいかなくなったようだ」と述べている[17]。こんにち、ナチスの「ドイツ的民主主義」や戦後東欧の「人民民主主義」を擁護する者は、まあ少ないけれども、それでも極端な反自由主義体制が行った「民主主義の公約」の大部分が嘘っぱちだった、あるいは少なくとも実際には機能しなかった点を指摘することは余計なことではないだろう。しかし、さらにこうした政治体制が「民主主義の公約」をトップに掲げざるをえないと感じたのはなぜか、と問うことも同じく重要である。彼らのレトリックは、参加の要求をもはや無視できない時代、支配の容認を求める側が少なくとも一部は自由民主主義と共通の政治用語を使わざるをえない時代のもとで生じた、以前よりも広汎な要求に向けられたものだったのだ。端的に言えば、それは政治論争が民主主義の意味をめぐって深刻に争われた時代だったのである。

現代から見てさらに重要な点は、一九四五年以降に西欧で作られた民主主義の性格である。一方でそれに先立つファシズム体制と、他方で真の民主主義を僭称する東側の敵手の主張という二つを視野に入れながら建設されたことが、この体制に独特の性格を与えているのだ。これらの戦後民主主義は、国家テロや攻撃的ナショナリズムと全く対照的であるだけでなく、ナチスの「民族共同体」のような集団的政治主体による無制約の歴史的行動の可能性という全体主義の想像力とも対抗するものであった。

二〇世紀後半に、最初に西欧で、次いで南・東欧で「民主主義が復活」したとか「自由主義が復活」したという主張は、時間幅が広くて歴史的には特定が難しいけれども、間違いとは言えない。だが、むしろ実際には、二〇世紀後半に西欧は何か新しいものを創造したのである。それは、憲法裁判所のような非選出制度によって強く制約された民主主義体制であった。そうした民主主義とともに登場した立憲主義の精神は、無制限の人民主権という理想とは対立し、また、理論上は、歴史を支配する集団的(社会主義的)主体という理念を保持していた東側の「人民民主主義」(後年の「社会主義的民主主義」)とも積極的に対立するものであった。しかも、こうした新制度が自由主義の伝来の政治言語によって正当化されたものではなかった点が、往々にして忘れられている。自由主義はなによりも二〇世紀における全体主義的悪夢への道を掃き清めた当のもの、と広く見られていたからである。とりわけて重要な戦後の二つの新機軸、民主的福祉国家と「ヨーロッパ共同体」も、こうした視点から理解する必要がある。福祉国家は、市民に安全と、さらにはイギリス労働党の政治家ナイ・ベヴァンが述べたように「平静」とを供給することによって、ファシズムの復活を阻止する意図で進められたものである（東側への対抗という関心も重要ではあるが、究極的には二次的である）[18]。他方で、ヨーロッパ統合は、選挙によらない制度を通じて、国民国家単位の民主主義に一層の制約を課そうとするものであった。

こうした説明は第二次世界大戦後の年月が、民主主義、わけても社会民主主義の黄金時代だったという主張を疑問視するものである。第二章で述べるイギリスとスカンジナヴィア諸国を除いて、西欧の戦後の和解体制は、どちらかと言えば、キリスト教民主主義勢力が先頭に立つ穏健保守勢力の仕事だったのだ。ヨーロッパがこんにちまで経験している政治世界を作り出した政治思想と政党をどれか特定するとすれば、それはキリスト教民主主義である。ヨーロッパを世界のなかで祝福された（立場によっては暗黒の）世俗主義の島とみる人びとにとっては、これは驚きかもしれない。キリスト教民主主義がとりわけ反共的な政党であると同時に、ファシズムのインチキ政治宗教と対照的な真の宗教ともつながる運動でもあった点が、彼ら彼女らに有利に働いたことは明らかである。

戦後の新しい形態の民主主義は、その後二つの主要な反乱に直面した。省略して「六八年」と呼ばれる反乱が一つであり、もう一つが国家を数段階前に戻して市場と個人の自由を拡大しようと呼び掛ける、こんにち言うところの「新自由主義」である。しばしば指摘されるように、一九六八年のいわゆる革命は（青年、女性、同性愛者などの）代表制の深刻な危機に淵源しているかもしれないが、政治制度の変化はほとんどもたらさなかった。その結果、「六八年」がそもそも二〇世紀ヨーロッパ政治思想の歴史に大きな意味は持たなかったのではないか、と思われるかもしれない。だが、実は重要だったのだ。なぜなら、「六八年」は戦後の憲政秩序とその中核原理である制約された民主主義とに対し、根源的な挑戦状を突きつけたからである。長期的に見ると、この憲政秩序が「六八年」の影響のもと、深い社会的、倫理的、そして遂には政治的変化、たとえば家庭や大学における尊敬・服従文化と権威的上下関係の終焉や、そして何よりも自らの身体に対する決定権を獲得した女性(ならびに同性愛者)の登場という深い変化と両立しうることが示されたのである。

新自由主義は一九七〇年代に呼号された「統治能力の危機」に対し、一応説得力ある対処法を示した。疑いもなく新自由主義はマーガレット・サッチャーのイギリスに大きな衝撃を与えた。しかし、その本来の政治的・倫理的目標は労働組合の無力化や市場の規制緩和にとどまるものではなかった。サッチャー自身が一九八三年に「経済は手段にすぎない。目的は心と魂を変えることだ」と説明したとき、公然と認めていたような何かなのであった(19)。ハイエクのような思想家は根本的に新しい憲政秩序の誕生を望んでいたように思われる。だが、そうした新しい秩序もまた実現しなかった。

根本的変化が生じなかったからと言って、それが西欧の戦後憲政秩序(一九八九年以後それは東側にも拡大された)とそれを突き動かした理念の勝利を誇る理由になるわけではない。むしろ、ヨーロッパがいかにしてそこに到達したかを歴史的に自覚すれば、自由民主主義というものが、ヨーロッパの、広く言えば西側の当然の初期設定《デフォルト》なのだという甘い幻想を払拭するのに多少は役立つのではなかろうか。

第1章

溶融した大衆

社会全体が程度の差はあれ溶融した状態にあるので、断固たる決意で臨めば、あなた方は溶融した大衆に、ほとんど何でも刻みつけることができるでしょう。

——デイヴィッド・ロイド・ジョージ、一九一七年(1)

こんにち、国家は聖者のように扱われている。われわれは、国家が魂の救済をもたらすと信じこんで、ほとんど盲目的にそれに頼っている。

——ハロルド・ラスキ、一九一七年(2)

こんにち、国家と暴力の関係はとりわけ緊密なものである。

——マックス・ヴェーバー、一九一九年(3)

こんにちでは、きわめて多くの人びとが民主主義のイデオロギーを受け入れたふりをしているが、その事実こそが、民主主義イデオロギーの力を示す確固たる証である。［他方で］貴族政のイデオロギーには偽善的な擁護者すら全くおらず、それが貴族政イデオロギーの衰退を示す確固たる証である。

——ヴィルフレード・パレート、一九二〇年(4)

「人民(people)」という言葉は、「混合(mixture)」という意味でしか理解しえない。だが、もし諸君が

「人民」という言葉を「多数」や「混合」といった言葉に置き換えるならば、いくつかのとても奇妙な言い回しを手に入れるだろう……「主権的混合」、「混合の意志」などである。

——ポール・ヴァレリー(5)

一九一八年のクリスマス、ベルリンからミュンヘンに戻ったばかりのマックス・ヴェーバーは、「血のカーニバル」〔ミュンヘンでの革命と反革命〕のさなかにいた。それまで彼は、首都ベルリンにおけるドイツの新憲法に関する討議で傑出した役割を果たしていた。それはいくぶん驚くべきことである。なぜなら、ほぼ二〇年の間、このハイデルベルク大学教授はさまざまな病に苦しみ、ほとんど公の場に姿を見せなかったからである。とはいえ、すでに彼は第一次世界大戦の最後の二年間に一連の論争的な論文を執筆し、ドイツ国民の政治教育者として必死に振る舞おうとしていた。また、彼は憲法制定議会、そしてゆくゆくは国会に議員として立候補することを望んでいた。ところが、彼が加わってきた自由主義のドイツ民主党が、怒りっぽい学者として世間に知られているヴェーバーではなく、より職業的な政治家を候補者に推薦するつもりであることが、いまや明白であった。さらに、憲法起草者たちがヴェーバーの提案を聞き入れる望みもあまりなくなっていた。

数か月前、ヴェーバーはミュンヘン大学の学生組合から「職業としての政治」についての講義をしてもらえないかと依頼されていた。すでに彼は一九一七年に「職業としての学問」について講演しており、依頼された講演はその続きであった。ヴェーバーは乗り気ではなかったものの、どうやら学生たちがクルト・アイスナーを代役に考えていると知り、引き受けることにした。フリーのジャーナリストで生粋の社会主義者であるアイスナーは、一九一八年一一月八日、ドイツ皇帝がベルリンで退位するより前に、バイエルンで共和国樹立を宣言した――これにより、ヴェーバーが「血のカーニバル」と呼んだ革命が引き起こされたのである。ヴェーバーはアイスナーのような人物をただただ軽蔑していた。ヴェーバーの見立てでは、彼は政治に手を出した文士で、自らのレトリックに夢中なデマゴーグであり、自らのきわめて短期的な成功の犠牲者でもあった。ヴェーバーから見れば、このバイエルン共和国の評議会委員長は、単なる文学的な成功を真の政治的成功と勘違いしていた。アイスナーは実際に権威を(それどころか権力さえ)体現していたのではない。政治による救済を求めるロマンティックな願望が、つまるところ三文文士でしかなかった男に投影されたのだ。

ヴェーバーは、支配を正統化する基礎が三つあると考えた。ひとつは伝統で、この場合、人びとは先例に基づいて従う。もうひとつは形式的な法手続きで、法律が正しい手続きで可決され、官僚によって冷静に執行される場合に、それは正統だと判断される。最後は人格的なカリスマで、これは革命政治と親和性がある。(6) この概念は宗教の領域に起源をもち、「聖書のなかのイエスのことば」「……と言えることあるを汝らは聞けり。されど、われは汝らに告ぐ」という定式に表現されているように、もともとは預言者の資質を示すものであった。ヴェーバーによれば、これは一般に、特別な才能に恵まれていると見なされ、それゆえ信奉者たちの間に熱烈な献身と深い信頼を寄せられるような指導者に

ドイツの青年にことの実情を講義する．1917 年，ラウエンシュタイン城で催された会議に参加するマックス・ヴェーバー(帽子着用)．この会議は世代を異にするドイツ知識人の集まりとして企画されたもので，ヴェーバーは後にこれを「さまざまな世界観のデパート」と呼んでいる．ここでヴェーバーは戦争反対を唱える若い左翼知識人(または文士)と直接に(そして熱く)対峙したのである．作家のエルンスト・トラーもそこにいた(中央，奥)．トラーはその後，バイエルン評議会《ソヴィエト》共和国で活躍し，そのために裁判にかけられた．トラーの政治実践を頼りない幼稚なものと判断していたけれども，ヴェーバーは裁判でトラーを弁護した．そしてトラーは死刑判決を免れた．(bpk-images, Berlin)

当てはまるものであった。ヴェーバーが考えるに、アイスナーは、カリスマ型であったが、その危険な変種だった。新しいバイエルンの人民国家《フォルクスシュタート》の首長を自ら公言したこの男が、途方もない社会主義の夢で学生たちを唆《そそのか》すよりも、政治的現実主義の苦渋に満ちた教訓を自ら学生に与えたいとヴェーバーは考えたのである。

一九一九年一月二八日、ヴェーバーは、のちに政治思想史上最も有名な講演となる「職業としての政治(Politik als Beruf)」を語った。ここでBerufという言葉は、職業と、個人の召命の感覚という二つの意味をもっている。この講演をヴェーバーは、醒めた調子で始めた。

> この講演は……みなさんをきっと失望させるでしょう。……みなさんは、時事問題についてわたしが何らかの立場をとることを直感的に期待しているでしょう。けれども、それについては……生活全体のなかでの政治活動の意義に関して若干の問題を提起する際に……、ただ純粋に形式的に申し述べるにとどめるつもりです。本日の講演では、いずれの政策を……採用すべきなのかという問いをすべて除外せねばなりません。というのも、そのような問題は、わたしたちの一般的な問題とは何ら関わりがないからです……(7)

この「一般的な問題」とは何だったのか？　ヴェーバーの講演について言えば、職業あるいは召命としての政治とは何だったのか？　むしろ、より大雑把に言えば、ヴェーバーが脱魔術化した世界と呼んだもの、つまり宗教や形而上学、および他の意味（とりわけ集合的な意味）の源泉がすべて懐疑に晒される世界のなかで、責任ある政治行動と安定した自由主義体制はどうしたら実現可能なのか、という問題である。ヴェーバーは、先例と慣習に依拠した伝統的正統性が消えつつあり、ヨーロッパ人が民主的な時代に突入したことを確信していた。君主のカリスマ――個人の資質ではなく、ヴェーバーが「血統のカリスマ」と呼んだものであり、世代に受け継がれるものや、制度自体に結び付いたもの――は、君主が概ね無能であることを露呈させた戦争の惨劇によって消え去った。また、臣民たちが信頼し、崇《あが》めた皇帝が見守るハプスブルク帝国のように、民族や宗教を異にする構成員がひとつの政治的連合体のなかで平和的に共存するという信念も消滅した。ヴェーバーにとって、民主主義は同質的な国民国家のなかでしか実現しえないことは確かだった。そして、いまや民主主義から引き返す道は残されていないのである。ヴェーバーの頭のなかでは、脱魔術化と民主主義はともに進むものであり、どちらも西洋で始まった発展経路に固有のものだった。責任を持ってこれらに取り組むことが、二〇世紀の最初の数十年において、ヨーロッパ人にとっての最大の政治的挑戦だったのである。

（一部の人びとにとっての）安定の時代

二〇世紀ヨーロッパの政治思想の展開を理解するためには、一九世紀の政治思想の展開と、その根底をなす諸前提のうち、どれが第一次世界大戦後に信用を失墜してしまったのかを理解するとよい。

ヴェーバーの思想は、一九世紀的な自由主義の頂点、オーストリアの作家シュテファン・ツヴァイクが回想のなかで「安定の黄金時代」(それはまた安定を保障する保険政策の黄金時代でもあったと彼は付け加えている)と呼んだ時代に形成された。一九四二年、ツヴァイクはブラジルで亡命者の醒めた視点から(自殺する直前に)回想録を書いた。彼は、戦前の「理性の時代にあっては、過激なもの、暴力的なものすべてが不可能だと思われた」と回顧している。彼の同世代の人びとは、第一次世界大戦以前にはまだ若く、比類なき楽観主義と、世界への信頼を抱いていた。より多くの自由へ、そして「真のコスモポリタニズム」へと向かう途上にあると考えられた世界を[8]。

この理性と安定の時代は、三つの中心的な理念(ときに単なる道徳的直観だったが)に依拠しており、それらは政治的・経済的制度によって強固なものとなっていた。第一に、安定が意味したのは、戦争およびその他の大規模な暴力の不在であった(これは少なくとも、ヨーロッパの外の世界は言うまでもなく、バルカン諸国からも離れたウィーンのような安全な場所から見れば、ということである)。一八世紀に比べ、一九世紀にはヨーロッパ人が戦闘で死亡することは稀だった。一八七一年から一九一四年は、歴史上、ヨーロッパ内部で平和が最も長く続いた時代となった(世界全体を考慮に入れれば、最も著しい例外としてイギリスがあげられる。この国はほとんどつねに世界のどこかで戦争していた)[9]。

ヨーロッパの人びとは、国際平和という意味での安定を単なる幸運な休息とは考えていなかった。モノ、カネ、そしてヒトの循環を通じて、ヨーロッパの諸国家と諸帝国の相互依存が深化しており、平和はそのことと結び付いていると思われた。第一次世界大戦以前の数十年間は、しばしば「グローバル化の最初の波」と呼ばれるものを経験した。『マンチェスター・ガーディアン』紙は「誰もいない土地が姿を消した」、「フロンティアはもはや存在しない」と報じた。(10)それは、自由貿易や、経済的利益のために標準《スタンダード》を制定し、主権を共同管理《プール》するという意味での国際協調という点で、国際主義《インターナショナリズム》の黄金時代だった。たとえば、欧州郵便連合や、スカンジナヴィア通貨同盟およびラテン通貨同盟が存在した。何より、すべての主要通貨を結び付ける金本位制が存在した。加えて、移動の自由が皮膚感覚と現実の両面において存在し、その結果として移民の大きな波が生じた。ツヴァイクの同時代人で、世紀末ウィーン生まれの銀行家、フェリックス・ゾマリーは次のように指摘した。「われわれにとっては、すべての障壁が、「人質」や「亡命」などの言葉とともに、ずっと以前に乗り越えられた過去の遺物のように思える」(11)。旅行は簡単なものに思われた。実際、一九世紀末にパスポート管理を行っていたのはトルコ［オスマン帝国］とロシアだけであり、それも国内の移動を統御するためのものだった(これにモンテネグロを加えた三か国だけが一九〇〇年時点でいまだに議会をもっていなかったが、多くの観察者にとってこのことは偶然ではないと思われた)。ドイツの実業家で政治家のヴァルター・ラーテナウは、一九一二年に、これほどまでにヨーロッパの人びとの関係が緊密で、相互に訪問し合い、お互いをよく知っている時期はなかった、と観察している。

移動の自由は、万人の自由を拡大するという、一般的な自由主義的信条の一側面だった。自由という言葉が、主に「国家からの自由」を意味するならば、とりわけそうだった。イギリスの歴史家A・

J・P・テイラーが述べるように、一九一四年八月までは「順法精神と常識をそなえた英国人であれば、郵便局や警察を除いて、生活のなかで国家の存在に気づくことはほとんどなかった」。市民は好きな場所で生活できた。身分証明書やパスポートなど必要なかった。また、外国の通貨や品物も好きなだけ購入することができた。(12) ジョン・メイナード・ケインズは、英国人は「この現状を、常態かつ不動で永続的なものとみなし、そこから逸脱することは、常軌を逸した、けしからぬ、避けうる状態であると考えた」と付け加え、さらに続けて「人種や文化の対立を生むような軍国主義や帝国主義の計画ないし政治は……日刊紙の娯楽記事に過ぎず、そして実際にほぼ完全に国際化した日常的な社会・経済生活の軌道に、ほとんど全く影響を及ぼさないように見えた」と述べている。(13)

ヨーロッパの自由主義者は、国境を越えるヒトやモノの移動の自由と社会の自己決定の自由とを両立不可能なものとは見なさなかった。しばしば指摘されるように、綻《ほころ》びなき進歩への確信、特に科学的進歩への確信が、およそ第一次世界大戦まで存在した。注目度は低かったものの、自由主義者の間には同様に、個人の自己決定と集団の自己決定が調和的に同時に進行するという、強固で原理的な確信も存在していた。

ただし、「集団の自己決定」の意味はきわめて限定されていた。国家が何らかの重大な役割を果たす場合でも、それは社会に奉仕するためであった。逆に、社会が何を必要とし、何を欲しているかについては、共通善の感覚を持った名望家層《ジェントルマン》が運営する議会を通じて最も適切に表現される、と考えられていた。「安定の時代」はまた「議会主義の時代」でもあった。確かに、自分たちの意思を表明できたのは、投票権を実際にもつ、社会の一部の人びとに限られており、選挙権はほとんどのヨーロッパ諸国で厳しく制限されたままだった。自由主義者は、時が経てば、より多くの人びとが教育と財産を通じて、選挙権を得る資格を備えるだろうと信じこんでいた。教養あるいは財産を持たない人びとには、政府の選択を任せるわけにはいかなかった。彼らは「安定の時代」が依拠していた、まさに根幹の部分を破壊するように思われたからである[14]。それゆえ、つねに自由主義者にとって、完全な民主化は、はるか先の将来にしか実現しそうもない、理論上の可能性にとどまっていたのである。

しかし、人びとが政治参加できるほど十分に豊かになり、あるいは読み書きができるようになったと自由主義者が認めるまで、誰しもが待っていられたわけではない。一九世紀末から二〇世紀初頭にかけて、選挙権や政治代表の本質をめぐる一連の闘争がヨーロッパじゅうで起きた。女性は投票権を要求し、平和的なデモに始まり、次いで財産への攻撃、さらには言ってみれば彼女たち自身への攻撃、つまりはハンガーストライキに打って出た。投票権は所得と結び付けられるべきではなかった。プロイセンの三級選挙法のような、担税力に基づく政治権力の不平等な配分制度が、ますます許しがたいものになっていった。また、広大な多民族帝国のなかで、さまざまな民族集団《エスニック・グループ》が発言権を求めた。そして、政治的特権を世襲してきた支配エリートが攻撃の的になった。その好例が、ほとんど伝説化したイギリスでの議会闘争で、そこでは貴族院の役割が問題になり、一九一一年に貴族階級の特権が削減されたのであった。

自由主義者と保守主義者のエリートはともに、徐々に姿を現した代表制の包括的な危機を制御できるものと考えていた。その危機は、現存の政治体制のなかで、誰が代表されるのか、いかなる政治的主張が表明され、調整されるのか、という点をめぐって展開した。⒂典型的な例はイタリアだった。イタリアの自由主義者は、ゆっくりと選挙権を拡張しつつ、変容主義《トラスフォルミズモ》という戦略を通じて、社会紛争を封じ込める方法に賭けた。変容主義《トラスフォルミズモ》とは、より多くの集団に権力を分有させて体制の内側に引き入れる戦略であり、また、その際により重要なのは、体制側に入った集団に報酬として利権を与え、それによって彼らの主張を温和なものに導くことである。そこで自由主義者たちは読み書き能力の要件を取り除くことで農民にも投票権を与えた。農民は政治的に不活発なままであり、多少活発になっても制御可能だろうと踏んだのである。自由主義派で変容主義《トラスフォルミズモ》の達人(この言葉の事実上の生みの親)だったジョヴァンニ・ジョリッティは、一九〇一年に次のように説明している。「誰であろうと、下層階級が政治的・経済的な影響力を持つことを妨げられるなどと考えて、自らを欺《あざむ》くべきではない。既存の制度の支持者は、下層階級の人びとが、将来の夢よりも既存の制度に希望を持たねばならないという事実によって、彼らを説得する義務がある」。⒃反対者の取り込みを通じたこの種の変容は、たとえばイギリスで定着したような、凝集性の高い自由党による、責任内閣制とは程遠かった。実際、イタリアには一九二〇年代初頭まで自由党が存在せず、自称自由主義派の名望家集団がいただけだった。

現実には、選挙権の拡大と議会の強化が綺麗に並行して進んだわけではなかった。⒄さらに議会の専門職業化も進まなかった。立法府は一般に行政府を以前より実効的に統制するようになったとはいえ、必ずしもそこに専門職業化した政治家が配置されたわけではない。実際、ヨーロッパの周辺部の諸国は、名目的には自由主義的な立法府によって統治されていたけれども、実際には名望家や郷紳的行政官によって統制されていた。彼らはその都度、選挙で勝つために連携し、たとえばイタリアで見られたように、新たに選挙権を得た集団を統制下に置くべく、地方の権力を行使していた。この種の微温的な民主主義への不満は、最も発展したヨーロッパ諸国においても煮えたぎっていた。だが、それにもかかわらず、参加への要求は、秩序だって平和裏に処理されるだろうという感覚が残っており、それが「安定の時代」を根底から脅かすとは思われていなかった。

平和と進歩は続くという希望に加えて、時代の底流には第三の直感が存在した。それは、世界が最終的にヨーロッパ化されるという、ほとんど信念と呼べる感覚であった。すなわち、世界はヨーロッパに支配され、ヨーロッパの文明が模範として世界中で受容されるというわけである[18]。ヨーロッパ人は、世界の他の地域を自分たち「旧大陸」の利益のためでなく、その地域の善のために支配していると思い込んでいた。フランスの作家ポール・ヴァレリーは次のように述べている。「〔ヨーロッパの〕精神が広がっている場所ではどこでも、労働、資本、生産が最大に、野心や権力も最大に、外的自然の改変も最大に、交渉と交易も最大になったことを、われわれは目の当たりにしている」[19]。ヴァレリーがヨーロッパ人間《ホモ・エウロパエウス》と呼んだ、この厚顔無恥な優越意識が存続できたのは、ひとつには非ヨーロッパ人にヨーロッパの卓越性をいつでも認める用意があったからだった。ウィリアム・ジェイムズが嘆いたように、「ヨーロッパ人たちが話し、われわれが拝聴するのは自然なことに思える。ところが、われわれが話すのをヨーロッパ人が聞くという逆の習慣をわれわれはまだもっていない」[20]。

このように、「安定の時代」が生み出した固有の政治的問題が何であれ、(速度は異なるものの)すべて自由主義化が進み、民主化さえされた諸国民国家に基づいた安定的な秩序として理解されたヨーロッパでは、そうした政治問題は封じ込めることができると思われたのである。戦前のヨーロッパに独裁者は存在しなかった。レナード・ウルフは「人類は文明化する直前まで実際に来ているかのようだ」と書いている。

しかし、この時代については、そこまで自由主義的ではない(ましてや民主的でもない)別の理解の仕方もあった。事実、ウルフは文明化の過程がほとんど完成しそうだという指摘の後に、(明白に「後退」しているものの)「野蛮と反動の勢力はまだ存在する」ことを認めている[21]。それどころか、公正な観察者であれば、ウルフがこうした文章を書いた一九一一年に、安定した国際秩序における自由主義的な国民国家というものは、未来のシナリオではなさそうだと容易に結論できただろう。巨大で対立しあう帝国の存在こそ二〇世紀初頭の世界を彩る最大の特徴だったからだ。実際、帝国は、人類が自らを組織化するうえで支配的な、そしておそらく理解しやすい方法のように見えた。まず、強大なロシア帝国とドイツ帝国が存在した。また、それよりは力で劣るハプスブルク帝国やオスマン帝国があった。さらに、そこから離れた場所に中国があった。中国はヨーロッパ列強の支配下にあったが、まだ帝国に数えられる資格があった。そして、フランスとイギリスという広大な植民地帝国があった。ベルギー、ポルトガル、オランダのような、より小さな西欧諸国の植民地帝国が存在したことも忘れてはならない。たとえばベルギーは本国の八〇倍もの大きさの帝国を所有していた(イギリス帝国は、一九一四年までに本国の一四〇倍の大きさだった)。いくつかの国々は帝国の形でしか自らを認識できなかったようだ。ドイツ人は世界民族《ヴェルトフォルク》としての普遍的使命を帯びた自分たちのことを帝国民族《ライヒスフォルク》と呼んだ。ニコライ二世統治下の宰相だったセルゲイ・ヴィッテ伯爵は、ロシアなどというものはない、ただロシア帝国だけが存在するのだと主張した(22)。

さらに、公正な観察者であれば、帝国と国民国家が二つの明白に対抗する政治形態だったというよりは、むしろ二種の帝国が優位を争っていると判断しただろう。一方で、古くに確立し、海外で植民地獲得を試みた(そして「文明化の使命」を帯びた)国民国家のようなものがあり、他方では、大陸の、すなわち広大な領土を抱えこんだ帝国が存在した。両者の違いは、帝国を保有しているものと、自らが帝国であるもの、と要約できる(23)。後者はたいていきわめて権威主義的で、自らの宗教的意義を誇示するという特徴を示した。たとえば、オスマン帝国は明らかにカリフの地位を含んでいるし、「第三のローマ」としての神聖ロシアという概念も存在したし、新たに統一されたドイツは神聖ローマ帝国の継承者として観念された(24)。これらの大陸帝国の内部では、強力な運動が拡大を後押ししていた。すなわち、汎スラヴ運動や全ドイツ運動、オスマン帝国における汎トゥラン主義運動である。ここにもやはり君主制と帝国を正当化する宗教的言説があった。この事実は帝国の敵対者に気づかれずにはおかなかった。哲学者で政治家、そして後にチェコスロヴァキアの初代大統領となるトマーシュ・マサリクは、「歴史的に発展してきた貴族制(寡頭制的君主主義)は神権政治、宗教および教会に依拠している」と指摘したのである。[25]

政治形態としての国民国家と二種類の異なる帝国との間の競合が最も顕著に展開したのは、ヨーロッパのまさに心臓部においてであった。一八七一年のドイツ統一は、せいぜい部分的にしかナショナリズムの原理で正当化されなかった。しかもドイツは自らを帝国と呼ぶ国家であり、それには理由がないわけではなかった。というのも、ドイツはプロイセンの手で準帝国的に統一されたため、民族的少数派《エスニック・マイノリティ》を相当数含んでいたからである。また、すべての帝国と同様に、はっきりと画定された国境線よりは、むしろ曖昧なフロンティアをもっているように見えた(とりわけポーランドとの接点である東部において)。最も重要なのは、ドイツが大陸帝国のように行動しながら、同時に植民地主義の野望をもった国民国家のようにも振る舞った点だった。帝国主義政策は、まさにドイツ国内の国民統合を完成させるために追求されたかのようだった。隣国よりも強力ではあっても、それらを支配するほど強くはないドイツという政治体にあっては、世界政策《ヴェルトポリティーク》は国内政治《インネンポリティーク》に奉仕した。こうしたドイツの特異性は、次第に不安定化の源泉となった。実際、二〇世紀の大部分を通して、ドイツは「問題」――多くの点で、まさに地政学的かつイデオロギー的な問題――であり続けるのである。

一九一一年前後の観察者は、帝国の持続、あるいは繁栄以外に、ヨーロッパのもうひとつの共通点からも強い印象を受けずにはすまなかった。それは君主制、ならびに旧来の封建制および貴族制が保持していた根強い正統性である。ヴィクトリア女王が死去したのは、新世紀が始まって数日後のこと[一九〇一年一月二二日]だったが、彼女の葬儀には二人の皇帝、三人の君主、九人の皇太子および王位継承者、四〇人の王子および大公が参列した。[26] 彼ら個々人の人格的資質はほとんど問題にされなかった。重要なのは、ヴェーバーの言葉で言えば、彼らが継承し、致命的な政治的失敗を犯さぬ限り子孫に受け渡していく「血統のカリスマ」であった。確かに、ますます複雑化する政治体で、実際に統治したのは王族ではなく官僚だったけれども、官僚と軍隊を牛耳ったのは土地貴族層の出身者だった。そして、彼らの正統性を支えたのは君主制であった。イギリスでさえ、内閣の多数が非貴族階級出身者によって構成されたのは、ようやく一九〇六年のことだったのである。[27]

ヨーロッパにはまだ王族の国際社会(同様にその陰には陰謀や暗殺の国際社会もあった)があっただけでなく、新興の政治体で統治を組織し正統化する明瞭な方法も、いまだ君主制であった。一九一三年に列強がアルバニア独立に合意した時、当然のように、彼らはそれを(ドイツ人の)一貴族に与えることに決めた。これら新君主は職のない、あるいは中途半端な職にあった(多くの場合ドイツ人の)貴族から成る、いわば予備軍から選抜されたのである。彼らはみな、大喜びで、ギリシャやルーマニア、あるいはブルガリアの君主となった。

ある面では、君主制が正統性形式として主流を占めたことが、安定と安全という感覚を支えたかもしれない。ジャーナリストのウォルター・バジョットの言うところでは、君主制は「宗教的な是認」であると同時に「超越的な要素」として、既存の政治秩序を強化し持続させてきた。『エコノミスト』誌の編集者で、イギリス憲政についての指導的解説者であるバジョットによれば、イギリスの場合、君主制は大衆を騙《だま》し、ひとりの男性(女性の場合さえあった)に責任を負わせて信頼してよい、と思わせることに役立った。バジョットは次のように述べている。

君主制が強い統治体制たる所以《ゆえん》は、それが分かりやすい統治体制だからである。大衆は君主制を理解するが、他の統治体制は世界のどこであっても理解され難い。人間は想像力によって支配されるとしばしば言われる。しかし、彼らは想像力の弱さによって統治されているという方がより真実に近い。(28)

しかしながら、帝国の場合と同様、君主制にも二つの種類があった。ひとつは議会君主制であり、それはフランス革命以後、君主主義論者が喧伝に努めた王権神授説の教義から距離をとるものだった。(29)こうした君主たち——たとえば、ヴィクトリア女王(彼女はまだ自らの権力が「神からの賜物」だと考えていた)以後に英国王位に就いた者たち——は、彼らの人民の奉仕者として、そして国民統合の象徴として、つねに意識的に自らを提示した。かくして、選挙という点からはどう見ても民主的ではなかったけれども、君主たちはますます、どうしたら彼らの人民に最も良く訴えかけるかという問題を意識するようになっていった。第一次世界大戦以前の数十年間、「王室の伝統」は、公衆に与える印象を意識して、しばしば再発明されるか、あるいは少なくとも改良された。ここで初めて君主制は「大量生産」され、人格的カリスマが作り上げられた。(30)確かに、これまで王はつねに畏怖させ魅了する存在と想定されてきた。しかし、いまや近代的な広報活動によって、そのような存在になろうとした。そして君主を支持する者たちは、王権神授説や特定の政治的成果を引き合いに出すのではなく、(しばしば発明された)伝統や、その国固有の必要性に訴えることで君主たちを支持した。[31] 端的に言えば、正統性は、国民《ネイション》や帝国を維持するうえでの君主の有用性に基づいていたのである。

ところで、立憲君主が求めた(そしてしばしば獲得した)人気は、権力増大の徴候ではなく、政治的影響力の減退の帰結であった。[32] バジョットが予言したように、「われわれは民主主義に近づけば近づくほど、粗野な大衆をいつも喜ばせてきた威厳や見世物が好きになっていく」[33]。そうして実際に、王室人気を追求する先駆者である英国王室は、ついには、歴史家デイヴィッド・キャナダインが「装飾用、統合用の無力なオリュンポス[34]」と呼ぶ存在になった。

他方で、王権神授説をいまだに信じていた君主もいた。とりわけ、大陸帝国の君主たちである。彼らは、憲法が存在した場合でも、それを(プロイセン王フリードリヒ・ヴィルヘルム四世の悪名高い言葉でいえば)「単なる紙切れ」としか考えなかった。ここでは華麗な式典や威厳を誇示する見世物は、国内での人気を獲得するためには利用されず、皇帝間の国際的な競争における象徴的な武器として用いられた。さらに重要なのは、こうした君主たちが、彼らの国家や帝国を本質的に自分個人の所有物、つまり「家族に属するひとまとまりの土地[35]」と考えていたことである。特にロシアでは、こうした見方が、臣民は統治者の本来的な敵であるという想定に基づいた統治スタイルを強化した。[36] ロシア皇帝ニコライ二世は、「わたしはロシアをひとつの大きな領地だと考えている。そこには所有者としての皇帝《ツァーリ》、監督者としての貴族、農業労働者としての人民が存在する」と主張していた。[37] それゆえ彼が、一八九七年の国勢調査で自らを「土地所有者」と登録したのは首尾一貫した行為だった。[38] さらに、「全ロシア人の皇帝と専制君主」は、彼が人民の「参加などという馬鹿げた夢」と呼んだものを繰り返し拒絶し、嘲笑さえしたのである。[39]

(ほとんどの)みなさん、さようなら

第一次世界大戦によって、安定の時代が依拠した制度のあり方や政治理念(あるいは単に道徳的な直観)すべてが疑われるようになった。楽観的な自由主義的世界観は二度と立ち直れなかった。しかし、自由主義に対抗した権威主義は、さらに大きな打撃を受けた。王朝主義と王権神授説は、政治的支配を正統化する妥当な手段としては事実上消滅した。戦争は大陸の四つの帝国すべて、つまりドイツ帝国、ハプスブルク帝国、ロシア帝国、オスマン帝国を一掃したのである。

大陸の帝国は多かれ少なかれ権威主義的だっただけでなく、いずれも多民族帝国であった。これらの帝国は戦争中、多様な国民の忠誠心を継続的に惹きつけることに見事に失敗した。最も鮮烈な例がハプスブルク帝国である。異なる民族間の潜在的な対立は、長いこと民族を超えた帝国《ライヒ》への愛着(帝国愛国主義)によって抑制されてきたというよりは(そのようなイデオロギーが上から流されてはいたが)、むしろ民族間関係を非政治化することで(そして、ときには民族集団を互いに対立させることで)抑制されてきた。つねづね彼の「諸民族」について語っていた皇帝フランツ・ヨーゼフは、自分

が何よりまず家族に忠実であると主張し、彼の臣下にも同じようにすることを期待した。平時はそれで十分だったようで、ともかく惰性（そしてよく機能した官僚制）によって首尾よくまとめられていた。オーストリアの作家ローベルト・ムージルが言ったように、「カカーニア」（ハプスブルク帝国のこと）は「どうにか自分が望むように動ける国家だったが、そこでひとはつねに自己の存在理由を十分に感じられず、消極的にしか自由ではなかった」[40]。戦争は、帝国を構成する諸民族の目から見れば、全体としての帝国が、経済的な利益はあるけれども、その存在理由が十分ではないことを露呈させた。帝国愛国主義は、その支持者が恐れていた以上に絵空事であったことが判明したのである。

王族の国際的な姻戚関係は、大国政治の緊急事態に直面して、概ね機能不全ぶりを晒した。ドイツ皇帝「ウィリー」［ヴィルヘルム二世］とロシア皇帝「ニッキー」［ニコライ二世］は、直接のコミュニケーションを通じて戦争を防ごうとはしたものの、失敗した（イギリスのジョージ五世は「いとこのニッキー」が一九一七年にロシア皇帝の座から退位した後、亡命の承認を拒否した）。戦争が終わる頃には、非立憲君主たちは、わずかに残ったオーラさえも失いつつあった。彼らが、臣下の政治家や軍人に支配されている事情が白日のもとに晒された。ドイツのルーデンドルフ将軍のような戦争指導者たちは独裁者のように振る舞った。ルーデンドルフは、ドイツ皇帝の前で「わたしにとっては、ドイツ人民は皇帝よりも重要です」と叫んだだけでなく、公衆の前でもますます独裁的に振る舞った[41]。君主たちは一八世紀以来、実際に自らの軍隊を率いることはなかったし、もし率いたとしても、結果は惨憺たるものだった。顕著な例がロシア皇帝ニコライ二世である。議会《ドゥーマ》を解散し、軍事指揮権を掌握した彼は、結果として戦場での敗北と直接結び付けられてしまった[42]。このように、君主は行動しなければ無力と見なされ、行動すれば無能ぶりを露呈した。

退位も、君主を英雄にするどころか、威厳を保つ役にも立たなかった。ヴィルヘルム二世は、彼の皇帝としての財産を、五台の機関車に牽引された九五台もの貨物運送車両で、オランダの亡命先にもって行った。それは王族の君主というより、ガラクタに執着するプチブルのようだった。ニコライ二世は退位の際に、帝位を息子にではなく弟のミハイルに譲り渡そうとした(そして、ミハイルは辞退した)。この帝位継承法の侵犯は、ロシア皇帝が皇帝の座を、客観的な義務を伴う非人格的な官職としてではなく、私的な所有物と捉えていたことを改めて示した[43]。

当時ヴェーバーが主張したように、カリスマはカリスマであることを立証し続けなければならないのに、多くの君主は明らかにそれに失敗した[44]。しかしながら、正統性の著しい喪失を経験したのは国家の形態だけではなかった。明確に定められた封建制あるいは準封建制の階統的秩序《ヒエラルヒー》ならびに尊厳・服従関係からなるヨーロッパ秩序全体が破壊されるか、少なくとも根底から動揺した。正統性を失ったのは君主だけではなかった。貴族たちは、概ね良き一九世紀を経験し、権力と特権、そして彼らを一般人からはっきり区別する名誉の慣習に執着していたが、彼らもまた正統性を失った。記憶に残るような貴族の描写として、ジャン・ルノワールの映画『大いなる幻影』で、異なる側で戦争を闘った、フォン・ラウフェンシュタインとド・ボアルデューが想起されるだろう。彼らは敵味方を越えて互いを認め、称えあい、しかしまた、そうした彼ら流の戦争――個人主義的な類の戦争――が消えつつあると悟っている[45]。

確かに、一九一九年以降でもまだ君主主義者は存在した。しかし、王室による統治の洗練された擁護者であったフリードリヒ・ユリウス・シュタールやシャルル・モーラスに匹敵する、大物の君主制の理論家は出なかった。残存する君主制の国では、君主の役割は、国民の統一性を保証するものとして、いっそう強力に正当化されなければならなかった。イタリアを除き、大戦後、列強のなかで唯一の君主制国だったイギリスでは、ジョージ五世がなによりも真の「人民の王」として称えられたが、彼はわざわざオープンカーでロンドンを周ったのである。

中・東欧の後継諸国では、ただ一国だけが君主制となった。ユーゴスラヴィアである。そして戦間期につくられた君主制の国は、アルバニアの一国だけだった。その国王ゾグは、由緒ある血統などはまるでもたずに、自力で大統領から王に転身した人物だった。このやや風変わりな人物は、母親が用意した食事しか口にせず、母親同伴でないと首都ティラナの街に出かけようともしなかった。

こうして、ヨーロッパ史上初めて、君主なき共和制が、例外ではなく通例の政治体制となった。その結果、イギリスの政治思想家G・D・H・コールとマーガレット・コールが述べたように、ヨーロッパの人びとは「憲法制定のお祭り騒ぎに」突入する羽目になったのである[46]。多くの憲法起草者が主要な課題と見なしたのは、君主制という「超越的要素」なしに、いかにして国家を安定させるかであった。実のところ、どんな実定的な原理に依拠して憲法を制定すべきかは、明瞭とは言い難かった。とりわけ、一九世紀の自由放任《レッセフェール》的な自由主義の物語が勝利したというわけではなかった。むしろ、それとは程遠かった。戦争は、国家から自由な時代の終焉を画したのである。戦争は、人民の未曽有の動員を要求し――これほど大きな軍隊はヨーロッパにかつて存在しなかった――、国家権力の例を見ない増大を必要とした。ルーデンドルフが最初に命名した「総力戦(全体戦争)」が意味したのは、何よりも兵員と資金の全体的な動員であったが、戦争が長引くにつれ、さらに一般市民の動員も意味した。テイラーの言葉を再び引用すると、

大半の人民が、初めて活動的な市民になった。彼らの生活は上からの命令によって形づくられ、もっぱら自分の事柄のみを追求するのではなく、国家に奉仕するよう求められた。五〇〇万人もの人間が軍に入隊したが、彼らの多くが(半数以下であるにしても)強いられてのことだった。イギリス人の食糧は政府の命令によって制限され、質も変化した。移動の自由は制限され、労働条件も規制された。……表現の自由にも縛りがかけられた。街灯は薄暗く、神聖な飲酒の自由は勝手に変更され、認可された営業時間は削減され、ビールは命令により水で薄められた。時計が指し示す時刻さえも変えられた。……国家は市民の掌握を確立した。それは平時には緩和されたが、二度と廃止されることはなかった。……イギリス人民とイギリス国家の歴史が初めて混ざり合ったのである。(47)

国家はまた、かつてないやり方で経済とも混ざり合った。特にドイツでは、産業生産の極端な集中が

事実上のカルテルを生み出し、これが諸官庁によって調整された。労働者の代表は包括的な計画に参加するよう求められた。資本家と労働者の交渉は公に制度化され、ときには国家によって監督された[48]。観察者たちは「組織化された資本主義」について語り始めた。また他の者たちは、自分たちの目の当たりにしているものが、およそ資本主義ではなくなったと考えた。オーストリアのマルクス主義者カール・レンナーは「見渡せる限り社会主義だ」と熱く語った[49]。「戦時社会主義」はほとんど実体ではなかった。けれども、各国内で社会生活と経済生活がそれまでよりずっと厳しく制限されるようになったことは疑いない。国境をまたぐ生活についてもこれは同様で、一九一八年以降、すべてのヨーロッパ諸国が市民にパスポートの携帯を求めるようになった。

しかし、増大する国家権力は、単に個人の自由を制限するものとして恐れられただけではなかった。国家権力とともに、社会的および政治的可能性の感覚も増大した。国家と社会を分離する厳格な境界線というものはつねにフィクションではあるが、それがいまやよりいっそう曖昧になった。教育を受けた「責任ある」社会の一部が、きわめて制限された選挙権に基づく議会を通して、彼らの利益を理性的に表明するという考えに代わって、社会全体が、自らを根本的に変えるために、国家を利用しうるという考えが広まった。このことは、強力な官僚国家の構築が民主化や市民権の拡張の試みに先んじて行われた国、つまり大陸ヨーロッパ諸国に、とりわけ当てはまった。それは、選挙による民主主義の基礎が近代国家形成以前に確立していたイギリス（およびアメリカ）の場合とは対照的だった。

いまや、これらの諸国のほとんどで、選挙権が大規模に拡大された。参入を許されたのは大衆男性だけではなく、ときには人類の残り半分［つまり女性］（少なくとも年齢や教育程度の高い人びと）も含まれた。大戦以前に女性の投票が認められていたのは、フィンランドとノルウェーだけだった。一九一八年には、イギリスは男子普通選挙を導入し、三〇歳以上の女性にも選挙権が認められた（これは、軍事的勝利のために最も働いた若い女性たちが除外されたことを意味する）。一九一九年にはナンシー・アスターがイギリスで下院議員に選出され、ヨーロッパで最初の女性議員となった。五年後、デンマーク社会民主党の政治家ニナ・バングがヨーロッパ初の女性閣僚（教育担当）となった。

選挙権の性急な拡大をつねに恐れてきた自由主義者たちは、どのような態度をとっただろうか？彼らは、ドイツの自由主義者フリードリヒ・ナウマンが「大衆生活」時代の急迫と呼んだものに対応した、新しいタイプの国政術を創出しようと試みたが、それは概ね失敗に終わった。代わりに、彼らはしばしば単に「大衆」の台頭を声高に嘆くばかりであった。戦間期のありふれた文化批判は、スペインの自由主義哲学者ホセ・オルテガ・イ・ガセットの手により、最も華麗で影響力ある表現を与えられた。一九三〇年に彼は次のように観察している。

町は人で溢れており、家々は賃借人で、ホテルは宿泊客で、列車は乗客で、カフェは客で、公園は散歩をする人びとで、有名な医者の診察室は患者で、劇場は観客で、海水浴場は遊泳客で溢れている。かつてはおよそ問題にはならなかったことが、いまでは毎日問題になり始めている。それは場所を見つけることだ。(50)

「大衆」についての不安は量というより質の問題だった。「大衆的人間」は、まずもって欠けている性質によって特徴づけられた。良き一九世紀の自由主義的な自己は、とりわけ合理性と自己抑制という性質をもっていると想定され、大衆的人間にはそれが欠けているとされた。さらに悪いことに、「大衆的人間」は国家と近代技術を操作するレバーのもち手を握りかけていたが、他方で、国家と近代技術が「大衆」の同質化を進めていた。国家、「機械」、「大衆」がほとんど不可避的にまとまってひとつの脅威として立ち現れた。オルテガは「国家主義とは、基準と化した暴力と直接行動がとりうる、より高次の形式である。そして大衆は、国家という匿名の機械を通じ、またそれを手段として自ら行動するのである」と警告した。[51] このような宣言によって、自由主義は政治に対する自らの疑似貴族主義的な立場を明らかにしたようだ。つまりそれは、大衆民主主義、あるいはオルテガが「超民主主義」の妖怪と呼んだものに全く対抗できない立場になったのである。

とはいえ、普通の人びとに対する美学的な軽蔑はさておいて、ヨーロッパ大陸の多くの場所で、新しい集団や階級が政治に参入したのは事実であった。中・東欧では、農民が初めて政治的に能動的になり、彼らの動員によって「農地改革運動」という明示的なイデオロギーが登場した。ブルガリアでは、農民の指導者であるアレクサンドル・スタンボリスキーが首相にすらなった。彼は大規模な土地の再分配を実行し、「ヨーロッパ農民向けの」「緑のインターナショナル」を創り出そうとした。小農への偏見は根強く、農地改革運動がより強力になるという見込みが火に油を注いだ。ルーマニアの作家エミール・シオランは「土百姓は首都に住んでも土百姓のままだろうに[52]」とブカレストの民衆について不平をもらし、農村部の「百姓たちは相も変わらず無気力で、愚鈍さに満ち満ちている[53]」と、軽蔑を隠さなかった。一九二三年にスタンボリスキーは暗殺され、彼の両手と両耳は切り落とされ、切断された頭部は首都ソフィアに送り付けられた。最終的に、高度に産業化していたチェコスロヴァキアを除き、どの国も農民を統合して民主主義を機能させることに成功しなかった。

このように新しい集団が国内政治での発言権を要求するとともに、国の資源の取り分も要求した(あるいは、戦争でのコストの負担を拒否した)。多くの観察者にとって、新しい種類の人民が政治に参入してきたからには、国家がより積極的に諸人民(peoples)をひとつの国民に造りかえるべきだというのは、もっともだと思われた。そして、そうしたアプローチを、少なくとも間接的に正当化しうる理論的な原理も存在した。すなわち、民族自決という規範である。

自由主義者なき自由主義革命

かつてウィリアム・ジェイムズは、戦争を「社会の凝集性を育む血まみれの乳母」と呼んだ[54]。階級を越えた国民の統一という理念は、フランスの神聖なる同盟《ユニオン・サクレ》の形にせよ、ドイツの城内平和《ブルクフリーデン》の形にせよ［いずれも第一次世界大戦中の挙国一致のスローガン］、民主主義への要求を促進し、究極的にはこれらの要求の実現に手をかした。しかし、ナショナリズムは、既存の国家や新たに創られた国家と地図上でぴったりと一致したわけではなかった。大戦後に大陸の宗教的な大帝国が崩壊した後、理論の上では、民族自決の原理が勝利した。実践上では、この原理は、民主主義の名のもとに、民族や言語という基準に基づいて、同質的とされた人民をもつ、入念な国家の建設として実施されるはずだった。マサリクが論じたように、「総じて、多民族の大帝国は過去の制度である。それは、民主主義がまだ認められていなかったために、物質的《マテリアル》な力が高く評価され、民族《ナショナリティ》の原理が認知されていなかった時代のものである」[55]。ウッドロー・ウィルソンの一四か条は、ロシア革命と同じくらい重要な、国家を組織する方法を示し、革命に火をつけた。民族自決の規範と、住民の同質性に基づく国家のあり方は、新たに設立された国際連盟によって支えられ、「欧州協調」の理念に対する代替案として明示的に使われるようになった。そして、「プリンストン大学の政治学者で自由主義の情熱を持ったウィルソン大統領が、それらを頑固なヨーロッパの政治屋に力説した」[56]。マックス・ヴェーバーは、「最初の真の世界の支配者」が大学教授であるという「世界の奇妙な運命」について驚きを隠すことができなかった[57]。

このように、一九世紀的意味での自由主義にも、結局、一歩進展が見られたのである。ただし、ウィルソンが思い描いた自由主義革命は同時に、カーゾン卿が軽率にも「諸民族の純化」と名付けたものを呼び出した。実践では、この言葉は、しばしば物理的暴力、あるいは少なくとも心理的な暴力を導くように用いられた。たとえば、脅し、迫害、強制移住、さらには殺害にも転じたのである。ロシアの作家ナジェージダ・マンデリシュタームは、「大衆の強制移住は全く新しいもので、二〇世紀だからこその産物である」と述べた。彼女はまた、それが実際のところ何を意味したかについて次のように説明している。「階級単位であろうと民族集団単位であろうと、大規模な強制移住には、必ず自発的な移民の波が続いて生じた。子供や老人が蠅のように死んだ[58]」。

個々の人間の「純化(unmixing)」でさえ、簡単な問題ではなかった。結局のところ、作家のエードン・フォン・ホルヴァートのような人間をどう扱うべきだったのだろうか。彼の母国をたずねると、「生まれはフィウメ、育ちはベオグラード、ブダペシュト、プレスブルク[ブラチスラヴァのドイツ語名]、ウィーン、ミュンヘン、そしてもっているのはハンガリーのパスポートですが、祖国というものはありません。マジャール人でもあり、クロアチア人、ドイツ人、チェコ人でもあるのです。わたしの国はハンガリーですが、母語はドイツ語です」と答えたのである[59]。実際、ヨーロッパは、表向きは共和制の国民国家群として再編されたが、各国内にはきわめて多くのマイノリティを抱えていた。ポーランドの人口の三分の一はポーランド語を話せず、新たに拡張したルーマニアは一〇〇〇万人のハンガリー人を抱え、いくつかの国はホブズボームが「政治的な強制結婚」と呼んだものに基づいていた[60]。特にチェコスロヴァキアと、すぐ後にユーゴスラヴィアとなる地域がそうだった。全体として、パリ諸条約[第一次世界大戦後の一連の講和条約]は六〇〇〇万人もの人びとに自分たちの国家を与えたが、同時に二五〇〇万人もの人びとをマイノリティに変えたのである。マイノリティもマジョリティも同化という理念を信じなかったし、さらには妥協という考えさえ軽視した。たとえばマサリクによれば、妥協はまさに民主主義の本質だったはずなのだが[61]。理論上、マイノリティは集団的権利を通じて保護されるはずだった。しかし、そのような権利の保護は、パリ諸条約の一般的な合意には含まれていなかった。むしろ、大英帝国への法的な含意を警戒したイギリスの主張により、二国間条約を通じて規定されたのである。その結果、マイノリティは大国同士の政治的な気まぐれに翻弄される存在になった。[62] 勝者たちはマイノリティにいかなる種類の団体の地位も認めず、保護が本当に集団に拡張されるのか、個人に拡張されるのかという点も、きわめて曖昧なままにされた。他方、マジョリティの側からみれば、不満を抱えるマイノリティを国内に永住させるのとは別の方法がますます魅力的になった。ギリシャ・トルコ間で結ばれた一九二三年のローザンヌ条約は、「住民交換」を正統化する前例となった。条約の結果、一〇〇万人ものキリスト教徒がトルコからギリシャへ強制的に移送され、三五万人ものムスリムがギリシャからトルコへ移動した。「交換」、あるいはやや不躾に言えば送還は、民族自決の規範、もしくはウィルソンが議会で述べた「義務的な行動原理」を完全に実行に移すためには、分かりやすい手段のように思われた。

この義務的な原理が実践では何を意味しうるのか。ヨーロッパの周辺にあった国がそれを顕著に示す例となった。この国は上から文化的な合意を創り出し、社会革命なき文化革命を実行した。その国とはトルコである。トルコは国民を均質化するために国家権力の利用を試みた。そしてそれを、少なくともうわべでは自由主義的な、たとえば進歩や理性といった価値の名のもとに行った。しかし、結果は自由民主主義的とは言い難かった。

ケマル・アタテュルクは、ルソーや一九世紀フランスの哲学者オーギュスト・コントの著作に通じており、西欧諸国の優れた力はおそらく国家と教会の明確な分離によって説明できるという結論を出した。[63]それに従い、アタテュルクは、彼が「未来の人間」と呼んだ助言者や官僚を集めると、反教権主義的なフランス共和主義から着想を得た文化革命に着手した。たとえば、人びとはトルコ帽を脱がなければならなくなった。というのも、一九二七年にアタテュルクが、その帽子は「われわれ国民の頭上に、無知、怠慢、狂信、そして進歩と文明への憎しみの象徴として載っている」と述べたためである。[64]加えて、庶民生活に表れるイスラム的なものすべてが弾圧され、ダルウィーシュ［イスラム神秘主義の修道者］は逮捕され、ときには処刑された。アタテュルクは「国はそれぞれ異なるが、文明はただひとつである。国民の進歩の前提条件はこの唯一の文明に参加することである」と主張した。新たに創出されたトルコ共和国は「自ら文明たることを証明」しなければならなかった。[65]この精神で、イスラム法《シャリーア》は、見境なくイタリア刑法やスイス民法に替えられた。アラビア文字表記もラテン文字のアルファベット表記に替えられた。

　こうした措置を理解させるため、アタテュルクは遂には国家の原理として、ナショナリズム、世俗主義、共和主義、人民主義、革命主義、そしてとりわけ国家資本主義（実際、これはトルコ語の語彙になった）を公に示した。これらは六本の矢として象徴化され、アタテュルク自身によって監視された――そもそも「アタテュルク」は「トルコの父」を意味し、これは一九三四年に議会が彼を称揚して贈った姓だった。彼は西洋で広く称賛された。「灰色のオオカミ」や「驚嘆すべきアタテュルク」に関する著作が次々と出版され、社会を上から容赦なく再形成するアタテュルクの魅力が訴えられたのである。ひとつには、そうしたトルコのあり方が、西欧型の話し合い国家(多くの人にとってそれは弱々しく見えた)という概念と著しく対照的だったからである。トルコの実験は、単なる一周遅れの国民建設とも、二〇世紀版の啓蒙絶対主義の一形態とも見えなかった。むしろ、それは新しい何かであって、その新しさは、人民を望ましい形にするために近代官僚国家をとことんまで利用するところにあった。こうした考えについては、第二章でより詳細に検討するつもりである。

理論上、トルコ国家の正統性は、国家は同質的な国民の自己決定に基づくというウィルソン主義の教えに則ったものだった。新しいトルコ議会の建物は「あらゆる公的権力は人民に由来する」という格言で飾られた。しかし「人民」という抽象的な理念は、実際の人民とほとんど関係がなかった。ナショナリズムや人民主義といった原理が主張されたにもかかわらず、ケマル主義者のほとんどがアナトリアの農民やイスラムの民衆を脅威としか見なかった。オルテガ・イ・ガセットの言葉を繰り返すように、イスタンブール知事ファーレッティン・ケリム・ゴカイは「民衆が海水浴場に溢れていて、まともな市民はもはや水浴びができない」と嘆いた。

こうして世俗エリート——その多くは軍隊や官僚機構にいた——は、権威主義的な父なる国(*devlet baba*)を発展させた。一九三二年には、トルコは自らが一党政体であると宣言した。アタテュルクの死後、後継者たちはアタテュルクへの個人崇拝を飾り立てた。ヴェーバーのカテゴリーで言えば、トルコの正統性は、カリスマ——いまや実際の父から父なる国へと移転した——と、よく機能する官僚制との双方によって支えられることになった。だが、それはとりわけ国民国家の主権を無条件に肯定することに依拠していた[66]。このことはさらに、伝統的正統性が特に君主制においては永久に消滅したというヴェーバーの指摘を、その結果が自由民主主義とは似ても似つかないものになるだろうという指摘もふくめて、再度立証するものであった。

自由主義的な行動原理を標榜しても、それを履行するのに適した政治的主体が自然に伴うとは限らないのは明らかだった。確かに、高い志を抱いた官僚や国際的な立場に立った知識人は一部にいた。彼らは、ヨーロッパの国民国家が平和と共通の繁栄の名のもとに協調してほしいと願っていた。たとえば、ジョン・メイナード・ケインズやフェリックス・ゾマリー、あるいはドイツのハリー・ケスラー伯などである。彼らは自らの時間を費やし、しばしば自らの評判を危険に晒しながらも、合理的な妥協の可能性を模索した人びとだった[67]。「世界を支配する教授」ウィルソンとは別に、あらゆる学者や専門家がヴェルサイユに集った。他ならぬマックス・ヴェーバーも含め、彼らはナショナリズムの熱狂を超越した覚書(ヴェーバーの場合、共同で起草した「教授たちの覚書」だった)や計画を提出し続けた。しかし、官僚たちと自由に浮動するコスモポリタンの知識人らを、国境を越えて一緒に作業させる試みは、ほとんどの場合、失敗に終わった。この失敗により、最良の意思をもった人間でさえ根深い敵対を乗り越えることができないのであれば、大戦後の秩序はまさに基礎から欠陥を抱えているはずだ、という一部の人びとの確信は強まった。イギリスの経済学者ケインズは、「ウィルソン的なドグマ」を嘲笑した。なぜならそれは「貿易や文化のつながりよりも人種や国籍の分離を賛美して権威づけ、幸福ではなく国境を保証する」ものだったからである[68]。

この失敗はまた、大戦後にヨーロッパのエリートの間に広まりつつあった、信頼に対する全般的危機をさらに深めた。ヨーロッパは、物質的のみならず、道徳的にも疲弊していたのである。ケインズは次のように書いて、普遍主義からの全体的な後退を的確に表現した。「物質的な安寧という喫緊の問題を超えて、［他者を］感じたり労わったりするわれわれの力は一時的に失われている。……われわれはすでに限界を超えて動いてきたので、休息が必要である。いま生きている人間の人生のなかで、人間の魂の普遍的な要素がこれほど暗く燻《くすぶ》って消えそうになったことはなかった(69)」。多くの人びとが、アメリカに政治的・道徳的リーダーシップを求めた。エミール・ミュラー＝シュトゥルムハイムは、『アメリカなしにはうまくいかない』と題した著書で、「アメリカのような国が世界のリーダーシップを担うことは、人類にとって大きな幸運である(70)」と論じた。そして、マサリクは「われわれがアメリカ化しても害はないだろう。数世紀もの間、われわれはアメリカをヨーロッパ化してきたのだから(71)」と公言した。けれども、ヨーロッパという家を整える責任をアメリカに継続して負ってもらいたいと心から望んだ人びとは、戦後のアメリカの孤立主義に失望する羽目になった。とはいえ、経済、そしてとりわけ文化のアメリカ化は進み、多くのヨーロッパの文化批判者の目には、それがヨーロッパの「大衆社会」への堕落を加速させたように映じた。

世界が最終的にヨーロッパ化すると単純に信じることも、もはや不可能になった。一九一九年にヴァレリーは、その後何度も繰り返されることになる文章の一節で次のように述べている。

われわれ近代諸文明も……いまや死を迎えつつあることがあまりにもはっきりしすぎている。われわれは、消滅した沢山の世界の物語を長いこと耳にしてきた。そして、跡形もなく没落し、人びとも機械も、神も法も、純粋ないし応用的な学問や科学も、みな探索できぬような幾多の世紀の奥底に消えていった帝国の物語を。……われわれは気が付いたのである。地表の見える部分は灰でできている。灰は何かを示している。人目につかないほど深い歴史を通じて、われわれは、豊かさと知恵を積んだ大きな船の亡霊を見ることができる。……しかし、それらを葬り去った大災害は結局、われわれの関心事ではなかったのだ[72]。

しかし、大災害がヨーロッパの関心事になったこの時点でさえ、ほとんどのヨーロッパ人が、地球上での卓越した地位をヨーロッパが永久に失ったかもしれないということに気付いていなかった。一九一七年はその転換点を示した。この年、一六世紀のオスマン帝国の侵攻以来、初めてヨーロッパが自らの運命を非ヨーロッパの大国に委ねたのだ。

とはいえ、戦争が残したのは、信頼の喪失と文化的なペシミズムだけではなかった。戦争は水平化と同質化ももたらした。すなわち、前線における「塹壕民主主義」と、ロイド・ジョージの言う国内の「溶融した大衆」である。しかし、戦争はまた新しい種類のエリート意識も生み出した。ウィルフレッド・オーウェン[一八九三〜一九一八年。イギリスの詩人で、第一次世界大戦で戦死]が「祖国のために死するは楽しく名誉なり」という主張を「古くからある作り話」だと非難した同じ前線で、ドイツの作家エルンスト・ユンガーは、〔戦争で〕莫大な損失を被った社会集団内に生まれた、男性間の新しい兄弟感情の神秘を祝福した。こうした社会集団には下級士官、非熟練労働者が含まれ、彼らこそ真の「塹壕の貴族」[73]だとされた。ユンガーは「古いヨーロッパ」で「台頭しつつある新しい支配的な血統」を畏怖し、彼らは「恐れを知らず伝説的で、流血は避けないが憐れみを避ける人種であり、機械を作り、機械を信じ、機械は魂無き鉄の塊ではなく、力のエンジンであり、冷徹な理性と熱き血でコントロールするものと考える人種である。彼らが世界を一新する」[74]と称賛した。

戦争は、二つの政治的なイメージを遺産として残したように思われる。ひとつは、国家、労働者、資本家の妥協の政治、言い換えれば、合理的な利益追求の政治である。もうひとつは、国民《ネイション》を救済することに意思を集中させる、軍事化された政治である。どちらも、一九世紀の古典的自由主義の否定であり、しばしば「大衆の政治への参入」と呼ばれる挑戦に独自のやり方で対応する試みだった。

ヴェーバーの問いかけ

マックス・ヴェーバーは一九世紀自由主義の諸前提に若い頃からどっぷりと漬かってはいたが、彼がしばしば「時代の要求」と呼んでいたものにも鋭く目を見開いていた。「時代の要求」とは、新しい歴史的な状況によって生み出された政治的難題である。新たな状況のもとで国家の役割や国家と民主主義の関係を再定義し、さらにはそこで個人に期待される政治的行動のあり方がどのようなものかを問うことが課題だった。

法律家として訓練を受けていたヴェーバーは、いくつかの点で、国家の伝統的な諸概念の危機として広く捉えられたものに関しては、診断者というより、自らがその症例と呼んでよかった。多くのドイツの同時代人同様、彼は法形式主義者であって、国家を脱神秘化しようと試みていた。国家はいかなる種類の「有機体」でもないし、特定の目的と同一視されうるものでもない。ヴェーバーは国家を、もっぱら国家が用いる手段を通じて定義し、政治学で最も広く引用される定義に達した。すなわち、「国家とは、ある一定の領域の内部で正統な物理的暴力行使の独占を(実効的に)要求する人間共同体である」という一節である。(75)

強制力の強調は、ヴェーバーが政治を永続的な闘争として、社会生活を終わりなき苦闘としてイメージしたこととよく一致した(ただしヴェーバーの観点では、妥協の能力の方が重視された)。しかし、より重要なのは暴力の正統性であった。近代国家では、正統性は、特定の目的を追求する約束によってではなく、合法性を通じて獲得される。これは正しい法の制定手続きに従い、――官職が私有財産のように所有される封建制やその他の体制とは異なり――行政手段から明確に分離された行政官に執行を任せた結果である。ヴェーバーが近代の「大衆国家」と呼んだものは、このように必然的に官僚制をともなって出現したのである。

他の法実証主義者同様、ヴェーバーは、法をいかなる道徳的基礎づけからも切り離す。自然法や客観的な普遍的価値への信仰は回復不能なまでに衰退したと考えていた。したがって、憲法の範囲内での命令として立法される場合にかぎって、法は妥当性を有し、そうして服従されることになる。たとえほとんどの人びとにとって、法への服従が習慣の問題で、国家の正統性への信念が半ば意識的で半ば「ぼんやりと感じられる」程度であったとしても、そうである。(76) 法実証主義者たちのほとんどが政治的には自由主義者だったが、彼らの理論のなかに自由主義の真の道徳的基礎はなかった。

ヴェーバーは、国家に関してとりたてて独創的な思想家ではなかったけれども、「大衆国家」における法の性質の変化に関する彼の分析は、きわめて大きな影響をおよぼした。そうした分析は、なかでもカール・シュミットやフリードリヒ・フォン・ハイエクなどによって、のちのち取り上げられることになった。とりわけヴェーバーは、自由主義的な「法の支配」が福祉国家の出現と実質的な「正義」の要求によって侵食されていることを懸念していた。透明性があり、政治家が説明責任を負う一般規則による統治が、特定の状況や特定の市民に向けられた手段や法令と混同されてしまうおそれがあった。正義といった理想は、議会によって象徴的に是認できるかもしれないが、そうした理想を、一般的で予見可能な法に書き換えることは不可能だとヴェーバーは感じていた。むしろ、それは新しい家産制もしくは封建制の台頭を招くかもしれない。そうなれば、説明責任を負わない行政官たちが貴族に変化し、特定の集団を贔屓《ひいき》することになる。

官僚制化は、ヴェーバーが西洋独自の成果と見なした近代国家にとっての挑戦というだけではなかった。それは自由な個人という考えも疑問に付したのである。もちろん、自由な個人なるものへの懸念は戦争のずっと前からあり、「大衆社会」や「群衆行動」に関する疑似科学的論稿で表明されていた。フランスの「群集心理学者」ギュスターヴ・ル・ボンに見られるように、その懸念の大部分は、王権神授の主権が大衆に神授された権利に取って代わられている、という内容だった。ヴェーバーは啓蒙が約束した個人の自律というものの将来について、おおいに憂慮していた。ただし、彼は「大衆」の劣った性質という問題よりも、肥大化し続ける官僚制とデマゴギーのような社会現象の方により大きな危険を見出していたのである。官僚制もデマゴギーも、民主的な「大衆国家」では不可避だというのが彼の考えだった。

端的に言えば、ヴェーバーは、二つの危機を見てとっていた。ひとつは自由主義的な国家と大衆民主主義の危機、もうひとつは個人の危機である。それらは明白に関連していた。これらの危機を理解するには、近代的な個人がどこから生まれ、何がそれを危機に晒しているのかについて、正確に理解する必要がある。

一九〇四～一九〇五年にヴェーバーは、彼の最も有名な業績となる『プロテスタンティズムの倫理と資本主義の精神』のなかで、近代の初期にカルヴァン派の教義である運命予定説によって、個々人が深い内面の孤独の感覚を体験することになった、と論じた。彼らは神に選ばれているか否かをどうしても知りたかったのに、絶対に知ることができなかった。牧師は、自分が選ばれていることをただ信じるようにと命じた。宗教的不安を減らすための実践的な方法は、ひたすら働き続けることだった。それはヴェーバーが示唆したように、労働が宗教的な懐疑の念から心を解放したからだけでなく、労働のなかでこそ信者は自らを神の力の道具であると見なすことができたからであった。

こうしてカルヴァン主義は、現世での経済活動の成功によって、来たる世界での救済を立証するよう信者たちを駆り立てた。ヴェーバーは基本的な考えを説明しようとしたとき、単刀直入にこう述べた。「神は自らたすくるものをたすく」(77)。カルヴァン派はこうして組織だった自己抑制という特徴をもち、各自の「天職」に身を捧げるという、固有の生活行動様式を発展させた(78)。ヴェーバーによれば、この生活行動は、規律化され、秩序だっていて、きわめて専門化されたという意味で、合理化された、ものになった。それはまた、宗教的であれ経済的であれ、伝統と決別したという点でも「合理的」だった。

この新しい倫理《エートス》は、あらゆる快楽を厳格に忌避する一方で、より多くの金銭の追求を要求した。ヴェーバーによると、それが引き起こした具体的な行動は「……快楽主義などの側面を全く帯びておらず、純粋に自己目的と考えられているため……個々人の「幸福」といった点からすると、全く不合理なものとして立ち現れている」。つまり、「営利は人生の目的と考えられ、人間が物質的生活の要求を充たすための手段とは考えられていない(79)」。それは非合理的だったかもしれないが、「資本主義の精神」の出現の前提条件、あるいはヴェーバー自身の言葉で言えば、「適合的な条件」だった(厳密には原因ではなかったが)。

つまるところ『プロテスタンティズムの倫理』は、意図せぬ結果にまつわる物語だった。カルヴァン主義者は、これまで世界が体験してきたなかで最大の集合的奴隷化に至るかもしれない歴史的な展開を始動させたのである。それはすなわち、ヴェーバーが普遍的な合理化と官僚化の「鋼鉄のように堅い容器」（一般に「鉄の檻」と誤訳される）と呼んだものだった。彼は次のように述べている。

禁欲は修道士の小部屋から職業生活のただなかに移されて、世俗内的倫理と行動を支配し始めるとともに、今度は近代の……経済秩序の、あの強力な宇宙を作り上げるのに力を貸すことになった。そして、この秩序は現在、圧倒的な力をもって、その機構のなかに入りこんでくる一切の諸個人――直接経済的営利にたずさわる人びとだけではなく――の生活様式を決定しているし、おそらく将来も、燃料の最後の一片が燃えつきるまで決定し続けるだろう。外物についての配慮は、ただ「いつでも脱ぐことのできる薄い外衣」のように聖徒の肩にかけられていなければならなかった。それなのに、運命はこの外衣を鋼鉄のように堅い容器としてしまった。(80)

専門化された労働に自らを体系的に捧げるという考えは普遍的なものとなった。しかし「仕事」という形式のなかで、その内面的な意味は失われた。元来の資本主義の精神は、鋼鉄の容器から消滅した。ヴェーバーが言うように、「ピューリタンは天職人《ベルーフスメンシュ》たらんと欲した――現代のわれわれは天職人たらざるをえない」。(81) 近代資本主義はとりわけ西洋に固有の発展の仕方であるが、ヴェーバーの目から見ると、それは自由や民主主義と特に親和性をもっていたわけではなかった。実際、呵責《かしゃく》なき合理化は、ピューリタンの継承者たちを、功利の最大化を追求する狭量な人間に変える危険性をはらんでいた。ヴェーバーが言う、「魂なき専門家、心情なき快楽主義者」である。(82)

西洋近代に特有なものはこれだけではなかった。科学は、自然秩序のなかに客観的意味など存在しないことを証明し、それによって伝統的ないし神学的な確実性を切り崩した。科学は信念を破壊することはできたが、それ自体は新しい価値を生み出せなかった。ヴェーバーは次のように主張した。「認識の木の実を食べてしまった時代の宿命として、次のことを悟らねばならない。われわれは森羅万象の研究がどれほど完成したところで、万象の意味を読みとることはできない。むしろ意味そのものを創造する立場に立たねばならないのだ」、と[83]。科学がもたらすことができたのは、結果の予測、外部世界の支配に必要な手段だけであった。

西洋固有の特徴がさらにもうひとつあった。西洋近代では、ヴェーバーが名付けたように、多くの異なる「価値の諸領域」や「生の秩序」が出現した。領域や秩序それぞれに主要な価値や内的法則があり、各々の「合理化」の形に従っている。たとえば、経済、美、宗教、そしてもちろん政治などの諸領域である。これらの価値の諸領域は、ヴェーバーによれば、より体系化・専門化し、それゆえ「合理化」してきた。しかし、ほとんどの場合、個人のなかではそれぞれの主張は両立しえない。たとえば、平和を信じる根っからの宗教家は、権力と暴力が重要な政治の領域では成功しそうもない。ヴェーバーはこう主張する。「それは意味は少し違うけれど、神や悪魔の魔術からまだ解放されていなかった古代世界のようである。……これらの神々を支配し、その争いに決着をつけるものは運命であって、けっして「科学」ではない」[84]。

宗教的な大文字の神は死んで、多くの世俗の神々が登場したが、対立するすべての要求を包括的な倫理システムが統合することはできない。このように、価値多元主義は——もし真面目な生活を送りたいならば——究極的には、諸個人による基本的に不合理な決定や実存的なコミットメントを求める。ヴェーバーは次のように述べている。

> 認識の木の実——口には苦くても食べないわけにはいかない——の示すものは次のことである。究極的に人生全体は、自然現象のように移ろいゆくことが許されず、自覚して生きねばならないとすれば、そのかぎりで、究極の決断の連続である。この決断によって魂は……めいめいの運命、すなわち自分の……存在の意味を選びとっているのだ[85]。

男女を問わず、あらゆる人間は自分の生を単なる「自然の出来事」に終わらせたくないのであれば、どの神に仕えるか自ら選択しなければならない。その際、自分が選ばなかった神々の信者たちと自動的に紛争に突入することになるのだと意識する必要がある。

　こうした選択の必要性は、近代の個人に巨大な重荷を課すことになった。ヴェーバーによれば、威厳と決断力をもって近代の状況を真正面から受け止める限り、この選択という経験が人間の解放をもたらすことになるのだが、そのように認識するには大いなる成熟を要する。結局、ヴェーバーは、「われわれは決して所与の歴史的発展を欲しているかどうかなど問われることはない」[86]として、自覚的な現実主義の精神にたって、バラバラになった世界をあるがままに肯定するという倫理的な姿勢を好んだ[87]。

選択から逃走する誘惑をヴェーバーが理解できなかったわけではなかった。逃走経路のひとつは耽美主義で、もうひとつが「同胞愛」の倫理、つまり全人類（および全価値）が融和する政治的ユートピア主義である。自然を支配する科学によって提示された、手段―目的の合理性が、他の生の領域をも侵食し、自然の支配にとどまらず人間の支配にまで及んでくると、この誘惑が力を増す。ヴェーバーによれば、近代経営とともに、とりわけ官僚制が、近代人をいつか「古代エジプトの農夫[88]」のように無力にしてしまう可能性をはらむ、ある種の隷属状態を孜々《しし》として作り上げていた。

近代の自己は、自らつくり出した構造の罠にはまるようになったのかもしれない。啓蒙思想によってとうの昔に信用を失っていた神話が、個人を厳しく統制する非人格的で脱人間化する力として、世俗的な形で回帰したのかもしれない。イタリアの一七世紀の哲学者、ジャンバッティスタ・ヴィーコの洞察、すなわち、彼が「人工的自然」と呼んだ、人間自らが住み、作り出した世界を、「自分で作ったものである以上」人間は理解することができるという洞察が、もはや真実ではなくなった。同時に、技術の支配や労働の義務は、ヴェーバーが近代の「主観主義文化」と呼んだものの誘惑を強化した。「近代の主観主義文化」では、個人がもっぱら内面的生の涵養を心がけ、「体験」を探し求める[89]。そのひとつの帰結は、ヴェーバーが「究極的で最も崇高な価値」と名付けたものが公的生活から後退したことである[90]。ヴェーバーの診断では、近代は、一方で非人格的で管理不能に見え、実際簡単には理解できない力と、他方で過剰に刺激された主観性への逃走（ヴェーバーがジンメルに倣《なら》って「不毛な熱狂」と呼んだもの）に分裂する宿命を負っていた。

歴史――そしてとりわけ近代生活――は、意図せざる結果の問題、あるいは悲劇ですらあったという考えが、二〇世紀の初頭、ドイツの社会理論家の間で広まった。ゲオルク・ジンメル――ヴェーバーからハイデルベルクの教授になるよう盛んに促された人物――は、「文化の悲劇」と彼が呼んだ事態を嘆いた。ジンメルによれば、人間は客観的な文化の「形式」と構造を生み出したが、それは蓄積して後の世代に、一層重くのしかかるのだった。ジンメルは、一方で魂がこうした「文化の結晶化」を通じてのみ「自己を発見する」ことができると主張した(91)。他方で、近代秩序のなかで生まれた個人は、結晶化した文化の断片以上のものを本当には把握することができないまま、こうした文化の形式に対峙する。そして必然的に文化の形式を抑圧的なものとして認識せざるをえない。生は自らを再び主張するべく、これらの文化の形式をバラバラに引き裂かねばならないだろう。しかし、文化は実際のところ形式なしには生まれえないものなのである。そこから悲劇が生まれる。

この感覚は実際、多くのヴェーバーやジンメルの同時代人に共有された。ローベルト・ムージルは著書『特性のない男』のなかで次のように述べている。「われわれがモノの掌中にあるのだ。人はそのなかで日夜移動し、あらゆることを行う。髭を剃り、食事をし、誰かを愛し、本を読み、専門的な仕事に従事する。まるで四つの壁が動かずに立っているかのようだ。不気味なのは、壁が気づかれもせずに移動しているということである(92)」。散文的な言い方をすれば、人は生きているのではなく、生かされていた。

そうはいっても、ジンメルの文化の悲劇についての評価やヴェーバーの合理化についての見方は、きわめて曖昧だった。すべての近代的制度には二つの側面があった。官僚制は高度に抑圧的でありえたが、しかし、それは最も合理的な権威の形式として、正真正銘の成果でもあった。ヴェーバーが近代官僚制の非人格的な人間機械《メンシェンマシーネ》と呼んだものを解体するには、より恣意的な支配の形式を復活させるという代償を払うしかなかった（それはまた大衆民主主義を完全に官僚制から切り離そうとすることが無意味な理由でもある）[93]。ムージルの「モノ」からの出口はなかった。とくに共同社会《ゲマインシャフト》、すなわちより単純で全体が結び付いた生活を約束する有機的な共同体へ回帰する道は、ヴェーバーのドイツの同時代人の多くが懐かしく憧れたものではあったが、もはや利用可能でもないし、もっとはっきり言えば、望ましいものでもなかった。

ただし、それが望ましく思えた例外的な時期があった。ヴェーバーもジンメルも、一九一四年に民族共同体への疑念を払拭する気になったようで、ヴェーバーは第一次世界大戦を「偉大」で「素晴らしい」戦争と呼び、ジンメルともども歓迎した[94]。当時五〇歳で予備役将校だったヴェーバーは、前線で戦闘に従事するには歳を取りすぎていた。その代わり、ハイデルベルクの衛戍《えいじゅ》病院に物資を供給する仕事を任された（その後、予備役大尉に昇進した）。とはいえ、戦争に対する彼の態度は単純な愛国主義《ショーヴィニズム》ではなかった。政治（そして政治の一側面としての戦争の決定）の究極的な目的は、特定の文化の形式を創造、あるいは維持することであると彼は考えていた。これらの文化の形式はさらに、異なる諸文化が涵養した個人の性格特性によって正当化された。彼は、実際ドイツが「より高い誉れ」

と望ましい文化の形式を伴って戦争から立ち現れるのであれば、国家の形式がどうであろうと「非難しない」と、ときに主張するほどであった。また文化を創造する「支配民族《ヘレンフェルカー》」[95]として行動するのに適しているのは少数の強国に限られるとも明言した。たとえば、スイスのような「小国」は他より道徳的な政治を行う余裕はあるが、より重要な文化を生み出すことはできない。この文脈でヴェーバーは、第一次世界大戦を、究極的には未来の文化をめぐる戦争であり、とりわけ「ロシア的官僚制」と「アングロサクソン的社会慣習」による世界分割を防止する戦争として正当化した。[96]

こうした文化的な重要性や集団的意味――ヴェーバーが公共生活から消失しつつあると感じた「崇高で究極的な価値[97]」――の探求はまた、政治が他の近代的な生の領域、たとえば経済から分離されなければならない理由を説明する。政治は決して物質的利益に基づいた、あるいは市場の潤滑な機能を確保するための単なる交渉にまつわるものであってはならない。国家と公共領域は、ヴェーバーによれば、独自の特別な尊厳を有している。[98]権力政治それ自体は不毛であり、あくまでより意味のある何かを達成する方法としてのみ正当化されうる。こうしてヴェーバーはまた、国家は将来の人民の福祉というよりも、将来の人民の特性の「質」の問題に専心すべきであると主張した。[99]「祖国」は父祖の土地ではなく、子孫たちの土地なのであった。

壮大な実験

戦争とは別に、将来の人民の性質、もっと言えば全く「新しい人間」の可能性が争われた、暴力的な政治行動の舞台がもう一つ存在した。ヴェーバーは長年、ロシアの発展を熱心に観察してきた。一九〇五年の蜂起に関する記事を直接読めるよう、ロシア語を学びさえした。彼は、ロシアを西洋の一部と見なしていなかったにせよ、信頼できるロシア型の自由主義が登場することを待ち望んでいたのである。しかし、一九〇五年以後に実施されたさまざまな改革は、単なる「疑似立憲主義」の類でしかなかったと感じていた。事実上の専制体制、そして、それによる体系的な「人民の去勢《フォルクスエントマヌンク》」が続いた。それゆえ、一九一七年のニコライ二世の廃位とツァーリズムの終焉は、ハイデルベルクのヴェーバー邸では歓呼をもって迎えられたのだった。

しかしながらヴェーバーは、ロシア皇帝廃位後の暫定政権の首相であったアレクサンドル・ケレンスキーや、ヴェーバーの見たところ、農民を抑圧するために設計された「富豪支配の国会《ドゥーマ》」の勝利には懐疑的だった。一九一七年一〇月に権力の座に就いたボリシェヴィキについては、一層懐疑的だった。ドイツ政府が[スイスに亡命中の]レーニンをサンクトペテルブルクまで封印列車[途中下車を許さない特別列車]で送ったことに加え、彼の革命の試みに相当な額の資金を与えたことなど、ヴェーバーは知る由《よし》もなかった。もちろん、ドイツの官僚たちはその投資から最初のうちは大きな収益を得た。ボリシェヴィキが、一九一八年三月にロシアにとって屈辱的な講和条約をドイツ帝国と結んだからである。レーニンは長い間、「革命的敗北主義」を唱導してきた。それは各国の労働者に向けて、交戦している自分たちの政府を倒し、「帝国主義者の戦争を一連の内戦に」変えることを呼びかけるものだった。ヴェーバーの弟子だったジェルジ・ルカーチは、大戦を阻止できずに失遂した国際社会主義の名誉を、レーニンが独力で救ったと考えた。他の社会主義政党のほとんどすべてが、国境を越えた労働者の団結を捨てて、自国政府の戦争遂行を支持していたのである(100)。

一〇月革命が、実のところ革命やクーデタというより、他に誰も権力の座を欲していなかった瞬間に権力を掌握しただけのことではないか、と疑うこともヴェーバーにはできなかった。最後は、若干の士官学校生と女性大隊が、ケレンスキー政府を防衛するために冬宮に残っていたにすぎない。レーニンは、予定された憲法制定会議(ボリシェヴィキはたった四分の一の票しか集めることができていなかった)の開催前に、合法的権威である政府を打倒することを決意していた。彼は、中央委員会を脅迫と妥協で丸め込み、党内での指導者の地位を危機に晒してまで、自らの即時蜂起計画を押し通した。

その成功は、レーニンのより大きな政治理論の正しさを証明したように見えた。少なくとも世紀転換期以降、彼は、本当に真剣に革命を考えるならば、身をすべて革命に捧げ、特殊技能と高い水準に達した社会主義者意識を兼ね備えた人びとからなる前衛というものに信をおくべきだと主張してきた。レーニンによれば、そのような職業革命家がいなければ、労働者はいくら抑圧されていても、せいぜいイギリス風の「労働組合意識」しかもてないのである。同様の理路にそって、彼は「経済主義」、すなわち労働者の物的条件の改善を目指す試みを真の社会主義には遠く及ばないと嘲弄し、「自然発生的行動」、すなわち前衛党によって公式化され洗練された理論に導かれない労働者大衆だけの政治行動を退けた[101]。

「新しいタイプの政党」の党員として、レーニンは、一般大衆よりも、革命にすべてを捧げる一握りの革命家を選んだ。実際、「新しい人民」――レーニンのお気に入りの小説『何をなすべきか』の副題――が提示するのは、ニコライ・チェルヌイシェフスキーがその小説のなかで祝福した「新しい人」、強い意志を持ち、究極的に合理的で自らの精神と肉体を完全にコントロールしている人びとだった[102]。レーニン自身は間違いなく、革命に専心する専門家という理念を具現化しようとした。ただし、生焼けの肉だけを食い、針の筵《むしろ》で眠るチェルヌイシェフスキーの英雄たちの実践的な処方箋には従わなかった。とはいえ、ある穏健社会主義者は次のように証言している。「一日二四時間革命についてこれほど没頭している人間はレーニン以外にいない。彼は革命以外のことを何も考えず、睡眠中ですら革命の夢を見る[103]」。

しかし、革命への献身だけでは十分ではなかった。党員は、正しい革命理論、もしくはボリシェヴィズムの「堅固な基盤」を整える「最も進歩的な理論」とレーニンが呼んだものによって導かれなければならなかった[104]。穏健勢力との理論的な妥協――一時的な戦術上の妥協とは異なる――は、確実に革命事業が失敗する道だった。レーニンは鮮やかなイメージでその点を説明している。

われわれは小規模の集団でお互いにしっかりと手を取り合いながら、険しく困難な道のりを行進している。われわれは四方を敵に囲まれている。絶え間ない砲撃のなかを進まなければならない。

われわれは敵と戦うという目的を自らの意思で選んで結び付き、付近の沼地に後退するのを避けてきた。沼地の住民たちはわれわれに対して、排他的な集団として孤立してきたことや、和解の道の代わりに苦闘の道を選んだことを初めから非難してきたのだ。[105]

このようにレーニンは、二〇世紀のヨーロッパで最も革新的で強力な政治的手段を創り出そうと努めた。それは、エリック・ホブズボームが共産主義運動の内部から述べたように、「規律、事業効率、完全な感情的同化、全身全霊の献身の感覚」[106]の組み合わせであった。人は「事業効率」を不思議に思うかもしれない（レーニンが党を「大きな工場のように」厳格に中央集権化しようと常々欲していたのは事実であるが）[107]。けれども、ホブズボームが見てとったように、レーニンが「鉄の党」[108]と呼んだものは、確かに夢想家のためのものではなかったのである。

しかしながら党は、カリスマ的な人格ではなく、カリスマ的な制度を求める人びとに何がしかを提供した。[109]ヴェーバーが念頭においた個人の指導者、特に古代預言者に鼓吹された人びとと同じように、党員たちは熱心な献身と自己犠牲の意思を示すのが通例だった。[110]歴史家ラファエル・サミュエルはイギリス共産党での（党のための）生活を描いた際、次のように書いた。

共産党の野望――そして党員の自己認識――は、間違いなく神権政治的なものだった。われわれは、自分たちが神聖な目的のために盟約した選ばれた者たちの霊的共同体《コミューニオン》であることを組織として自己認識した。……党の権威も神権政治的だった。それはカリスマが制度化された形態で、党生活のあらゆるレベルで機能した。[111]

確かに、批判者が「レーニンの宗派《セクト》」と呼んだものの内部では、人格的カリスマが全く役割を果たさなかったわけではない。レーニン自身は異例なまでに強い信頼を呼び起こしており、三三歳の時点ですでに、信奉者たちからは年老いた賢い者という意味で「爺さん《スタリク》」と呼ばれていた。それはちょうどヴェーバーがカリスマ的リーダーシップの最たる例として挙げた古代の預言者のようだった。そして、多くのボリシェヴィキが、いかに彼らが指導者に恋い焦がれるようになったかを報告している。[112]

しかし、レーニン自身の判断では、一〇月革命が成功したのは、「指導者《ヴォシト》」（あるいはレーニンが革命後呼ばれたような「最高指導者」）のカリスマではなく、むしろ正しい組織化のおかげだった。正しい組織化は正しい理論を意味し、その逆もまた真であった。レーニンが主張したように、「政治的な問題を組織問題と区別することは不可能なのである」。レーニンは、党の構成員に対して極度に厳しい規律を課し、表立った反対者に対するのと同様の激しさで、組織統一のための妥協を考える者に対処し、定期的に自らの（また他の）党を分裂させた。[113] その結果として、理論はつねに具体的な難題に対応して形造られねばならなかった。革命以前、レーニンは自分の職業を「作家」としていたけれども、急迫する実践的問題から乖離した抽象的な理論の構築には全く関心を示さなかった。[114]

結局のところ、真の「英雄」とは、指導者ではなく、特定の理論を備えた党のことであり、真の革命家は、個人にではなく、正しい党の方針に従うのである。こうした見解はまた、正統派マルクス主義には、歴史を変えるような英雄的個人が存在する余地はないのか、という厄介な問題にも対応した。レーニンは周囲での個人崇拝の最初の兆候について、「われわれは、これまでの生涯を通じて、ずっと個人の賛美に反対するイデオロギー的闘争を遂行してきた。……英雄の問題はずっと以前に解決した。いまわれわれは再び個人に対する賛美を目撃している。これは全く良くないことだ」と苦言を呈したが、それは首尾一貫した態度であった。[115]

しかし、ボリシェヴィキが権力を確立するうえで本当に役立ったのは、正しい理論やカリスマ――集団的であれ個人的であれ――というよりは、二つの政策であった。ひとつは、土地を農民に再分配する決定、あるいはすでに自然発生的に起きていた土地の奪取を承認する決定である。そして、より重要だったのが、ドイツ、あるいはレーニンが後に「帝国主義の盗賊ども」と呼んだ者たちとの即時講和を訴える決定だった。

社会主義革命はイギリスやドイツのような資本主義の発展した国で起きるはずだとする明白な反対論に対して、レーニンは、ロシアは戦争によって社会主義へ即座に移行する準備を整えたと論じて対抗した。彼は忠実に「ロシアのジャコバン主義」の伝統に徹し、自分たちのような党が権力を掌握し、ブルジョアの段階を一足飛びして、ただちに「プロレタリアートと農民の独裁」の創出を開始できると主張した。しかしまた、ロシア革命の完成には西欧での革命が不可欠であり、それによってロシア革命は真の世界革命に至ると主張した。

もちろんこのことは、レーニンの言う「われわれの革命の炎」がヨーロッパに火をつけるまで、ボリシェヴィキはともかく時節を待つべきであるということではなかった[116]。一〇月革命で権力を掌握するまでの数か月間、レーニンは経済を再組織化し、「寄生」国家を廃止し、「真の完全な民主主義」を構築するという野心的な計画の概略を述べた。彼はとりわけ郵便事業を「社会主義経済体制のモデルである」として褒《ほ》め称えた。確かにそれまでのところは、まだ国家独占資本主義の状態である。しかし、

われわれはただ資本主義者を打倒し、武装した労働者の鉄の手で搾取する者たちの抵抗を撃ち破り、近代国家の官僚機構を粉砕すればよい。そうすれば、「寄生」から自由で、団結した労働者自身により、いとも簡単に起動し始める、高度な技術力を十分に備えたメカニズムが手に入るだろう。労働者たちは、技術者、親方、帳簿係を雇い、全員に、国家の一般職員全員に、労働者の賃金を支払うだろう[117]。

資本主義の利益に奉仕する官僚集団と常備軍を擁する「寄生」国家は廃止されるだろう。もちろんそれとともに「ブルジョア議会主義」も廃止されるだろう。「ブルジョア議会主義」の「真の本質」は、レーニンによれば、「支配階級の構成員の誰が人民を抑圧し圧服するかを二、三年に一度、議会で決める」ところにある。それだけでなく、民主主義についても、一部の人間が他者を（一時的に）支配する

ことを正当化する政治的な形式として伝統的に理解されてきた種類のものは、消滅する。そのブルジョア的定義では、民主主義はまた「少数者の多数者への従属を認める状態であり、言い換えれば、ひとつの階級による他の階級への組織的な暴力行使の体制なのである」とレーニンは説明した。その代わり、ボリシェヴィキは究極の目的として次のことを掲げる。

国家を廃止する。……われわれは、少数者が多数者に従属する原理が見られないような社会秩序がただちに到来するとは考えていない。そうではなくて、社会主義を試みるなかで、われわれは次のように確信している。社会主義は共産主義に発展するだろう。それに連れて、人民一般に対する暴力行使の必要性と、一人の人間が他者に従属する必要性は……ともに消滅するだろう。なぜなら、人びとは暴力や従属を要しない社会生活の基礎的条件を身につけるだろうから。(118)

このように共産主義が完全に実現すれば、正統な暴力手段を独占する分離された公的権力、つまりヴェーバーが定義した国家の必要性はもはやなくなるだろう。とはいえ、政治的代表は消滅しないだろう。レーニンは次のように力説した。「われわれは、プロレタリアートの民主主義においてすら、代表制なしの民主主義を想像できない。しかし、もしわれわれのブルジョア社会批判を単なる空言に終わらせたくなければ、議会主義のない民主主義は想像できるし、想像しなければならない」。彼は「官僚制をただちにあらゆる場所から完全に根絶するなどは話にもならない、それはユートピアだ」

と認めさえもした。しかし、すぐに「古い官僚機構を一挙に粉砕し、すべての官僚制を漸進的に根絶することを促す新しい官僚機構をただちに構築し始めること」を提案し、「これはユートピアではない」と主張した[119]。

『国家と革命』のこれらの主張をあまり真剣に受け止めてはならない。レーニンはそれらを性急に書き上げたのだ。それは、彼が一九一七年の夏にロシアから一時的に逃げなければならず、社会主義、そして最終的には共産主義の展望でもって、故国のボリシェヴィキを奮い立たせるべく、全力を傾けた時だった。行政として残される何もかもを料理人が運営できるなどという主張をレーニン自身が本気にしていたとは考えにくい。

それでも、『国家と革命』のなかの最もユートピア的ないくつかの主張では、マルクスが一八七一年のパリ・コミューンについて書いた文章が直接取り上げられた。パリ・コミューンでは労働者たちは自主管理を始め、警察官を含む役人たちを自分たちのなかから選び、伝統的な国家構造を解体して立法と行政の融合を目指した(コミューンがフランス政府によって迅速に粉砕された以上、これは理念であって、実践的な輪郭は決して明確ではなかった)。確かに、コミューンが存在した短期間、コミューンは実際にはマルクス主義者よりも無政府主義者に率いられ(そして鼓舞され)たのだし、本来の共産主義社会がこのようなものなのかどうか、マルクス自身の記述も曖昧だった。にもかかわらず、レーニンは「共産国家」の理想を描き出そうと願ったのである。そして事実、革命後ただちに、レーニンは、生産を労働者が管理する労働者評議会《ソヴィエト》や、軍隊で自分たちの将校を選出する兵士評議会《ソヴィエト》を支持した。

しかしその後、彼はこの種の「評議会民主主義《ソヴィエト・デモクラシー》」がつまるところユートピア的である、あるいは少なくとも新体制の生き残りとは両立しないと判断した。そして彼は、「パリ・コミューンの原理からの撤退[120]」を表明した。「ロシア革命の最大の難問は、次の点にある。西欧の労働者階級に比べて、ロシアの労働者階級にとって革命を開始することは数段簡単だった。ところが、継続するとなると西欧よりも遥かに難しいのである[121]」。レーニンはいまや、別の発見もしていた。それはロシアの労働者は実際、「先進国の人びとと比べると質の悪い労働者」で、彼らに労働者民主主義を委ねることはできないということだった[122]。どうやら、フランスの無政府主義労働者だけがその信頼に足る存在だった、ということになりそうだ。

マルクスとエンゲルスの著作には、プロレタリアートが権力掌握後、大規模な産業化を推進すべきである、という曖昧な提案がいくつかあった。レーニンはいまや、提案に同意し、こう主張した。「戦争はわれわれに多くのことを教えた。……最良の技術、組織、規律、最良の機械を備えた人びとが頂点に立つのだ。……最高の技術を習得しよう。さもなければ押しつぶされるのは必然だ[123]」。そして、こともあろうに「ドイツの国家資本主義」が具体的なモデルとなった。ロシアの社会主義は、ドイツが戦争を遂行したように遂行されるべきであった。そして「質の悪い」ロシアの労働者たちは、良質のドイツの労働者に変えられねばならなかった。これは新しい文化——特に、天職に身を捧げる人間を含む労働の文化——が、真の社会主義にとって副次的なものではないということを意味した。

それは前提条件だったのである。

マックス・ヴェーバーは、革命家は成功するために独自の官僚を伴わねばならないだろうと考えていた。さもなければ、革命家は既存の国家の行政府、あるいはロシアですぐに知られることになった「旧体制の人びと」に支配されてしまいかねない。レーニンや一〇月革命の他の指導者は決してこのことを公には認めなかった。しかし、「ドイツの国家資本主義」モデルを遂行するには「専門家」が必要だと気付かざるをえなかった。こうした専門家は、「新しいタイプの党」の党員のなかには簡単に見つからなかった。そこで、赤軍の長であったレオン・トロツキーは、兵士評議会を解体し、将校の選挙を禁止して、「軍事専門家」を元の立場に戻した。平たく言えば、旧将校を復職させたのである。

国家は「死滅」する前に必ず強くなる必要があるという考えは、後にしばしばスターリンに帰せられたが、実は革命直後にトロツキーによって宣言されたものである。「ランプが消える前に見事な炎を吹き出すように、国家も消滅する前にプロレタリアート独裁の形をとる。言い換えれば、それは国家の最も無慈悲な形式であり、あらゆる方向で権威主義的に市民生活を包摂する」[124]。「国家の最も無慈悲な形式」は、革命後の体制が敵対的な外部の世界に直面しながら内戦を生き抜くためにあらゆる手段を使う必要がある、という事実によって正当化された。組織的な「大規模テロ」が指令されたが、これは明示的にレーニンによって認可され、「活動の舞台から去ろうとしない反動階級に対してきわめて効果的だ」[125]としてトロツキーによって促された。「最も無慈悲な国家」は革命的暴力の倫理によって鼓舞され、明らかに究極的な目的が手段を正当化した。トロツキーは、ドイツ社会民主党の指導者カール・カウツキーによるボリシェヴィキのテロへの批判をはねつける際、次のように述べて悪名を高めた。

われわれは「人間の生命の尊さ」などという、カント的・聖職者的で、菜食主義者的・クエーカー的な無駄話には全く関心がない。われわれは在野の革命家だったし、権力を掌握しても革命家であり続ける。個人を神聖なものにするためには、個人を磔《はりつけ》にしている社会秩序を破壊しなければならない。そして、この問題は血と鉄によってのみ解決可能なのだ(126)。

「戦時共産主義」はまた――レーニンが言った「工場のように」というだけでなく、厳格な指揮下にある軍隊のように――、党の完全な中央集権化を命じた。トロツキーはボリシェヴィキに参じる前にその結果を予期していた。「やがて分かるが、こうした手法は次のような事態を引き起こすだろう。党組織は党そのものに取って代わり、中央委員会は党組織に取って代わり、最終的に「独裁者」が中央委員会に取って代わる(127)」。

革命家たちは、この「ドイツの国家資本主義」の潜在的な力学と、特にその危険を必ずしも回避できなかった。問題のひとつは官僚制化だった。あまり目立たないもうひとつの問題が、成功した国家資本主義がそれと並ぶカリスマ的な力を必ずしも必要としなかったということだ(実のところ、それは革命後、党を完全に廃止するという提案につながった）。ところが、出現したのはレーニンが党と政府の「柔軟な融合」と呼んだもの[128]ではなかった。むしろ、破滅的な二重体制が構築された。一方には「専門家」や「熟練者」を備えて拡張を続ける国家があり、もう一方には職業革命家と訓練されたイデオローグからなる党があった。党の役割は、すべての制度――特に国家の制度――に「党の精神《パルティノスティ》」を注入することだった[129]。こうして国家（そして、だんだんと社会）全体が官僚制化される一方で、党――公式には行政機関ではない――は、とりわけカリスマ的だった時期に、急進的な宗派《セクト》のように活動し続けた[130]。

そして民主主義はどうなったのか？　レーニンは、公式にはコミューン国家という目標を放棄したわけではなかった。ボリシェヴィキは、国家行政と経済への「大衆の直接参加」というスローガンを繰り返し続けた。それが実現しない現状では、ロシア語のデモクラティヤがプロレタリアート独裁を意味する、と主張することが次善の選択肢だった（農民層はすでにその構図から外されていた）。この主張が含意したことのひとつは、「生産的」であると考えられる人びとだけが、投票に始まる政治活動に参加すべきだということだった[131]。「労働し搾取されている人民」にだけ権利がもたらされた。「旧体制の人びと」、すなわちブルジョアと考えられたあらゆる人びとからは、最悪の場合でなくても、最低限選挙権を奪わなければならなかった。

党内には、コミューン国家および国家と人民の完全な合併への前進が遅すぎると感じる人びとがおり、彼らは決まって「官僚主義」について不平をとなえた[132]。しかし、現状が全く「前進」していないと考える一部の人びとは、一九一七～一八年の短期間に実在した評議会民主主義、すなわち選挙と労働者による生産管理への回帰を欲したが、こうした人びとは容赦なく弾圧された。一九二一年、ペトログラード近郊のクロンシュタットの労働者と水兵が「ボリシェヴィキなき評議会《ソヴィエト》」を要求したとき、レーニンは軍隊を送り込んだ。党内からの批判ですら、いまでは厳しく制限された。「分派」は公に禁じられ、出版の自由などといったものも、もちろんなかった。そうしたすべての手段が一様に、「一国社会主義の建設」（スターリンではなく、レーニンの表現）は内外の強力な敵によって脅かされている、というお決まりの根拠によって正当化された。

レーニンは「官僚主義」の兆候を見てとることが全くできなかったというわけではなかった。しかし、ロシアの労働者とその想定された欠陥の場合と同じように、レーニンは、ときに官僚主義が他ならぬ国民の性質を改変してくれるだろうと考えたようだった。

> われわれは実際、ある状況に置かれており、それはきわめて不条理な状況だと言わざるをえない。それは終わらない会議の席に座り、委員会を立ち上げ、際限なく計画を書き上げるというものだ。ロシア人の生活を典型的に示した人物がいた。オブローモフ［イワン・ゴンチャロフによる小説の主人公］である。彼はいつでもベッドでだらだらし、心の中で計画を練っていた。それは遠い昔のことである。ロシアは三つの革命を経験した。しかし、……旧いオブローモフがいまだに生きていると言えるのには、会議や委員会で作業しているわれわれを見るだけで十分だ。彼を立派な男

にするためには、よく洗い、洗浄し、よくこすり、磨き上げる必要があるだろう。[133]

しかし、ヴェーバーのように法律家の訓練を受け、形式主義の傾向を持ったレーニンが、官僚制化による麻痺に対抗すべく、ただひとつ実践的な解決策として最終的に心に描くことができたのは、監視の一層の強化だった。つまりは、より一層の官僚制化である。[134]

そして、このような力学こそ、マックス・ヴェーバーが社会主義を拒否したまさにその理由であった。彼は、社会主義が――意図せざる結果として――悪夢のような普遍的な官僚制化をもたらすだろうと主張した。少なくとも西洋では分離していた経済と国家の官僚制が融合し、「官僚の独裁」という結果を生むだろう。[135] そして実際、ボリシェヴィズムの「壮大な実験」と彼が呼んだものを目にし、恐怖は高まり続けたのである。一九一八年、ヴェーバーは、ウィーンのカフェ・ラントマンでフェリックス・ゾマリーと経済学者のヨーゼフ・シュンペーターに会った。会話がロシア革命の話題に移ると、シュンペーターは愉快気に、社会主義は遂に「机上の議論」であることをやめ、いよいよその実現性を立証しなければならなくなりましたね、と言い放った。[136] ヴェーバーは猛烈に反発し、ロシアで社会主義を試すことは、国の発展の度合いからすれば、基本的に犯罪であって、大失敗に終わるだろう、と述べた。シュンペーターは冷静に、そうなるかもしれませんね、でもロシアは「良い実験場」になるでしょうと返した、とゾマリーは伝えている。ヴェーバーは激高して、「人間の死体が山積みになった実験場だぞ」と言った。シュンペーターは「すべての解剖実験室がそうですよ」と指摘した。

口論はますます熱を帯び、ヴェーバーの声はより一層大きくなり、シュンペーターはますます皮肉っぽくなった。遂にはヴェーバーが急に席から立ち上がり、「もう我慢ならん！」と叫び、リング大通りに飛び出していった。シュンペーターは、どうやったら「カフェでこんなに大声を上げることができるものかね」と、驚きを口にした。

ヴェーバーの回答（一部の人びとのための）

ではヴェーバーは、その代わりに、どのような望ましい、あるいは少なくとも我慢できる程度の政治的倫理を提案したのか？　また、「大衆生活」という新時代にあって、自由主義的着想を具現化する、あるいは少なくとも保護するための、いかなる制度を提案したのか？　ヴェーバーは、彼が生きた時代のドイツ社会の寓意を『プロテスタンティズムの倫理』のなかに忍ばせていた。彼が称賛する自律的で責任を果たせる人格を指し示し、ドイツ人を従順にしてきたルター主義を攻撃しつつ、中産階級《ブルジョアジー》に対して、闘争を通じて自らを鼓舞し、最終的には自己決定できるようにと訓戒した。[137]ヴェーバーは、一般的には君主制が最良の国家形態だと考えた。しかし、ドイツ帝国の政治体制は政治的には未成熟なままだった。この帝国では、責任を取らない文官が現状すべての決定を下しているなかで、君主は実際に統治できるなどと誤った主張がなされた。空威《からい》張《ば》りする、子供のようなヴィルヘルム二世がカリスマ的な指導者を気取っており、ときには本当に権力を行使しようとし、そのうえその意図を声高に宣伝する始末であった。ヴィルヘルム二世は明らかに政治的判断力を欠いており、その素人芸は、最良の場合でも奇妙な失策をよび、最悪の場合には国民に重大な政治的損害を与えた。近代の君主制は、才能豊かな王や皇帝が偶然即位するという例外を除き、官僚による統治を意味する、とヴェーバーは主張した。したがって真の問題は、この官僚制が監督されるかどうかだった。ヴィルヘルムのドイツでは監督されなかった。そのうえ政府は、政党政治や議会での鍛錬を経ていない人物によって構成されていた。

ヴェーバーの処方箋は明快だった。才能のない君主を中立化し、官僚を抑制し、政治的判断力を訓練する場を提供するためには、本当に力を持った議会が決定的に重要だった。理想的には、そうした議会は、カリスマ的な指導者を、競争を通じて選び出す助けにもなるだろう。そのような指導者は、政治の方向性を示し、政治生活に活力を与え、それによって官僚支配の危険に対抗するだろう。しかし、にもかかわらず、これを実現するためには、それなりの対価が必要だった。すなわち、カリスマ的指導者は、非民主的で魂のない、そしてもちろん官僚制的でもある政治組織によって支援されなければならなかった。この組織が指導者のために票を動員するのである。のちに実際生じたことだが、議員たちは、ヴェーバーが「議会の人民投票的独裁者」と呼んだものと、彼を支援する政党機構の両方に依存するようになった。議員は「陳情に応えるだけのよく躾けられた政治屋」に成り下がった[138]。

ヴェーバーは選挙権の拡張にはっきりと前向きだった。結局のところ平等な地位の承認は、近代秩序にとって不可欠なものだった。名士が自分たちのために政治を運営した一九世紀のシステムは、もはや完全に存続不可能だった。彼はまた、戦場から帰還した兵士たちに、銃後で快適に暮らしていた資産家たちよりも少ない政治的権利しか与えないという考えに我慢ならなかった。さらにヴェーバーは、高学歴者により多くの投票権を与えるという流行の考えを厳しく退けた。教育、とりわけ人文学の教育が、しばしば政治的判断力の欠如につながるとも主張した(アイスナーがそうだったが、彼はジャーナリズムと政党政治に転身する以前は哲学者で、いまや「自らのデマゴギー的成功の虜」になっていた)[139]。

政治的包摂こそ、政治責任を涵養する最良の方法である、とヴェーバーは考えたのである。しかし、人民が実地に権力を行使できるという考えを彼は決して受け入れなかった。「直接民主主義」は、スイスの特定の州《カントン》のような、誰もが互いに顔見知りの、きわめて小さな舞台でしか可能ではない(そして、そこでもなお政府は、時間と金が十分にあって、天職を必要としない疑似貴族によって運営されるだろう)と、ヴェーバーは力説した。他のどこであれ、民主主義は必然的に委任を意味し、それゆえ一部の人間が他の者たちを統治することを意味せざるをえない。それはまた、必然的に官僚制化を示唆する。そして、ここでも真の問題は、官僚制を備えるか否かではなく、いかに官僚制を封じ込めるかなのである。

しかし、国家の規模をめぐる実践的な考慮を除けば、ヴェーバーは、ほとんどの市民を受動的で、近代社会生活の複雑さが理解できない存在としか見なせなかった。彼らができること——そしてすべきこと——は、ただ投票することだった。それゆえ、ヴェーバーは、統治計画に変換可能な、一貫した人民の意思とか委任といった考えを斥けた。彼は手紙にこう書いている。「「人民の意思」や「人民の真の意思」といった概念は、わたしのなかではとっくの昔に存在しなくなった。それらはフィクションだ」[140]。せいぜい選挙は、より優れた政治技術をもち、大衆の希望に関心を示す指導者が報いられる、一種の人民的フィードバックを形成するに過ぎない。そして、得票を求めて闘争することによって、官僚とも純粋なデマゴーグとも異なる、果敢で政治的な責任を果たせる政治家だけが頂点に立つことが保障される。その意味で、大衆の包摂が応答責任を涵養するという議論は、闘争の導入が政治的リーダーシップの質を高めるという議論によって補完されたのである[141]。

だから、ヴェーバーの正統性の三分類、すなわち伝統、カリスマ、合法性・合理性を用いて言えば、彼は最後の二つの組み合わせを提唱したことになろう。法と官僚制による合理化と、指導者がもつはずの人格的ヒロイズムとの融合である。ヴェーバーは、党の政治機構によって支えられる「指導者型民主主義」に代わるものは、党官僚と名士が舞台裏で影響力を競い合う「指導者なき民主主義」しかない、と頑《かたく》なに主張した[142]。いかなる政体も後者になれば、もっと悪いものになるだろう。

しかし、指導者型民主主義は大きな重荷――あるいは誤った期待――を指導者に負わせる。ここから、指導者がどのように行動すると期待されるか、彼らがいかなる倫理的限界や指針を遵守すべきなのか――とりわけ政治が集団的意味の源泉の一つたりえるならば――といった問題について説明する義務をヴェーバーは負っていた。一九一九年の講演「職業としての政治」は、なされていなかったその分析の場であった。

ヴェーバーによれば、あらゆる政治家には、三つの決定的な性質が必要とされる。情熱、責任感、バランス感覚である。しかし情熱とは、経験のロマン主義的な崇拝を意味しているのではなく、むしろ、選ばれた目標への献身を意味した。そして、バランス感覚や現実感覚、すなわち物や人間、とりわけ自分の感情から距離を取る能力がなければ、政治家はそのような情熱によって盲目になってしまう。逆に言えば、客観性の欠如――そして思慮なき権力崇拝――は、政治家にとって致命的な罪なのだった。

ヴェーバーの講演「職業としての政治」を聴いた学生にとって、ヴェーバーが次のような区別を明確にしていたことは初めから明らかだったに違いない。その区別とは、「信条倫理」(あるいは純粋な意図)と、責任倫理との区別である。そして、彼が明白に後者を好んだことも。信条倫理は無条件なもので、実践者は自らの良心に対してのみ責任を負う。信条の政治家、たとえば急進的平和主義者やユートピア的社会主義者は、自分の意図の純粋さを保持することに最大の関心がある。ヴェーバーの見るところ、彼らは善からは善だけが生じ、悪からは悪だけが生じるという素朴な信念に固執している。彼らは政治領域の自律性を全く理解することができず、意図せぬ結果に満ちた世界のうわべの倫理的不合理さに耐えられなかった。しかし、政治を否定する一方で、彼らは政治の内的なロジック、すなわち不可避的な暴力の存在から逃れることはできなかった。彼らは、そうした信条の人間らしく、自らの意図が純粋である限り、いかなる結果責任も受け入れなかった。ヴェーバーは彼らをたしなめて、こう述べた。「もし純粋な善なる意図でなされた行為が悪なる結果を伴った場合、そのとき、行為者の視点では、本人ではなく、世界や他者の愚かさ、あるいはそれらを創造した神の意思に責任があることになる」(143)。

他方、責任倫理は、政治家が自らの行為の結果についての説明を引き受け、政治において働いている矛盾し悪魔的でさえある諸力の玩具に自らがなってしまう倫理的危険を受け入れ、妥協することを意味した。しかし、結果を評価し、いずれの結果が受け入れられるか否かを決めるための基準とは何か？　ヴェーバーは、責任倫理に従う政治家を、純粋なプラグマティスト、あるいは機会主義者として描きたいとは思わなかった。彼はまた、いかなる合理的基礎づけも欠如したなかで人間は選択を行うという、究極的な世界観を受け入れねばならなかった。加えて彼は、おそらくどこかで、自らの立ち位置を合理的に正当化できない地点に達し、「ここにわたしは立つ、それ以外何もできない」［破門されたルターがヴォルムスの帝国議会で言ったとされる］と宣言せざるをえなかった。

しかしながら、そうした不合理な魂の叫び《クリ・ド・クール》によって、責任倫理は崩壊して信条倫理に変ずるように見えた。ヴェーバーは、これが倫理の問題ではなく、「真に人間的で感動をよぶこと」だと主張し、続けてこう述べた。

われわれのうち、内面的に死んでいないものは皆、こうした状況が生じうるのだと覚《さと》るに違いない。その意味で、信条倫理と責任倫理は完全に反対のものではなく、むしろ真の人間、すなわち「政治を天職」としうる人間を作り出すうえで相互に補完的なものである(144)。

それゆえ、真の責任倫理は、政治世界からの自己中心的な逃走と、冷徹な機会主義の間の進路を進むことになった。

どうすればこの着想を、自由主義的な政治的実践に具体的に変換できるのだろうか？　ヴェーバーは、自由主義の社会的基礎が侵食され、その理念の多く――特に進歩と個人の権利――が、多くの同時代人の目からは信頼できないものになったことに、強い懸念を抱きながら気づいていた。確かに、啓蒙の理念を不用意に、あるいは本当に放棄することは、全く無責任であると彼は考えた。そして、あらゆるタイプの反動家たちに、「「人間の権利」の時代の成果を反故にしても、最も保守的な人びとを含むわれわれの誰もが、自らの生活を続けられるなどと信じることは、紛れもない自己欺瞞である」と警告した。[145]しかし脱魔術化された世界では、自然法への信念や、権利の形而上学的な基礎づけが、維持されえないことは確実だった。むしろヴェーバーにとっては、自由主義的な成果を歴史化し、相対化することが望ましかった。そして言うまでもなく、功利主義的な「幸福」によって自由主義を正当化するという方法に訴えることは彼にはできなかった――彼にとってそれは家畜の群の幸福のようなものだっただろう。

では、大衆民主主義の時代に自由主義を保持することはいかにして可能か？　ヴェーバーが政治学と社会学で張った論陣からすると、最も妥当な理論的回答は以下のようなものであろう。自由主義は、新しい文化（ヴェーバーにとってはもちろん国民文化を意味した）の捉え方とその課題をつくり出すべきであった。そして、それは政治によってのみ達成されえた。公共圏がその尊厳を肯定され、その結果として単なる権力政治と物質的便利さをめぐる争いを超越できれば、それによって公共圏から離れてしまった「最も崇高な価値」のいくつかを回復できるであろう。[146] 加えて、自由主義者は価値多元主義に訴えることもできた。適切な環境、とりわけ自由への人間の意思が所与となれば、価値多元主義は自由主義を正当化できるのである。それは価値多元主義が自由主義に確実な哲学的基礎づけを提供することによってではなく、プラグマティックなやり方によってなされる。価値の多元性と、価値の選択を通じた意味の創出が人間にとって必要と認められれば、個人主義(そして寛容)は、少なくとも提案として魅力的に見えるであろう。[147] 各個人はそれぞれの価値を選択する自由な余地が与えられなければならなかった(そしてまた、選択から生じる苦痛を伴う結果とともに生きねばならなかった)。そして、個人それぞれの選択は、客観的に正しいという意味からではなく、ヴェーバーの言葉を借りれば、次のような意味で認められるべきである。「客観的な価値があるのは、「人格」の最深部の諸要素であり、われわれの行動を規定し、われわれの生に……意味を付与する、最高かつ究極の価値判断であると考えられる」べきなのである。[148]

しかし、こうした一般的考察はつねに一般的なものなのであって、具体的な環境で具体的な政治選択をすることとは別である。一九一九年の悲劇的な環境におけるヴェーバーの判断は厳しいものだった。ヴェーバーの講演の直後、クルト・アイスナーはバイエルン共和国での最初の選挙で敗れた。辞任を予定していたまさにその日、アイスナーは若い右翼の貴族に撃たれた。革命後の混乱のなか、評議会《レーテ》共和国が宣言され、共産主義者が「アイスナーの疑似評議会共和国」と嘲笑したものに取って代わった。すでに見たように、ヴェーバーは直接民主主義を信じなかったし、また政治的自己決定の手段としての評議会や、個人的判断の余地がない、いつでも撤回可能な「人民の代理」といったものを、一瞬たりとも信じたことがなかった。一般の人びとの理解力がつねに及ばないことがその理由ではなかった。実際にハイデルベルクでヴェーバーは、評議会に参加していた。そして後に、単純労働者や兵士が備えていた純粋な良識、規律、即物性《ザッハリヒカイト》、あるいは現実主義に対して好感をもっていたことを明かしている（ドイツ人が根本的に、規律を尊ぶ民族であることに満足していることも(149)）。

しかしながらヴェーバーは、バイエルンでの実験には、根本的に真剣さが欠けていると感じたのである。レーテ共和国が崩壊した後、彼は作家エルンスト・トラーの裁判証人として法廷に登場した。トラーは社会主義者の詩人で、西部戦線で戦った後、熱烈な平和主義者に転じていた。トラーは、ヴェーバーがハイデルベルクで日曜日に学生や知識人のために開いていた会合によく参加していた。おそらく彼は「職業としての政治」講演の聴衆にも交じっていた。一九一九年春には、短期間バイエルンの「赤軍」を指揮した。そして、死刑に処せられる反逆罪に問われた。ヴェーバーの見るところ、トラーは政治で我を失ったもうひとりの文士であり、純粋な信条倫理《ゲズィヌングスエーティカー》の政治家でさえあった。ヴェーバーの妻は、夫がトラーについて「神が怒りに駆られて彼を政治家にした」と述べたと伝えている(150)。けれども、ヴェーバーは裁判でトラーを弁護し、彼の命を救おうとした。とはいえ、トラーの弁護人は、ヴェーバーがトラーの政治的経験のなさを強調することによって、実際には事態を悪化させたと思った。同時に法廷でヴェーバーは、アイスナーの暗殺者について、有罪判決後ただちに射殺されなかったのは遺憾だが、その行動の豪胆さは称賛に値するとも述べた。射殺をまぬがれた暗殺者アントン・アルコ・ファーライは「コーヒーハウスの名士」になる一方、アイスナーは政治的殉教者として崇拝された[151]。

民主党から立候補しようとして失敗したヴェーバーは、苦い思いで一九二〇年四月には党を去り、その後魂なき政党政治家を攻撃し続けた。ただ彼は、新しいドイツ憲法に一定の影響を与えた。全般的には新憲法は、ヴェーバーが望むよりもずっと多くの権力を議会に付与したが、(官僚を監督するための)多数派と少数派の「調査」権が組み込まれた。そして、議会の平衡力としての、直接選出の強力な大統領というヴェーバーの提案も取り入れられた――それは、理想としては、ヴェーバーが「英雄」と呼ぶのも憚《はばか》らない人物が就くべき役職だった。しかしその結果、再び憲法は鵺《ぬえ》のようなものになった。具体的に言えば、比例代表に基づく自由主義的な議会、人民投票、大統領という形での疑似君主のつぎはぎである。法理論家のフランツ・ノイマンが指摘したように、それは一貫性を持った政治的枠組みというよりは、「ドイツの強力な社会政治勢力の間での一連の妥協」、特に労働者と資本家の間の、軍隊と国家の間の妥協以上のものではなかった[152]。

マックス・ヴェーバーはヴァイマル共和国の不運な出立を目撃した後、一九二〇年に世を去った。君主制の終わりと自由民主主義の定着を目にして、ヴェーバーは、新しい統治者が官僚制の存在それ自体を保障する限り、国家は官僚制を通じて誰に対しても奉仕するだろうという、彼の信念を強固にした。そのことはまた、革命家が自前の補佐職員を持つ場合にのみ、真の革命が実現可能であるという信念も確固たるものにした。後者は、一種の対抗国家を生み出さなければならない。さもなければ、革命家たちは日常業務を行う専門の職員たちを管理する監査役会に近いものになるだろう。それはヴェーバーがロシアで生じていると想像したことだった。究極的には、革命家も、ブルジョア政治家と同種の動機付け《インセンティブ》を持つ。つまり、後者がつねに政治によって生きようとするように、前者は革命によって生きようとするのである。ヴェーバーによれば、それゆえに、ボリシェヴィキが永久革命に従事することになる蓋然性は高かった。

彼独特の自由主義観を考えると、もしヴェーバーが一九三〇年代初頭まで生き延びたとしたら、ヴァイマル共和国の深刻な危機について何と言っただろうかと予測することは、誰にもできない。友人や支持者たちは、彼が政治上で中心的な役割を果たしただろうという考えを熱心に広めようとした。彼の妻は、ヴェーバーが首相になれると考えていた[153]。しかしヴェーバー自身は、自分は興奮しやすく、政治に必要な「泰然とした神経」を欠いていると、悲しげに述べていた[154]。彼はつねに学界のトラブルメイカーで、類のない激しさで人を憎むことができた。譲歩して妥協するということは全くなかった（なぜ学者が妥協を好む必要があるのか？）。ヴェーバーは、政治ではリアリズムを要求する一方で、国の威信や名誉を究極の政治的価値として見なすことについては決して揺るがなかった。しかし、ナショナリスト的な情熱の抑制とともに、妥協を快く受け入れることが、まさに新しい民主主義の時代に必要だった——ヴェーバー自身、その事実をはっきりと理解していたのである。

戦争は新しい規範を残した。しかし、それらを履行し強制する、はっきりと機能しうる制度は残さなかった。新たに創られた多くの憲法は、永続的な憲政秩序はもちろん、政治のための共有された道徳的基礎を提供するものでもなく、社会諸勢力間の脆《もろ》いバランスの上に立つものだった。そして、同質的な国家による民族自決の理念は、自己統治する政体どうしの間に調和的な関係を導くのではなく、さらなる「民族浄化」のための行動を要求していると言ってよかった。「哲学者」ウッドロー・ウィルソンは、ケインズが述べたように「世界の君主たちを縛り付け」ようと新しい国際秩序を描いたが、その国際秩序はまさに最初から対立に悩まされることになった。なかでも、一九一九年に創出された脆弱な諸国家では、それまでもつながっていた国際的なものと国内的なものが、より一層緊密に結び付いていた。このことは、集団安全保障の失敗——そして国際連盟によって構築されたマイノリティ集団の保護制度の失敗——が、自由民主主義として理解されていたものの質の低下を、ただちに、そしてほぼ例外なく引き起こすことを意味する。早くも一九二二年にケインズは、「国際統治の最初の実験がナショナリズムを強化する方向に作用するという逆説」を見てとった[155]。

もしヴェーバーが生きていれば、深く失望しただろう。とりわけ、指導者民主主義を作り上げるはずだった制度の運命には失望しただろう。国家官僚制への、そして国家の監督のもとで妥協点を決める経営者と労働者の代表への、議会の影響力は失われていった（国家と労使の接近は、公的な政治権力と私的な経済権力の間に残存していた区別をさらに掘り崩した[156]）。これは一転して、まだ残っていた議会主義への僅かな信頼を動揺させた。すでに一九二三年に、ドイツの右翼の法思想家であるカール・シュミット――かつてヴェーバーがミュンヘンで開いた若い講師向けの特別演習の参加者――は、議会とその中核的原理、すなわち公開性と討論に対して、思想上の死亡診断書を書いていた。

近代の大衆民主主義の発展が公開の討論をひとつの空虚な形式と化してしまったために、こんにち議会主義の立場は危機的なものとなった。現在の議会法の多くの規定、特に代議士の独立性と会議の公開に関する規定は、ほとんど無用の装飾物のようになり、何らの実益もないだけでなく、あたかも燃えさかる火を想わせるために近代的なセントラルヒーティングの発熱装置の上に誰かが塗った赤いペンキのように、見るに堪えないものとなっている[157]。

議会は見かけ倒しになってしまった。真の権力は強力な社会集団に存在した。シュミットによれば、他のいかなる議会の正当化も、もはや通用しない。シュミットは、ヴェーバーが立法府に割り当てた他の役割も公然と否定した。

相変わらず今まで通り議会主義を信じるとすれば、少なくとも新しい論拠を提示しなければならないだろう。フリードリヒ・ナウマン、フーゴー・プロイス、そしてマックス・ヴェーバーの名を挙げるだけでは、もはや充分ではない。これらの人びとをいかに尊敬したとしても、議会のみが政治エリートの教育を保証するという彼らの希望を、こんにち共有する者は誰もいないだろう。[158]

同様に、他の自由主義的な諸制度も圧力に晒されていた。法の支配が侵食されているという不安――法がますます脱形式化しているというヴェーバーの診断ですでに表明されていたもの――は、多くの新しい仕事を国家に求める考え方によって悪化した。それは、自由主義者の見るところ、ますます多くの権力を、本質的に説明責任を負わない官僚に移譲してしまうことを意味したのである。一九二九年、イギリスの首席裁判官ヒュワート卿は、市民に向けて次のような警告を発した。行政国家の台頭は「専制的権力」を生み出している。「その権力は、政府の省庁を議会主権の上に置くとともに、裁判所の管轄の届かない場所に置いてしまう」[159]。「省庁専制」、すなわち「科学的であると同時に慈恵的な」専門官僚による支配は、「自己統治(自治)」を破壊し、「行政による無法状態」を生み出している、と。

第一次世界大戦後にレーニン主義やナショナリズムの看板のもとに登場した、新しい意志の政治を、理性的な妥協に価値を置くヴェーバー風の自由主義政治と対照させて考えることは、一見魅力的である。しかし、ヴェーバーの近代大衆政治のイメージもまた、その関心は指導者への信頼の必要性に集中していたし、全体としての国民を統合しうる新たな自由主義的な政治術《ステートクラフト》という彼のヴィジョンも、ナショナリスティックな対外政策を必要としていたように思われる。明らかに、民主主義の時代に対する自由主義からの回答は、一九二〇年代半ばまでには、ひとつも出てこなかった。そしてこの頃には民主主義形成の潮流が逆転し始め、ポール・ヴァレリーが観察したように、独裁が「伝染」していくようになった。いかなる憲政秩序も安定を与えられないなか、ヨーロッパ人は、政治的な諸形式および諸原理の実験を継続していくことになるのである。

第2章

大戦間の実験
——人民の形成、魂の改造

危機はまさに古いものが死につつあり、新しいものが生まれてこないという事実のなかにある。このような空白の時代のなかで、最も多彩な病理現象が現れる。

――アントニオ・グラムシ(1)

どこでも人びとはメシアを待望し、大小の予言者の約束でいっぱいの雰囲気である……われわれはみな、同じ運命を分かち合っている。われわれのなかには、こんにちの社会では満たすことができない愛があり、何よりも憧れがある。われわれはみな、何かに向けて熟しているのに、その果実を摘み取ろうとするものは誰もいない……。

――カール・マンハイム(2)

われわれはいまや党を真の偉大な国民政党へ、さらに拡張しようとしており、その政党は国民の多数の支持によって……国民の家庭(folkhemmet)という夢を実現する。このような集まりを形成しようとすれば、その前提条件となるのは、さまざまな集団の要望を考慮に入れながら、どこから来ようと筋の通った要求なら満足させる方法を、偏見をもたずに、さまざまな仕方で実験するような政治である。

――ペール・アルビン・ハンソン(3)

こんにち、十分に発展し、十分に安定して構成され、十分に包括的で成熟した共産主義の将来の結果を実際に予見することは、四歳の子供に高等数学を教えようとするようなものだろう。……われわれは社会主義を建設できる（そして、建設しなければならない）。しかし、それは抽象的な人材、あるいはわれわれのために特別に準備された人材を用いてではなく、資本主義からわれわれへと譲られた人材によってである。もちろん、これは並大抵のことではない……。

——V・I・レーニン(4)

「あらゆる分野で実験がなされた時代」——かつてフランスの哲学者ポール・リクールは、彼が青年時代を送った戦間期をこう表現した(5)。新生チェコスロヴァキア共和国の初代大統領に就任直後、トマーシュ・マサリクは、一九一八年以後のヨーロッパを「世界大戦の巨大な墓地の上に建てられた実験室」と見なした(6)。ヨーロッパ人が実験せざるをえなかったのは、ひとつには、伝統と王朝に基づく正統性が公的秩序の原理として通用しなくなったのに、さりとて新しい原理もほとんど定着していなかったからである。政治の世界にあまりに多くの新しい人びとが関わり、そのなかであまりに多くの新しい主張が噴出していたから、自由主義の復興が望めないことは明らかだったが、レーニンが理論化した社会主義革命も望み薄だった。イギリスの社会主義者マーガレット・コールが戦争直後の「組織された労働者の極端に膨らんだ権力」と呼んだものが(7)、根本的な政治変化をもたらすために用いられることはなかった。そのことに深く落胆した人びとは共産主義者以外にもいた。とくに、彼らはある制度の挫折に苛立っていた。その制度は、ロシア革命に批判的だった社会主義者たちの目には、権威主義的な前衛政党なしでも革命が達成されることを約束する手段のように見えた。それは労働者・兵士評議会であり、一〇月革命前後の切迫した時期に一定の役割を果たしただけでなく、その後西ヨーロッパ全体に波及した。しかし、労兵評議会は、一九二〇年までには、解体されるか、議会制多元主義へと吸収されるかしていった。

このように、一九一九年以後の社会主義や共産主義の政治思想は、挫折を背景に理解されなければならない。ほとんどいたるところで左翼の知識人たちは、政治的影響力の行き詰まりに直面した自分たちが、議会制民主主義という体制の内部で活動すべきか、それとも何らかの仕方で革命に挑戦し続けるべきなのか、決断を迫られていた。ソヴィエト・モデルに基づく武装蜂起を排除しながら、根本的変化をもたらすための方法を模索し始めた者も多い。彼らは殊に、その国の文化を攻略することこそが先決であり、経済を転換するために政治制度を用いる前に、同じ価値観を共有するよう人びとの多くを「再教育」していくという考えを理論化しようとした。たとえば、社会主義的法学者オットー・キルヒハイマーは、多数決原理というものは、市民が道徳的価値観を共有し、もっぱらその価値を実行する最善の方法の決定に投票というメカニズムを用いる場合にのみ、正当化されると論じた(8)。言い換えると、価値観の合意を欠いていれば、民主的な手続きに見えたとしても、多数決は少数派《マイノリティ》の抑圧になってしまうのである。したがって真の社会主義的民主主義は、何よりもそのような価値観の合意を粘り強く創造することにかかっていた。また、そのような価値観の合意形成は道徳的特徴と文、化的特徴の両面を備えていてしかるべきと考えられた。

多元主義の約束

ムッソリーニが「いまこそ集団の世紀であり、したがって国家の世紀なのだ」と宣言したとき、彼は当時とくにファシストとして認められていた現象を表現したのではない。前章で見たように、第一次世界大戦によって、中央集権的で国家主導の経済発展として捉えられた社会主義の理念は、西ヨーロッパで大いに注目されるようになった。さらに東では、レーニンが分権的なコミューン国家の理想を素早く捨て去り、代わりにドイツの戦時社会主義を模倣しようとしていた。しかし、もしその流れが反撃にあい、社会の変革が、国家を抑制することによってではなく、国家を完全に分解することによって試みられるならば、どうなるだろうか。この考えは、二〇世紀ヨーロッパのあらゆる事柄が向かっていた方向に逆行するもののように見え、せいぜいのところ、伝統的にアナーキズムが強力だった南ヨーロッパでだけ通用しそうな代物だった。ところが、その洞察の最も洗練された解釈は、イギリスの紳士的知識人の一部、つまり多元主義者たちによってもたらされたのである。

多元主義という考え方は、左派の独占物ではなかった。たとえば、イギリスの教会史家J・N・フィッギス――どう考えても社会主義者ではなかったが、多元主義的思考に刺激を与えた重要な人物――が強調したように、国家が強大化し続ける近代的条件のもとで、自律を求める自由主義の切望を救うことができる唯一の手段が集団的多元主義であった。一九一三年、彼は「今世紀における自由のための闘いは、すべてを貪り食う全体というリヴァイアサンに抗《あらが》いながら、沢山の小さな結社が自らに備わっている生命を守り続けるための闘いである」と主張した[9]。個人単独ではすでにその闘いに負けてしまっていたが、集団にはいくばくかの希望があるかもしれなかった。

多元主義の思想家たちは、ドイツの文化闘争《クルトゥーアカンプフ》に深い感銘を受けていた。彼らから見れば、ビスマルクとカトリックの間の対立は――そこで鉄血宰相は敗北者として広く理解されていたが――一見全権力を掌握しているかに見える国家主権が、実は幻想であったことを証明するものであった。国家中心的な政治思想の伝統において可能だと考えられていた以上に、労働組合や教会のような中間集団に自由裁量を与えることで、国家は全体の文化的同質性が欠けていても、なお機能しうるように見えたのである。

このような反国家主義的な着想を強化するために、法共同体の古い形式が掘りおこされた。一九世紀後半のドイツの法制史家オットー・フォン・ギールケは、政治的結社の「古代的＝近代的」概念である「多数性のなかの統一」と、その中世的概念である「統一のなかの多数性」の間の相違点を指摘していた[10]。同じような対比が、ヘルシャフトすなわち法的支配と、ゲマインシャフトつまり共同体または仲間団体との間でもなされた。仲間団体の古ゲルマン的理想は、集団生活のモデルとして役立ち、ローマ法に基づいた上からの画一的な法規制へと向かう近代的傾向に対抗するはずであった。

イギリスの多元主義者たちは自分たちの呼称こそ、ギールケからではなくアメリカの哲学者ウィリアム・ジェイムズから得ていたけれども、実際に彼らが共有していたのは、国家という状態を解体し、単一主権の概念に反論しようとしたギールケの野心だった。そのうえ多元主義者たちは、イギリスの方が、多元主義の計画に有利な場所だと考えた[11]。イギリスは統一的公権力としての国家という大陸的伝統に従ったことは一度もないと彼らは論じたのである。一九一五年にアーネスト・バーカーが「信用失墜した国家」という強烈な題名の論文のなかで述べたところでは、イギリス国家は長く「信用を失墜することに慣れて」きたし、「実のところ、自らの功を誇ろうとしたことも、ついぞなかった。イギリス国家は自らの官職を賛美してこなかったし、自らの尊厳を誇張することもなかった」[12]。イギリスにおける生活のあり方は、部分的に重なり合う複数の参入資格を認めるような風通しの良い集団を創ることに、とりわけ適していると、バーカーは主張した。彼は、「イギリスは、オックスフォード大学――あるいはもっと言えば何か他のアメーバのようなもの――と似ていないこともない。大学が、素早い分裂過程によって学寮や常任委員会を即座に作る様子がそうだ」と論じた[13]。第一次世界大戦中にもっともな理由から、特に「クラブ好きな国」というイギリスのイメージは、国家崇拝の「プロイセン哲学」との対比で、魅力的なものだと感じられた。さらに戦争は、国家を、社会主義思想家G・D・H・コールが「専制的支配者」と呼んだものに変えてしまうのではないかという恐怖も強めた。

多元主義者たちは、できるだけ多くの集団の間と内部における分権化と民主主義を模索した。その点で彼らは、とりわけアメリカ合衆国という範例に刺激を受けた。アメリカは、強力な国家的伝統を全くもたずに繁栄し、対外的にも権力を誇示しているように見えたのである。政治学教授にして労働党の政治家であったハロルド・ラスキは、戦争の一時期をハーバード大学で連邦主義研究に費やしていた。そこで彼は「神秘的一元主義」をともなうゲルマン的国家概念や、「市民が唯々諾々と膝を屈しなければならない近代的バール神のような」国家のいかなる理念も捨て去ろうと主張し始めた。国家は服従というものを自動的に調達することはできないのであり、国家の方がむしろ、自ら存在を証明しなければならない、と彼は主張した[14]。彼は、一九一六年の徴兵法に対する良心的兵役拒否者の抵抗を、全権力を掌握した国家主権という概念が実際にはどれほど擬制的なものかを示すもう一つの事例として強調した[15]。ラスキは、多元主義が急進的で、無政府主義的とも言える性質をもつものであることを認めていた。そして彼自身が実際に、一九一九年のボストン警察のストライキを支持し、警察官の労働組合結成を主張した際には、深刻な事態が生じた。彼は政治学科の同僚から「サロン・ボリシェヴィスト」と非難され、ハーバードを去った。大学は、世論からの批判や同窓会の解任要求に直面しても彼を支援したのだけれども、その後の学長の見積もりでは、イギリスの社会主義者〔ラスキ〕のせいで大学は約三〇万ドルの寄付金を失ったという[16]。

しかしながら、多元主義の実践に関して最も急進的な（そして最も首尾一貫した）案は、まずロンドンで、のちにオックスフォードで教えた大学人のコールによって提示された。ラスキと同様にコールは、国家を階級抑圧の手段と見なすだけでなく、そもそも真の民主主義を実現できない制度として見た。彼は、「万能な議会をもった万能な国家は……実際の民主的共同体にはどんな場合でも全く適さないので、破壊されるか、苦痛を与えずに消し去られなければならない」と論じた[17]。代わりにコールが提唱したのは「ギルド社会主義」であった。それは、労働者は自らをギルドの形に組織し、産業の実権を握るべきだという主張である。直接管理が最も好ましいが、どうしても必要なら、より大きな課題を委任すること(すなわち代表)も容認された。ここでコールは、領域ではなく職能に基づいた、新しい代表の原理を要求している。これは、人びとをたまたま住んでいる場所に基づいた選挙区によって分けるのではなく、職業やその他の共有利益に従って区分することを意味していた(ラスキ流にいえば、「鉄道がランカシャーと同様に実在していることは誰でも分かるだろう[18]」)。コールはまた、複数投票権というものも要求した。「ひとは個々別々の社会目的あるいは利害関心をもっているので、それと同じだけの個々別々に行使される投票権をもつべきである[19]」。要するに、さまざまな結社において、生産者であり消費者でもある自分自身のすべての利害関心と目的が代表される場合に限って、本当の民主主義、つまり「すべての活動にくまなく及び、その完全な意味において自治的な共同体[20]」とコールが名付けたものが存在することになる。このように、ギルド社会主義、およびより広い意味での多元主義が、一方で社会主義の国家中心的なモデル、そして他方で自由主義的な個人主義の双方に対する代案として構想されたのであった。

とはいえ集団的多元主義は、多くの理論的問題に悩まされ、またそれが第一次世界大戦によって後押しされた大衆政党システムの政治と実践で渡り合うことの困難が次第に明らかになった。理論の水準では、信用失墜したはずの国家がいつも裏口を通って再び忍び込んできた。たとえばコールは、国家はもはや強制すべきではなく、自治的集団の活動を単に「相互調整」するだけでよいと主張したが、ある種の国家的課題には、中央の権威、あるいは彼が国民的「コミューン」と呼ぶものが必要かもしれないと認めた。批判者が指摘したように、このような権威を動かす公務員はおそらく「朕は国家なりとほくそ笑む[21]」ことだろう。言い換えれば、近代の複雑な社会は、ヴェーバー的な線に沿った中央集権的な官僚制国家以外の手段では立ちゆかないように見えた。この事実は、ギルドといった中世風の響きで隠蔽されていたのかもしれない。しかし、実情はそれでも変わらなかった。

他方では、カール・シュミットが、主権は緊急時にはつねに存在するのであって、国家は単に数ある結社、集団のなかの一つではないと主張し、ラスキとコールを攻撃した。実際にはあらゆる場面で思い通りにできるわけではないにせよ、それでも国家だけが自らの市民の生命を要求できる(そして、誰が国家の友であり誰が国家の敵であるかを、権威によって決断できる)という冷厳な真理は残されたままである。シュミットによれば、「多元主義的国家論はそれ自体が多元的である。すなわちそれはひとつの中心をもたず、むしろ複数の異質な知的領域(宗教、経済、自由主義、社会主義など)から思想を拝借している」。さらに究極的には、多元主義的な国家理論は自由主義的な個人主義の変種にすぎない。というのも、国家も、そしていかなる結社が形成されようとも、それらは個人にとって「取り消し可能な奉仕」、つまり個人の選択に依存するものとして捉えられているからである[22]。

そこまで厳しくない批判者たち——なかでも、政治制度の理解と定義は生死に関わる極限状況から見なければならぬ、という考えに深入りしない人びと——は、多元主義が可能となるのは、多くの相互的寛容と、政治の限界に関する包括的な道徳的合意とが存在する場合だけだろうと指摘した。別の言い方をすれば、多元主義はイギリス（なかでもオックスフォード）では成功するかもしれない――その地では、深刻な対立のただなかにあっても、ある程度の礼節は当然のものと見なされるのであるから。しかし、国家がますます強くなり、相容れない目的をもった集団が恒常的に動員され、政治に関する全体としての合意がまさに欠如していた時代の根本問題を、多元主義は解決することができなかったのである。一部の思想家たち――たとえば、アーネスト・バーカー――がのちに多元主義を放棄し、それよりもむしろブリテンの特殊な「礼節の伝統」を保護する最善の方法を模索し始めたのも不思議ではない。

結局、ラスキとコールは国家主義的な彼らの敵対者の批判に同意するにいたる。一九二〇年代半ばには、二人は多元主義的理念と距離を置き始める。その頃には、戦後の好況は明らかに終わっていた。一九二六年の炭鉱労働者による大ストライキは失敗に終わり、産業民主主義の説得力ある構想と思われたものはことごとく退却を余儀なくされてしまった。[23] ラスキは、多元主義を最初に生み出した崇高で知的な生き方それ自体を非難するようになった。あるとき彼は次のように述べた。「ブラックリストに名前の載ったウェールズ炭田の鉱夫や、自身のささやかな農地に課された地代をまともな額に引き下げようと戦うアラバマの小作人の立場に比べれば、浮世離れしたオックスフォード大学の尖塔のなかや、六月の心地よいケンブリッジに身をおいてものを考えるほうがたやすい」[24]。

かつての多元主義者たちは、いまや社会主義を実現する最も有効な手段として、「議会制という方法」――すなわち、多数派を得ようとする労働党を支持すること――に賭けた。それは政治の主要手段である国家への回帰であったが、フェビアン協会と結び付いた、改革努力の中央集権化への回帰でもあった。フェビアンの努力とは、カトリックの評論家G・K・チェスタトンが、ベアトリス・ウェッブについて、「自邸の調理場で召使にそうさせたように、国家においては市民を単純にこき使うというやり方で問題を片づける」と嘲笑したものであった[25]。

コールと彼の妻マーガレットは――マーガレットの言葉によれば――「労働組合についてはロマンチスト」であった。そのロマン主義から快癒した後の二人は、もし労働党が十分な議席を勝ち取ったら、「同意による革命」がありうると考え、ラスキに同調した[26]。しかし、議会の議席数はことの半面にすぎなかった。革命が生じ、それが持続するために緊急に必要とされたのはもう半面、つまり教育であった。それゆえ、コールとラスキは大変な努力を成人教育、とくに労働者教育に注ぐことになった。それは社会主義へのゆっくりとした道のように思われた――一九一八年直後の産業民主主義という見せかけの近道とは対照的に。しかし、彼らはまだその道筋が社会主義に通じると確信していたのである。

教育の政治学

議会を通じて国家権力を獲得することが根源的な変化への王道である、とする社会主義的な大衆政党の理念も、一九二〇年代には特に新しいものとは言えなかった。この考えは一九世紀の後半以降、一方では(パリ・コミューンをその歴史的事例としてもつ)大衆蜂起の無政府主義的理想に対して、他方では、厳密に言えば大衆党員を望まない、レーニン主義的な前衛政党に対して、主要な代案を提供してきた。しかしまた、そのとき以来、社会主義的な大衆政党という概念については、その曖昧さが一層するどく意識されるようになっていた。すなわち、その核心が議会のような自由主義的なブルジョア的制度を内部から改革することにあるのか、あるいは相変わらずその最終的な目標は、このような制度を完全に転覆させる必要性を伴うのか、判然としなかったのである。

この点についてマルクスとエンゲルスは、明確な答えを用意していなかった。彼らはときに、イギリスのように安定した自由主義的な制度と、表面上はますます増加する労働者階級という条件が揃った国においては、革命への合法的な道——ラスキが言う「同意による革命」——があり得ることを示唆しているように見えた。しかしまた別の場合には、コミューンの蜂起戦略を推奨しているように見えた。一八九一年の時点でもまだ、エンゲルスは、ドイツの社会民主党——大陸ヨーロッパにおけるこの種の政党のなかでは最も大きく、選挙で最も成功していた政党——が公式にマルクス主義の教義、つまり革命にコミットすることを要求していた。

しかし結局のところ、革命にコミットすることは、革命を起こすことにコミットするのとはかなり異なることが明らかになった。歴史法則の科学としてのマルクス主義の正統な解釈——それはエンゲルスによって体系化されたものであり、「ダーウィンが有機的自然の発展法則を発見したように、マルクスは人間の歴史の発展法則を発見した[27]」と彼は主張した——によれば、社会民主党員にできることは資本主義が没落するのをただ待つことだけ（その間、労働者の運命の不快さを改善するために議会のなかでほんの少し貢献できるだけ）であった。よく知られていることだが、ドイツ社会民主党の指導者カール・カウツキーはこう主張した。「革命を組織することではなく、革命にそなえて自分たちを組織することがわれわれの課題である[28]」。こうして、マルクス主義は「受動的急進主義」として知られるようになったものを、現実に正当化しているように見えた。この急進主義は、「革命的ではあるが、革命を起こす政党ではない」という（カウツキーが気に入ったもう一つの——若干矛盾した——決まり文句）、おそらくはかなり居心地の良い立場をとっていた[29]。

後に明らかになるように、資本主義の内的矛盾が自ずと現れるのを待つのが正しい戦略だという見通しを、誰もが居心地よく受け入れていたわけではないし、そう確信していたわけでもなかった。もう一人のSPD［ドイツ社会民主党］の指導者エドゥアルト・ベルンシュタインは、いわゆるマルクス主義科学から推論できる予言の多くが事実上誤りだったと敢然と指摘した。たとえば、イギリスのプロレタリアートはますますブルジョア的になっている。ブルジョアジーの側が、社会改革に真剣に取り組んでいるように見える。社会は全体として見ても、それまで以上に二極化したわけではない。また賃金が、まさに最高の利潤をあげた産業分野でどうして上昇したかを、マルクス主義経済学は正確に説明できない、などの指摘である。ベルンシュタインは結局、自らのマルクス主義の概念を修正することに決めた。その結果、彼のマルクス主義は議会制民主主義の完全な承認を組みいれることになった――議会は革命への踏み石としてではなく、最終的な社会主義の体系そのものの構成要素として包含された。ベルンシュタインが、社会民主主義は実際のところ個人の自律のような自由主義的な諸価値の完全な実現を目指しているのだと主張すると、それはさらに正統派マルクス主義によってスキャンダラスだと判断された。「民主主義は……手段にして目的である。それは社会主義を目指して戦うときの武器であり、社会主義が実現されるときの形式である」と彼は表現した[30]。「妥協の学校」としての民主主義が、そこに参加する人びとを道徳的に高めるとベルンシュタインは考えていた。すなわち、「民主主義国家における選挙権は、その構成員を共同体における潜在的なパートナーにする」、「そしてこの潜在的な協力関係が、ついには真の協力関係になるに違いない」。彼は「階級独裁」を「政治的先祖返り」だとして退け、代わりに「自由主義的な思想のなかに社会主義の知的装備の一部にならないものはない」と論じた[31]。

これはまさしくスキャンダラスな事態であった。そして、ベルンシュタインが修正主義をめぐる大論争(これをマサリクは全般的な「マルクス主義の危機」と診断した)に勝利を収めることはなかった。ローザ・ルクセンブルクのような反論者は、改革を選んで革命を放棄すること――本質的に資本主義を救おうとするのと同じこと――は、完全に社会主義を放棄することだと力説した。第二インターナショナルは、ブルジョア政府に参加しないという政策にあくまで固執した。ある社会主義の指導者が一九〇〇年に述べたように、「ブルジョア内閣に参加するような社会主義者は、敵陣へ脱走したか、あるいは敵に降伏したも同然である[32]」。

改革か革命かという問い——そして革命は同意と教育を通して達成できるのかどうかという問い——もまた、自分たちの大衆政党がヨーロッパ政治の支配を目指す明白な挑戦者と見えた第一次世界大戦直後の時期に、社会民主党員を苦しめた。改革と革命の間の選択をめぐる論争と実践的ディレンマが、いわゆるオーストロ・マルクス主義者の場合ほど鮮明に現れた例は他になかった[33]。いったいオーストロ・マルクス主義者とは誰なのか。簡潔で、しかも正しい答えはこうである。すなわち、二〇世紀初頭にウィーンの知的で創造性に溢れた組織のなかでひとつになり、カフェ・ツェントラルで定期的に会うことを決めた、ある学生集団である。ギュンター・ネニングが後に述べたように、「その時代のウィーンでは、新しいカフェへの移動は、新しい時代が始まりつつあったことの明確なしるしであった[34]」。

オーストロ・マルクス主義者たちは、単なる理論家ではなかった。彼らは政党として、そしてついには国家指導者として、政治的責任を引き受けている。カール・レンナーはオーストリア第一共和国の大統領に、その後再び第二次世界大戦後にオーストリア第二共和国の初代大統領になった。オットー・バウアーは、ナショナリズムに関する最も独創的なマルクス主義の理論家というだけでなく、オーストリア社会民主党の党首でもあり、短期間だが外務大臣も務めた。

なかでもバウアーは、とりわけハプスブルク多民族帝国において強烈だった、燃えさかる民族感情に、社民党自身を小インターナショナルに組織しつつ、正面から取り組んだ。大胆にも彼は、社会主義はナショナリズムの対極にあるものでは全くないと宣言した。社会主義は、民族的差異を消し去るのではなく、実際にはその違いを際立たせるだろう。なぜなら社会主義は、階級社会においては当然のごとくそこから排除され続けてきた民族的な文化共同体へと、まず「大衆」を統合するからである。彼はこう尋ねた。「われわれの労働者はカントについて知っているだろうか。われわれの農民はゲーテについてなにか知っているだろうか[35]」。社会化された生産だけが、カントやゲーテを読むのに必要な時間を解放してくれるだろう。そして、社会主義だけが総合的な国民教育を生み出し、そしてついには人類史上初めて、文化の創造者と消費者を兼ねる新しい人民を生み出すだろう。彼が主張したように、「社会主義は、自らの運命を自覚的意志によって決定できるように、民族を自律させる。社会主義社会においては、諸民族はますます区分され、諸民族の資質はますます明確に定義され、そしてその性格はますますはっきりとお互いから区別される[36]」。他方、行き過ぎたナショナリズムというものは、実際には偽装された階級憎悪の一形態であるから――幸いなことに――資本主義の終焉とともに消えてなくなるだろう。

バウアーは、諸民族の偉大な多様性が大切に育まれ、保護されるべきだと固く信じていた。とはいえ、これは同質的な民族集団が一つの国家を形成するという自決の要求ではなかった。それどころか、民族自決の要求は、実際には階級抑圧の――そして致命的な官僚集権制のもうひとつの徴候なのだとバウアーは主張した。資本家階級によって支配された多民族帝国においては、革命的エネルギーが、集権的権力を求める諸民族間の闘争へとすり替えられていた。それとは反対に、社会主義のもとでは、諸民族は一つの連邦国家のなかで、文化的自治を享受しながら、ともに生きることができるだろう。

バウアーにおいて独自だったのは、民族について、属地的な原理よりも、属人的な原理を支持した点である。オーストリア＝ハンガリー帝国では民族が細かく混じっていたので領域的に分割するのは困難であるから、一人ひとりの市民が、自らその民族的立場を選ぶべきだ、というのである。ある地域のマイノリティ民族は、団体として公的な法人格を構成することで、自治を行うだろう。

このような宥和的イメージは、オーストロ・マルクス主義者たちの一般的なマルクス主義観と合致するものであった。マルクス主義は科学であり、さらにそれは、怒れるプロレタリアートだけでなく、あらゆる「合理的精神」に潜在的に訴えかける、普遍的な道徳的価値を表現するものだ、というものである。[37] 暴力革命がこうした人間的価値を実現する最良の方法ではありえないという感覚は、ルドルフ・ヒルファーディングの理論によって強められた。彼は、もともと小児科医の訓練を受けたが、最終的には二〇世紀において最も影響力のあったマルクス主義経済学者として知られるようになる。ヒルファーディングが「金融資本主義」と呼んだ条件のもとで、銀行と結託した独占企業とカルテルは、すでに国家規模での経済の計画化に関わっていた。金融資本は、経済を指導し計画するとき、はるかに大きな役割を国家に認めていた。国家は実際にはかなりの自律性を保持し、自ら計画を立てているというヒルファーディングの診断にしたがって、オーストロ・マルクス主義者たちは、革命家が国家を掌握し、計画を完全に実現するために国家権力を用いるべきだ、と論じた。こうして、ヒルファーディングが最初に命名した「組織された資本主義」が、比較的円滑な社会主義への移行を可能にするものと思われた。

これらすべては理論であったし、しかもこうした理論はもともと、第一次世界大戦に先立つ時代にすでに花開いていたものであった。戦後、ハプスブルク家の君主制ともども帝国は崩壊し、社会主義者たちが実践の場へと呼び出されることになった。バウアーが提起した民族政策は、相当な程度のマイノリティを含んだいくつかの新しい国家のなかで実行できる可能性はあった。しかし、控えめに言っても、バウアーの理念を試してみようという要求はほとんどなかった。いかにして社会主義を実現するかという問題も、同様に疑わしいものだった。一方で、勢力の面ではオーストロ・マルクス主義者たちは独自の位置を占めていたように思われる。左派政党のモデルとして戦間期に広く認められた巨大な党員数を誇る政党を、自分たちの自由にできたのに加えて――ドイツの社会民主党とは異なり――自分たちの左側にいる共産党に脅かされることもなかった。自らの理論が発展するにつれて、これらの知識人たちは、自分たちが議会制民主主義のもとで達成してきた社会主義的成果を守るべきか、あるいは(その理論的立場がいまだに彼らに課していた)革命的攻勢をかけるべきかどうかについて、つねに決断を迫られた。知識人たちはこうして、実際には改革を通して革命の可能性を手探りしていたのである。このような模索の好例が、戦争が終わったときに彼らが設立した、第二半インターナショナル[ウィーンインターナショナル]として知られる一種の妥協的組織である(それはすぐに解散に追い込まれてしまった)。後から見れば、彼らの戦略全体が失敗に終わった一因は、それはほんの一因にすぎないが、理論的問題の未解決にあった。

一九二〇年代にバウアーは、民主主義のある種の手詰まり状況が、社会主義者たちの支配下にあったウィーンと、農業的かつカトリック的で、政治的には保守的な状態にとどまっていたそれ以外の地域との間に生じていると述べた。彼は、権力が進歩派と保守派の間で分有され、両者のいずれも明白な多数派を得ることは望みえないとする、「階級諸勢力の均衡理論」を考案した。しかしながら、彼はまた、教育、そしてオーストリアの首都に魅力的な社会主義文化を打ち立てる企てを通じて、社民党は次第にホワイトカラー層と中産階級を取り込んでいくだろうとも考えていた。そうして、いまや彼は「ゆっくりとした革命」について語るようになった。

しかし、階級諸勢力の均衡という理念は、法学者ハンス・ケルゼンが当時指摘し、のちにバウアー自身も認めざるをえなかったように、共和国の成立時にのみ妥当した。一九二二年あたりから、保守派は権力分有にほとんど関心を示さなくなった。他方で社会主義者たちは、ウィーンをプロレタリア文化の展示場にすることに、もてる力のほとんどを集中させ始めた——それは福祉と教育を通してなされ、この二つは個々の労働者の成長、あるいはある点ではバウアーが「魂の革命」と呼んだものに役立った。労働者の交響楽団に始まり、労働者のスポーツ(それはつねに団体競技であり、競争的な個人主義は避けられた)、プロレタリアートのヌーディスト・クラブあるいは「労働者ウサギ飼育クラブ」にまで及ぶ、労働者の生活世界の大部分が、社民党によって組織化されたのである。[38] この文化は、同胞愛と相互扶助の価値に基づいた健康で合理的な暮らしという、一般的理想の形を前もって示していた。しかし、歴史家が後に「予想された社会主義」あるいは「予示の政治」と名付けたものは、結局のところ権力の現実的行使の代用品になってしまった。すなわち、魂の革命は、政治制度の革命

「赤いウィーン」の市営労働者住宅(同時に階級戦争に向けた要塞でもあった)カール・マルクス・ホーフ，1927 年着工 30 年完成，19 区ハイリゲンシュタット通り．1300 戸以上を擁する巨大複合施設であり，バルコニーと個別トイレは労働者向け「住宅」としては画期的な，(ときに贅沢と見なされた)新機軸であった．これはいまでも世界一の長さを誇る集合住宅である．(Österreichische Nationalbibliothek, Wien, 116. 926-B/C)

に向けて十分に前進することは決してなかったのである。[39] 赤いウィーンは、農民保守主義によって包囲された要塞のようなものとなってしまった。そして、社会主義者は敗北主義とまでは言えないにしろ、防衛的な態度をますます強めた。このような精神状態は、カール・マルクス・ホーフという建物の姿に具体的に表現されている。この集合住宅は、労働者向けの安い住居を備えた近代的な建築群であった。だが、同時にそれは要塞のようにも見えたのである。

指導者たちは、議会制民主主義のルールを維持したい彼らの願望と、階級諸勢力の均衡を暴力的に転覆する可能性の間にある緊張を、決して解かなかった。後者に備えて彼らは、社会主義的な準軍事組織である「共和国防衛同盟《シュッツブント》」を組織していた。確かに、すべての戦略や戦術の過ちが、オーストロ・マルクス主義理論の欠陥に帰せられるわけではない。しかし、その過ちは、哲学的に見れば以下の事実と無関係でなかったと言えるだろう。すなわち、社会主義を普遍的・合理的道徳性の問題として、つまり政治的意志の問題として捉えるのか、それとも歴史法則の問題として捉えるのかという点について、指導者が決断しなかったという事実である。

それゆえに、トロツキーは彼らを「保守的」で日和見主義だと非難し、他方レーニンは彼らを、早急に革命を開始する——その後に新しい人間の創造を引き受ける——よりも、まず新しい人間の創造を優先した「プチブル的民主主義者」だと嘲笑したのだった。一九二〇年代には熱烈な社会主義者だった(そして、のちに共産主義の欠点の鋭い分析者となる)ヴィクトル・セルジュは次のように述べている。

> オーストロ・マルクス主義は、一〇〇万人以上のプロレタリアートを組織し、彼らに影響を与えた、ウィーンの支配者だった……数時間のうちに、制服で身を固め、(誰もが知っていたように)そこそこに十分な武装をした、五万の防衛同盟員をリング大通りに動員できた。何よりも彼らは、労働者階級の世界で最も有能な理論家によって導かれていた。にもかかわらず……その真面目さ、慎重さ、そしてブルジョア的穏健さのゆえに、自らの運命を誤ったのである。(40)

このような過ちは、一九三四年二月一二日に決定的なものになった。そこでオーストリア国家――そのときにはすでに、キリスト教社会党の首相エンゲルベルト・ドルフスのもとで「ポスト自由主義的」な政治体制に変わっており、議会は事実上廃止されていた――は(すでに非合法化されていた)防衛同盟の残党と衝突した。議会制共和国を維持するためとあらば、ドルフスのような権威主義者とも協力は可能だと、バウアーは最後の最後まで信じていた。しかし、カール・マルクス・ホーフと他の社会主義者の要塞の周りでは激しい戦いがあったが、社会主義者の名目だけの権力と防衛同盟の残党では彼らを救うことができなかった。一〇〇人以上が亡くなり、労働組合の幹部も私刑によって殺され、「労働者階級の世界で最も有能な理論家」のほとんどすべてが亡命した。十数年後にセルジュは、パリでバウアーに会ったが、「オットー・バウアーと見分けることができなかった。敗北が、これほど残酷なまでに、最近まで高貴な確信が刻まれていた、彼の堅牢で落ち着いた容貌を損なってしまったのだ。彼は心臓発作で突然この世を去ってしまったけれども、本当は労働者階級のオーストリアが敗北したことが死の原因だったのである[41]」。

一都市社会主義の敗北は、たとえば「ウィーンの殉教者への敬意」を示したラスキのように、ヨーロッパのいたるところで何度も語られた。この敗北は、断固たるプロレタリアートの階級意識が無能な指導者によって裏切られた、という神話を生んだ。多くの観察者はまた、以下のようにも考えた。社会主義者はどんな犠牲を払っても内乱を避けようとしたけれども、結局のところ彼らはどのみち内乱に直面しなければならなかった――そして、内乱を避けるためにあらゆる手立てを尽くそうとしたことも原因になって、彼らは内乱に敗れてしまったのである。そうは言っても、赤いウィーンの教訓は、実際にはもっと両義的なものであった。つまり一方で赤いウィーンは、深い政治的分裂を背負った国々において社会主義への転換を成功させたいのであれば、労働者階級の連帯に限定されない信念によってまとまった、広範な連合が必要だという洞察を強めたように思えた。しかし、他の人びとから見れば、ウィーンの失敗は、ブルジョア民主主義と決定的に断絶する用意のある戦闘的な前衛政党を形成せよ、というレーニン主義的な命法の正しさを確認させただけであった。

二〇世紀ヨーロッパにおける最も刷新的なマルクス主義政治思想家の一部は、この二つの教訓を受け入れ、――最も影響力のある政治的手段に見えたカリスマ的政党というものを捨て去ることなく――生産手段ではなく「文化」を征服することに集中する理論を完成させた。このような思想家のなかで最も重要なのは、アントニオ・グラムシであった。ただ、グラムシは単なる理論家ではなく、バウアー同様、刷新的な知識人と大衆政党の指導者という役割を併せ担った。

グラムシは、その当時は鉱山労働者の暴動と山賊の土地だったサルデーニャで育った。公務員であった彼の父は横領で告訴された。父の投獄と金銭上の破綻によって、グラムシは学校へ通う代わりに地方の税務署で数年間働いた。イタリア共産党での彼の後継指導者パルミーロ・トリアッティと同様、グラムシはトリノ大学への奨学金を獲得した。そこで彼は特に言語学に興味を抱くことになった――その間ずっと社会主義系の新聞でジャーナリストとしても働いていた。イタリア本土(とその産業社会)との最初の出会いは、「本当に、ことのほか田舎者」だった人間にとっては衝撃的な出来事だった。グラムシはトリノからの最初の手紙のなかで、故郷に向けて次のように報告している。「数え切れないほどの車と路面電車にはねられないようにするのに、ちょっと散歩をしてもわたしは怖くて震えてしまいます(42)」。

グラムシは自分が生まれ育った島で抑圧と搾取を目撃したが、それに対する彼の最初の反応は、サルデーニャ・ナショナリズムという形をとった。しかし、イタリア本土をさらによく理解するようになると、グラムシはマルクス主義を受容した。ただし、どんなときでも自分たちが抱える国民的・文化的分断を忘れることはなかった。実際グラムシは、イタリアの国民的統一は不完全だったという鋭い感覚を生涯持ち続けた。いまなお大きな亀裂が口を開けていたのは、繁栄する工業的な北部と貧しく農業的な南部の間だけではなく、グラムシが度々「法定イタリア」と「実定イタリア」と呼んだものの間、つまり国家制度と社会的文化的分断を抱えた社会との間でもあった。

一九一〇年代にグラムシは社会主義の指導的知識人になり、一九一九年から二〇年の赤い二年間《ビエンニオ・ロッソ》に刺激を与えると同時に、それによって鼓舞もされた。この間に、労働組合は組合員を二五万から二〇〇万に急増させ、ストライキはイタリアの北部を圧倒し、そして社会主義者は議会における最大政党の地位に躍進した。グラムシにとって最も重要だったのは、北部の工場における労働者評議会の登場であった。第一次世界大戦中の他のヨーロッパ諸国と同様、経営だけでなく労働者も含めた生産計画・編成のための組織が産業の内部に形成されていた。イタリアではこの組織は「工場内部委員会」と呼ばれた。一九一九年六月にグラムシは次のように主張している。

こんにち工場内部委員会は、工場における資本家の権力を制限し、作業場の仲裁や規律に関する問題を解決する。これが発展し強化されれば、将来的に工場内部委員会は、運営と管理に関する目下の有用な職務において、資本家に代わり得るプロレタリア権力の組織として機能するに違いない。(43)

若きサルデーニャ人は、「イタリア革命のペトログラード」たるトリノで、工場評議会を組織する際に指導的な役割を担った。グラムシの考えでは、これらの評議会は労働者の自主管理《アウトジェスチオーネ》の制度であり、同時に政治的民主主義の基礎単位となるはずだった。その根底にあったのは、権力は生産者に与えられる必要があるという思想だった。民主主義は平等な市民権という抽象的概念の問題ではないし、また社会主義は伝統的な労働組合(それは結局はいつも労働者を業界と技術レベル別に分割することになってしまったし、すぐに官僚的エリートに支配されるようになった)の問題でもなかった。グラムシにとって、評議会は(社会主義政党や労働組合が私的組織であるのとは異なり)生産、立法、行政の機能を含む公的制度となるはずだった。彼は「工場評議会がプロレタリア国家のモデルである」と主張した。(44) それは「祖国を持たない階級」のための「国民的領土」であった。(45) しかし彼はまた、かなり楽観的に、工場評議会を全く新しい国際共産主義的経済の最初の礎石と見ていた。(46)

グラムシはまた、工場の近代化も熱狂的に支持した。そこにはテイラー主義の導入とその他諸々を含めて、彼が「アメリカニズム」と呼んだものが含まれた。いずれもイタリアの国家と経済における封建的残滓《ざんし》の払拭を早めるであろうし、労働者の規律を高めるであろう——これがプロレタリア国家の前提条件となる。プロレタリア国家のもとで、労働は、より効率を高めるとともに、何とかしてより解放されたものになるはずだったから。レーニンがロシア人労働者に対してドイツ人になるように望んだのと同じく、グラムシはイタリア人がアメリカ人になることを望んだ。しかしながら、自主管理を通して強まる個人の自律性と、国家的計画を通して高められる効率性とがどうすれば両立するのかという問題を、彼は結局説明しなかった。彼もまた、次の点にはほとんど関心をもたなかったのである。すなわち、アメリカ型の「合理化」と、彼が社会主義的な「規律ある社会」と呼んだものは、ヴェーバーのいう鋼鉄の容器の厳しさを強化し、労働の生産物からではないにしても、少なくとも労働の過程から永遠に労働者を疎外するかもしれないという点である。

グラムシは、自分がしていることをどう考えていたのだろうか？　一九一九年の時点では、彼が「人生の達人」、「魂の覚醒者」として称賛した、自らの偉大な偶像レーニンに倣っているだけだと思い込んでいたことは間違いない。彼は、一九一七年をマルクスの『資本論』に抗う革命と考え、その雛型に従うことを願っていた。ロシアは発展が遅れており、イタリアも同様だったが、革命の意志は資本主義世界のまさに周縁で実現できたのだ。しかしながらレーニンは、もちろんすでに「すべての権力をソヴィエトへ」から「すべての権力を党へ」と態度を変えており、党国家は彼の考える「アメリカニズム」を実行するうえで決定的に重要だと主張していた。

ロシアの場合と同様に、評議会による支配か政党による支配かという問題はイタリアでもすぐに深刻なものになった。評議会は単なる革命の学校なのか、それとも革命活動の最高手段なのか[47]。この点についてグラムシの立場ははっきりしていた。彼の主張では、社会主義政党と労働組合の双方が、評議会の発展と強化にとって有利な条件を作り出すことに専念すべきだった。しかし、もちろん政党も労働組合も、グラムシが両者に課した従属的役割に満足しなかった。結局のところ労働組合は、相対的に見て小さな前進で満足し、議会が産業民主主義の問題を調査し、適切な法案を通過させる、という政府の約束によって丸め込まれてしまった。グラムシにとって新しい社会主義の祖国への架け橋のように見えた評議会は、結局「労使関係[48]」の副次的な道具になり下がってしまったのであった。

とはいえ、赤い二年間は、イタリアにおいてロシア革命が繰り返される可能性をまさに実感させた。ファシズムは、そうした認識を糧として急成長した。一九一九年、ファシストは社会党の建物を攻撃し、早くも一九二一年には、グラムシはどこに行くにも護衛を必要とするようになった。のちに彼が述べたように、「イタリアでの階級闘争は、人びとのなかのある階層がもっている「人間的」未熟さによって、きわめて激しい性質をつねに帯びている。共感の欠如と残虐さはイタリア人特有の二つの特徴であり、彼らの気性は幼稚な感傷性から最も残忍で血に染まった凶暴さへ、情熱的な怒りから他者の苦しみの冷徹な傍観へと容易に転じてしまうのだ[49]」。

グラムシは、下からの統一戦線によってファシズムに対抗しようとしたが、このことは再び国民的統一の問題を提起した。彼は一九一九年以降、相対的に進歩的なカトリック人民党の成長過程を綿密に検討した結果、庶民の希望と関心を軽視し、社会主義を主に反教権主義とする理解の仕方に反対した。彼は、もし労働者と農民の同盟を――レーニンがロシアで行ったやり方で――形成することが望ましいのであれば、農民を教育し指導するために、司祭職に匹敵するものが必要だと考えた[50]。グラムシの目から見れば、知識人は「永続的な説得者」にならなければならなかった[51]。彼らは、「国民・人民としての大衆」と「有機的に」結び付けられねばならなかったのである[52]。彼が主張したように、「情熱がなければ、また知識人と人民・国民との間に、このような感情的結束がなければ、歴史と政治を作り出すことはできない[53]」。これは、社会主義的知識人による労働者の教化を意味するのではなく、むしろ、社会の諸制度――とりわけ学校――を中心に、本物の文化を創造することだった。早くも一九一七年に、［広い対象についての知識のつまみ食い的教養を文化と理解し］文化を階級闘争にとって周縁的なものと見なす労働組合指導者に反論して、グラムシは、文化とは「あらゆることについて少しだけ何かを知っていること」ではないと主張していた。彼はこう断言した。「わたしには文化のソクラテス的概念がある。つまり、どんなことであっても、人が考えるということは素晴らしいとわたしは信じている……」[54]。

グラムシにとって、文化とは、自己認識、自己支配、そして何よりもまず自らの力で考えることだった。普通の人民を見下すような態度をとっていたと感じられた——社会党の人民大学のような——教育上の構想には、どんなものであっても、彼は決然と反対した。依然として重要なのは「あらゆる革命に先立って存在する、濃密な批判活動や新しい文化的洞察、そうして当初は抵抗する人間集団へ理念が普及するまでの長い期間」であった[55]。かくして一種の情熱的な教育学が、グラムシが「歴史的同盟《ブロック》」と呼んだものを形成するうえでの核心でなければならなかった。「歴史的同盟」という概念はまた、「下部構造」と「上部構造」の結合を意味しており、一方が単に他方の反映であるという、多くのマルクス主義者にみられたかなり粗雑な理解を、大幅に改良したものであった。

グラムシは、社会主義革命とプロレタリアートの永続支配には「ヘゲモニー」の獲得が必要だと論じた。この概念はレーニンのゲゲモーニヤの翻訳であって、元来はロシア革命での労働者と農民の階級同盟に関わるものだった[56]。グラムシにおけるヘゲモニーは、同時代の使用法が示唆しているほど、支配の面を強調してはいない。むしろそれは、いくつかの階級を根本的変化に向けて前進させるために巧みに応用される、革命的リーダーシップを意味した。グラムシが好んで引証したヘゲモニーの事例は、フランス革命のジャコバン派だった。グラムシが書いたように、ヘゲモニーは「必然的に知的統一性を想定している」[57]。それが実際に意味しているのは、誰もが正しい仕方で自らを革命連合の一部と見なすことができるということである——なぜなら、グラムシを有名にした(そして、少しも浮ついた感じのない)主張によれば、「あらゆる人間は知識人だ」からである(ただし、「社会におけるすべての人間が知識人の役割を果たすとは限らないが」と彼は付け加えている)[58]。政党知識人が永続的な説得力を備えた専門家であるのに対して、抑圧された階級の全メンバーは永続的に説得され、そして確信を抱く力を備えている。

明らかにこうした戦略は、国民的統一をとりわけ欠いていたイタリアのために立てられたものであった。イタリアには、国民的統一をほとんど前進させなかった「無国籍の《コスモポリタン》」ブルジョア知識人がいたし、ドイツ人やアメリカ人になることを拒み、イタリア人のままでいたがる多くの農民大衆もいた。バウアーと同様、グラムシもナショナリズムを真剣に受けとめた。ただし、バウアーよりは手段として捉えていた。究極的には、階級こそが決定的な要因だとグラムシは考えた。同時に彼は、自分のレーニン主義的方法が先進的な諸国に適しているとも思わなかった。先進国では農民の数は劇的に減っており、プロレタリアートの「集合的意志」を具現化する政党は、別の仕方で進まなければならない[59]。とくに西側に行くほど、ブルジョア的市民社会は強力であった——このことが意味するのは、単にブルジョア国家を打倒するだけでは、長期間にわたる共産主義の勝利は保証されないということだった。グラムシは、ロシア革命は簡単に繰り返すことができるという考え方に警告を発しながら、こう述べた。「東では国家がすべてであって、市民社会は原初的でゼラチンのように脆弱なものであった。西には国家と市民社会の適切な関係があり、国家が揺るがされても、市民社会の頑丈な構造がすぐに姿を現わす。国家は外堀に過ぎず、その背後には要塞と土塁の強力な体系が立っている」[60]。国家に対する正面攻撃――グラムシが「機動戦」と呼んだもの――が成功しなかったところでは、共産主義者は、ブルジョア国家を政治的・文化的に包囲する「陣地戦」に携わるべきだった。

イタリアにおいては、「国民・人民の集合的意志」の名のもとでの革命も、ファシズムに対する統一レジスタンスもありえなかった[61]。グラムシは、ムッソリーニが権力を掌握している時期にモスクワにいた。その結果、彼は、コミンテルンが要求した党の「ボリシェヴィキ化」に歩調を合わせることになり、ファシズムに対する統一戦線は阻害された。一九二四年には、(ヴィクトル・セルジュの言葉によれば)「ムッソリーニに嫌悪も尊敬もされた、このか弱い病人」は、議会に選出された。彼はそこで演説をひとつしただけだった(伝説によれば、彼は主敵であるイル・ドゥーチェ[ムッソリーニ]にロビーで祝福された)[62]。一九二六年一一月、彼の議員特権を取り消す例外法が通過したのち、グラムシは逮捕された。法廷で検察官は、「われわれは二〇年間、この頭脳の活動を停止しなければならない」と述べた[63]。そして実際にグラムシは、ムッソリーニの国家防衛特別裁判所によって二〇年四か月と五日の刑に処されたのであった。しかしファシストは、彼の頭脳の活動を停止させることはできなかった。投獄中にグラムシは、名高い獄中ノートを書くことができた。全部で三五冊にわたるノートは暗号で書かれ、ヘゲモニーを構築する必要性に関する彼の思想のほとんどを含んでいた。だがファシストは、彼を逮捕した約一〇年後に、実質的に彼を殺害してしまう。獄中生活の結果、グラムシは一九三七年四月に脳卒中で亡くなった。彼の釈放を求める国際キャンペーンが功を奏し、彼が解放された直後のことであった。彼の弟と義姉は知人とともに葬儀に列席したが、葬儀参加者の数では警護の警察官と秘密諜報員の方が優に勝っていた。

国民の家庭

結局のところ、労働者と農民、および都市と農村とを結合した壮大な親社会主義連合に加えて、文化的へゲモニーの完全な征覇を実現したのは、ただ一つの国だった。その国とはスウェーデンである。親社会主義連合は、まず自由主義派と、次いで農民と同盟を結んだ社会主義の大衆政党によってもたらされた——二〇世紀初頭のスウェーデン社会民主労働党（ＳＡＰ）の指導者であったヤルマール・ブランティングは、自由主義者としてその政治的経歴を開始していた。彼は普通選挙権を達成するためにスウェーデンの自由主義運動と連携し、ベルンシュタインと同様に、社会主義は自由主義の完成形態だと考えた(64)。ブランティングはまた、階級交叉連合と社会主義の国民的ヴィジョンを唱導した。「目標は……全国民を横断し、闘争を通してあらゆる人間を含む……連帯へといたることである」(65)。名目上、ブランティングはマルクス主義者のままであったが、彼の見方では、マルクス主義は「発展の教義」として理解されなければならないし、それゆえ「マルクスの時代以降、完全に変化した社会条件」を考慮に入れなければならなかった(66)。

ブランティングの戦略は、一九二八年からSAPの党首を務めたペール・アルビン・ハンソンによって、さらに発展させられた。彼は、「国民の家庭《フォルクヘメット》」という社会主義的スウェーデンの理念の考案者であった。この概念は、もともと他国への移住を防止するために、全員に家と小区分農地を提供するという世紀転換期の保守派の提案に加えて、ナショナリスト的思想家ルドルフ・チェーレンとも結び付いていた。(67) その表現があまりに家父長的だとして拒絶し続けた党員たちもいたけれども、いまや社会主義者たちは、自らの目的のために、この概念を自分たちのものにしようとした。(68) ハンソンは、このプロジェクトを次のように表現している。

家庭の基礎は共同体であり一体感である。良い家は、特権的な構成員も無視された構成員も、いかなる寵児も継子も認めない。良い家庭のなかには、平等、尊重、協同、互助が満ちている。この家を人民や市民全体に適用するならば、それは、市民を特権的な存在と無視された存在、支配者と従者、富者と貧者、財産所有者と貧困者、強奪する者と略奪される者へと分割している、すべての社会的・経済的障壁の解体を意味するだろう。

特定の階級利益の代表に代わって、次第に「国民」全体の代表者と自覚するようになった社会民主党が、この家を創造し、管理するはずであった。この家は、全員に安心(*trygghet*)——それは温かい調子をともなう「安全」あるいは「安全の感情」を意味する——を提供するはずであった。G・D・

H・コールのような「矯正された多元主義者」と同様に、ハンソンは、労働者階級が自ら社会主義の家を望み、創設し、維持する際の、教育の重要性を強調した。「大衆が教育され……考え方が変わらないと……社会主義の社会はわれわれのもとには来ないだろう(69)」。

「全員のための家」を達成するにはさまざまな道があること、それから、とくにSAPの独学の理論家ニルス・カーレバイが絶えず主張したように、社会主義化はひとつの方法にすぎず、必ずしも最善の道ではないこと、これらの点については共通了解があった。他の理論家は、社民党の政策を「暫定的なユートピア」――明確に社会変革的であるが、つねに柔軟で修正に開かれているもの――として描いた。それは、過去と現在を理解し、未来予測を可能にする厳密な社会科学として理解されたマルクス主義からは程遠かったし、トルコやヨーロッパの周辺で進められたような独断専行的な近代化論でもなかった。

SAPが長期にわたる成功をおさめた決定的理由は、彼らが農業の保護貿易主義を受け入れたことで、農民と連携できた点にあった(70)。一九三三年にSAPと農民党は、のちに「そで下取引」という身も蓋もない呼び方をされた提携を行ったのである。一九三八年には、サルトショーバーデン協定がストックホルム郊外のホテルで結ばれた。それは、スウェーデンにとどまらず、西ヨーロッパ社会民主主義全体のための前例を作った。つまり、労働組合は産業を管理する経営者の権利を認め、経営者は労働者を代表する組合の権利を認め、そして両者は高い生産性と完全雇用を同時に確保する条件を協議したのである(71)。解決し難い労使対立への、国家による介入を避けることも、彼らの合意の背景にあった[72]。所有権と経営に対する監督権には触れられなかった。むしろ、企業が繁栄すれば、実際に豊かな住民を生み出すと想定された。産業民主主義と労働者自主管理へのさらに野心的な要求は棚上げにされた。代わって、高い社会支出と積極的労働市場政策の原理が確立された。

スウェーデンの社会民主主義は、選挙では大変な成功を収め続け、一九七〇年代まで継続的に権力の座にとどまることができた。それは国民政策《フォルクポリティーク》の名のもとで福祉国家をさらに拡大していった。徹頭徹尾、SAPはきわめて特殊な環境に頼ることができたように思われる。一九三八年にマーガレット・コールが新フェビアン調査局の報告書で指摘したように、スウェーデンは「ヨーロッパの生活とヨーロッパの政治の主潮流の外側に」登場した。このことはまた、スウェーデン人が「自らの望むように国内政策を運営できた」ことを意味した。スウェーデンの国民的政治文化は、イギリスの社会主義者コールの見方によれば、戦間期に他の社会を苦しめた病理から、かなりの程度逃れているように見えた。

彼らは、東欧や中欧の諸民族のように、自分たちの失われた栄光を嘆き続けたり、栄光を蘇らせる幻想を紡ぎ出そうとしたりはしない。彼らは、イギリスの戴冠式のような一〇〇〇年前にさかのぼるセレモニーを伴う手の込んだ祝典を挙行しない。少なくともスウェーデン王家は、ベルナドット一世の栄光の復活を切望しているようには見えない[73]。

これがスウェーデンの習俗《メルス》の正確な描写であったかどうかはともかく、スウェーデンが、立憲主義だけでなく、政治的な合意形成に関する長い伝統ももっていたのは事実である——立憲主義をめぐる深刻な対立は存在しなかった（その主な理由は、封建制と戦う必要がなかったことにある）[74]。多くの国々がヴェルサイユ条約後に直面したマイノリティ問題についても、スウェーデンはオーランド諸島問題に対峙しただけですんだ。スウェーデン人は、強力で熟練した国家行政組織を引き継いできた。その政治は、平等主義や、コールが「空騒ぎの不在」と呼んだ平静さ——コールは、首相が路面電車で職場に通うことにひどく感動している[75]——によって、長い間特徴づけられていた。とはいえ、より短期的な要因も働いた。一九三〇年代、世界はいまだスウェーデンの森林産業に頼っており、スウェーデン経済は異例に強かった。また、ブルジョア右派はひどく分裂し、全く脆弱であった。

SAPは、グラムシがイタリア共産党を率いて成し遂げようとしたことを完成させた。連合したプロレタリアートと農民が本来の国民全体と見なされ、文化的ヘゲモニーは完成したように見えた。一九四〇年に、SAPの綱領は、社会民主主義が「スウェーデン国民とひとつに」なったと宣言した[76]。しかも、これらすべてがカリスマ的な英雄としての政党を必要とせずに実行されたのである——むしろ、これはまさにマックス・ヴェーバーの同僚であった社会理論家ヴェルナー・ゾンバルトが二〇世紀初頭におおいに憂慮したこと、つまり「英雄的社会主義」が、非英雄的な国民の家《フォルクスハイム》の理想主義に取って代わられることを意味した[77]。

しかし、多くのスウェーデン人にとってはずっと後になってようやく明らかになったことだが、このような国民共同体の強調には暗い側面もあった。広範囲にわたる優生学的な法律は、国民共同体に貢献できないと見なされた人びとの不妊に行き着いた。一九三五年以降、六万人以上のスウェーデン人が影響を受け、そのほとんどが女性だった。[78] 政策は、人種思想というよりは、むしろ「生産力のある」者に焦点が当てられていた。同様の処置がデンマーク、フィンランド、スイスの一部でとられていた。[79] 指導的な社会理論家グンナー・ミュルダールとアルバ・ミュルダールは、一九三〇年代に人口問題の議論の場を設定し、出生率の減少は何としても食い止めること、そのためには移民の受け入れではなく、健康なスウェーデン人を生み育てることを、きわめて明確に勧告していた。この国は一九七五年になってようやく不妊政策を廃止した。計画の発覚は、スウェーデン社会の隅々にまで、長引くショックを与えた。「社会主義が実現されるためには、社会的条件と同様に、人民も徹底的に変えられねばならない」というペール・アルビン・ハンソンの主張が、突然全く別の光のなかに現れることになった。[80]

政党と福音伝道者

スウェーデンとオーストリアの社会主義、多元主義者の労働者教育プログラム、グラムシと彼のソクラテス的な教育概念――これらすべてが、文化変容に大きな期待を寄せた戦後ヨーロッパという実験室のなかで試された。しかし、概ね彼らの文化理解は、どちらかと言えば保守的なものだった。とりわけ赤いウィーンは、プチブル的な「上昇志向の文化」に見えるものを奨励していた。労働者は搾取されただけでなく、疎外もされていたというマルクス主義的主張への適切な応答として、どんな文化が――高級文化か、あるいは社会主義的リアリズムか、それとも全く別の文化か――望ましかったのか。これに対して実際には誰も説得力のある議論を展開しなかった。

はるかに急進的な文化的想像力をもった多くの思想家たちの出発点となったのが、まさにこのような疎外の診断であった。彼らにとって、第一次世界大戦は生まれつつある新しい世界への炎の前触れとして出現した。安定の時代の終焉はまた、息苦しいブルジョア的旧習からヨーロッパを解放した。こういった思想家の多くは、政治的救済が共産党によってもたらされると考えた――このことは、彼らが共産党に参加した場合、知的解放に再び明確な――しばしばモスクワから直接的に課される――制約が加えられることを意味した。実際には、西ヨーロッパの共産党の多くは、知識人に特に関心を寄せたわけではなかった。しかし、知識人は共産主義に多大な関心を抱いた。たとえ、理論と実践の「境界を跨ぐ人」であろうとした彼ら知識人に対して、前衛党が恐るべき挑戦を突きつけたとしてもそうであった。とりわけ二人の人物が、一方で自由に思考する知識人という存在と、他方で革命を成功させる道筋を自分たちだけが示すことができると主張する組織の公式・非公式な支持者という存在との間のディレンマの実例を示した。ジェルジ・ルカーチとエルンスト・ブロッホである。

一八八五年のブダペシュト、そこでジェルジ・ベルナート・レヴィンゲルは、自由主義的な同化ユダヤ人の家庭に生まれた(81)。最終的に名前をマジャル化した彼の父親は、ハンガリー総合信用銀行の頭取であり、それゆえ世紀末のペシュト社会における支柱的存在だった（彼は一九〇一年、フォン・セゲドとして貴族に叙せられた）。同化したユダヤ人実業家の多くの子弟と同様、早くからルカーチは自らのブルジョア的背景を拒絶し、（大抵は観念した父親からの）惜しみない援助によってヨーロッパ中を周りながら、自由に浮動し、自ら急進化していく知識人《インテリゲンツィア》の一翼を担った。実際、ルカーチはいつも旅行していたようにも見えたし、逃亡しているようにも見えた。エッセイこそ活動的な者が選ぶジャンルだとしたら、最初から彼が好んだ表現方法がエッセイとなったのは偶然ではない。ブロッホと同じように、第二次世界大戦後の晩年になってからルカーチは教授として招聘されたが、それはブダペシュト大学が用意した美学の教授職だった。彼はひ弱そうに見えた——ある観察者が記したように、思考こそ彼のすべてで、身体はなかった。しかし、彼はまたきわめてカリスマ的でもあって、つねに優秀な教え子が彼の周囲を取り巻いていた。トーマス・マンの『魔の山』にでてくるナフタという悪魔的な人物はルカーチをモデルとしたと言われるが、ナフタはプロレタリアートについてこう叫んでいる。「プロレタリアートの課題は、世界を癒すために世界に対してテロルを仕掛けることだ」(82)。

一九〇六年、ルカーチはオーストリア＝ハンガリー帝国の息苦しい雰囲気から逃れるために、ドイツへ向かった。彼は詩と小説を書こうとしたが、自分には才能が欠けていると判断し、一八歳のときに自分の草稿をすべて焼いた。代わりに、彼は文芸批評の著作、特に小説と戯曲の歴史で注目されるようになった。当時の彼は、のちに自ら「ロマン主義的反資本主義」と呼ぶものに、どっぷり漬かっていた。それは、近代の合理化された生に直面した悲劇感情に苦しめられながら、悲劇をどう克服するかという処方はもちろん、近代の生そのものの説明もできない立場であった。ベルリンのジンメルのもとで研究した彼は、生は自らを表現するために形式を必要としながら、しかし形式はつねに生の本当に重要なものを欠いているというジンメルの考え方を、ほとんど完全に自分のものとした。

さしあたりルカーチは、主に文芸理論家の活動を続けた。小説をブルジョア文明の典型的な芸術形式として分析するなかで、彼はそのジャンルの中核にある「問題ある人間」の「新しい孤独」を診断した。[83] のちに彼が発見したように、「新しい孤独」は資本主義とともに到来したがゆえに中核的なものだった。小説のなかで主人公はまた、ルカーチが「超越論的故郷喪失」と呼んだものも経験する。主人公は、このハンガリーの哲学者がのちに「第二の自然」と名付けるものによって束縛、あるいは抑圧すられていた。「第二の自然」――あるいはルカーチが別のところで「生家に代わる監獄として自ら形成した環境」と呼んだもの――は、ジンメルが指摘した「圧倒的な文化形式」や、ヴェーバーが予言した非人格的な力の「鋼鉄の容器」のもうひとつの変種であった。

ルカーチによれば、このような危機はもちろん小説の内部で克服されるものではなかった。それどころか、かつて彼がジンメルを訂正しようとして一人の思想家――すなわちマルクス――を発見したときに結論づけたように、小説自体が「物象化」、つまり人間を単なる事物へと矮小化する過程の指標になっていた。彼はマルクスによる商品物神化の分析――資本主義の商品がある種の呪術的性格を帯び、一見してその製作者や使用価値から抽象された「事物」として、相互間に関係を生み出す現象の分析――を足場にすることができた。ルカーチは、物象化が資本主義のもとでの人間の意識をも特徴づけると論じることで、このような診断を拡大した。商品が物神として崇拝されるところで、意識は物象化される。そして、このような条件は、すでに伝統的なマルクス主義が、商品と人類同胞の両方から疎外されているとした労働者だけに限定されるものではなかった。

ルカーチの次の舞台はハイデルベルクだった。そこで彼は、ヴェーバーと彼の妻が開いていたサロンによく出入りした。ヴェーバーはこの若くダンディーなハンガリー人を高く評価し、「ルカーチと話した後はいつでも、わたしは何日間もそのことについて考えなければならない」と語っていた(84)。彼は、自分が目をかけている人間がドイツで学問的なキャリアを得ることを望んだ。ルカーチはロシアに魅せられるようになっており、ブルジョア小説の先にある道を指し示す作家として、ドストエフスキーに関する本を書く計画を立てていた。しかし、ロシアは政治的にも重要であった。ルカーチは、有機的なロシアの村落共同体のなかに、ある種の社会的ユートピアの前兆を見た。それは兄弟愛の倫理であって、ヴェーバーがそれ自体に大きな問題がある(そして政治的には無責任だ)と感じた信条倫理と、きわめてよく似ていた。エルンスト・ブロッホとともに、ルカーチは、ハイデルベルクにおけるスラヴ文化の代弁者のようになった。また、神秘主義や、西洋で支配的な道具的合理性への代案として、二人が「ロシア的理念の力」と呼んだものの代弁者にもなった。戦争が勃発したとき、ルカーチは次のように嘆いた。「中欧諸国(ドイツとオーストリア＝ハンガリー帝国)は、おそらくロシアを打ち破るだろう。それはロシア帝政の崩壊に通じている――これにわたしは同意する。西洋がドイツに勝つということもありそうである。もしこれがホーエンツォレルン家とハプスブルク家の凋落に行き着くならば、喜ばしいことでもある。だが、次の疑問が生じる。いったい誰が、われわれを西洋文明から救ってくれるのだろうか？」[85]

ある種の政治行動が、このような苦境への答えだったのだろうか。ルカーチの言い回しを使えば、政治はそもそも「魂全体を満たす」ことができるのか[86]。正しい政治的手段は、少なくとも「第二の自然」になったり、抑圧的になったりすることなく、別の文化を創造できるのか。暫くの間ルカーチは、サンディカリズムの理念をもてあそぶ一方で、ロシア革命には敵対的なままであった。「道徳問題としてのボリシェヴィズム」と題したエッセイのなかでルカーチは、レーニンのアプローチが、善は悪からやってきて、何らかの仕方で階級闘争は「無階級闘争」に行き着くだろうという不道徳的な賭けに依存していると強く主張した。

「道徳問題としてのボリシェヴィズム」は、一九一八年一二月に出版された。同じ月、前触れもなくルカーチは政治的実践に飛び込んだ。彼の友人たちの驚きをよそに、贅沢なブルジョア的審美眼の持ち主は、創設されてまだ一週間しか経っていないハンガリー共産党に入党したのである。のちに彼は、「マルクス主義をちょっと試す」なんてことはできないと断定することで、自分の決断（あるいはむしろ賭け）を説明した――ひとは回心するか、さもなければ「ブルジョア的偏見」にへばりつくかだ[87]。そして、ルカーチはこう確信していた。「一〇月は答えを与えてくれた」のであり、西洋文明や、彼が文学理論において「絶対的罪深さの時代」と名付けたものから自分を救ってくれるだろう、と。また、このことによって彼は、両親の邸宅から最終的に出ていった。共産主義者が一九一九年三月にブダペシュトで権力を手中にしたとき、ハンガリー共産主義の指導者ベーラ・クンが「この狂気のハイデルベルクの哲学者」と呼んだ人物は、文化教育副委員長に任命された。多くの熱狂的活動のなかで、ルカーチは時間を見つけては、若い労働者たちに「あなたたちの人生の主要目標は文化でなければならない」と忠告した。(88) 彼はイプセンの戯曲を上演させ、労働者の子供のために公衆浴場を開設した。

ハンガリーの社会主義共和国は、不運な実験であることがわかった――オットー・バウアーが書いたように、それは「自暴自棄の独裁制」であり、すぐに大混乱に陥った。(89) 西側同盟国のウィルソン的計画に反対したため、その体制はある程度ハンガリー人のナショナリズム的正統性を確保した。しかし、同じ理由で、主にルーマニアとチェコスロヴァキアの軍隊による恒常的な軍事攻撃に晒されていた。ロシア革命と同じように、権力はボリシェヴィキのもとに転がり込んだ。ロシアの革命家とは異なり、彼らは多くの戦術上の過ちを犯した。彼らは土地を再配分し損ねたし、社会主義者のための優れた文化政策はアルコールを禁止することだと考えた。彼らは内戦に敗北し、政党を通じて対抗国家を確立するところまでは到底至らなかった(とはいえ、彼らはテロルを解き放った――それに続いたのが、残酷な白色対抗テロだった)。

ルカーチは前線でいくつかの戦闘に加わり、(郵便配達とならんで、彼が士気高揚には重要だと考えた)食料の質を調査するために忍んで台所に立ち寄ることで有名になった。また、彼は一度軍法会議を設け、ポロスローの市場で八人の脱走兵を射殺させた。政治委員としての立場で、彼はこう兵士

戦闘に加わる知識人．ニュース映画からのスティール写真につけられた当時のキャプションは「反革命鎮圧の際のプロレタリアによる支援に感謝する政治委員ルカーチ」と述べている．ルカーチは兵士たちに向かって次のように講義したと伝えられている．「もし血が流されるなら，そしてそれを誰も否定できないなら，われわれは血を流すことを許された．しかし，われわれは自分たちの代わりに他人に血を流させてはいけない．われわれは，流れる血に全責任を負わねばならない．われわれはまた，自分たちの血が流される機会を用意しなければならない．……要するに，テロルと流血は道徳的義務であり，もっとはっきり言えば，われわれの美徳なのだ」．(Red Reportage Films, Hungarian Film Institute, Budapest)

たちに説教をした。

もし血が流されるなら、そしてそれを誰も否定できないなら、われわれは血を流すことを許された。しかし、われわれは自分たちの代わりに他人に血を流させてはいけない。われわれは、流れる血に全責任を負わねばならない。われわれはまた、自分たちの血が流される機会を用意しなければならない……要するに、テロルと流血は道徳的義務であり、もっとはっきり言えば、われわれの美徳なのだ(90)。

多くの批評家が注目したように、彼が最終的に展開した倫理は、ある意味きわめて単純なものだった。善は悪からやってくることがありえたし、党の路線には従わなければならなかった。なぜなら共産党は、彼自身が「プロレタリアートの意志の客観化」と呼ぶことになるものを、まさに構成していたからである。

評議会《タナーチ》共和国が崩壊したとき、ルカーチはブダペシュトに残っていたが、指導的立場にあった他のメンバーのほとんどは(国家の金をもてるだけもったクンを含めて)ハンガリーから逃れた。のちにルカーチは、クンがおそらく自分を殉教死させるつもりだったと考え、「道徳的存在」としてはクンを「嫌悪」し続ける。しかし、ルカーチの家族は、彼をウィーンに連れていくようある中佐に賄賂を贈った。哲学者は将校の運転手だと偽った——ただし彼は運転できなかったので、家族は彼の腕に包帯を巻き、なぜ将校が自分の運転手を送っているのかをいつでも説明できるように、事故に関する作り話を用意した。何度かルカーチは、ウィーンからブダペシュトへ強制送還されそうになったが、「品位ある共産主義者の生命」を救おうと訴えたトーマス・マンのような知的名士たちの介入によって送還を免れた。強制送還が処刑による死を意味したことはまちがいない。オットー・バウアーもまた、赤いウィーンでのルカーチの活動を擁護し、プロパガンダに従事する「亡命者の歴史的権利」を支持した(91)。

他方で、ルカーチ救済の嘆願書に自分の名前を加えることを拒絶したマックス・ヴェーバーは、明らかに失望して次のような手紙を彼に送った。

……(これらの実験は、今後一〇〇年間、社会主義の信用を失墜させる結果になりうるだけだし、そうなるだろうとわたしは完全に確信しています。)……(一九一八年から続く)現在の政治的変動が、選択の「方向性」にかかわらず、疑いなく貴重な人びと、たとえばシュンペーターや、いまた貴方をも犠牲にしながら、わたしの確信するところ、最低限の成果も生み出していないことを考えると……わたしはこの無意味な運命について苦い思いを禁じえないのです(92)。

心を動かされなかった者は他にもいた。レーニンや彼の仲間は、マルクス主義に関するルカーチの初期の著作を「左翼共産主義の小児病」の表われだとして基本的に退けた。特に彼らは、共産党は議会に参加すべきではないという立場をルカーチが取ったことの責任を問うた。彼の幼児的、あるいは少なくとも子供っぽい称賛者が考えていたのとは違って、レーニンは、先進ヨーロッパ諸国では議会が「歴史的に見て時代遅れ」ではないという教訓を、革命の熱狂者に教えようとした。

ロシア革命から五年経った一九二二年、レーニンはまた、党員たちにとって最も重要なのは「座って勉強する」ことだと告知した(93)。そしてルカーチはと言えば、指導者《ヴォシト》レーニンによって強く非難された「左派セクト主義」を克服しようとし、最終的に『歴史と階級意識』を構成することになる諸論文を、レーニンの思想に沿う方向で修正することに努めた。この本は、一九二三年にベルリンのマリク書店の革命小叢書の一冊として、ゲオルク・グロス〔一八九三〜一九五九年。風刺画家〕の『支配階級の顔』と一緒に出版された〔一九二三年に出版された本は『この人を見よ』であり、『支配階級の顔』は一九二一年刊〕。『歴史と階級意識』は、二〇世紀前半にマルクス主義哲学から登場した、ただ一つの最も重要な著作になった。ある意味でそれは――マルクス主義「科学」と対比される――マルクス主義哲学の可能性を実際に開いた、あるいは少なくとも再開した本だった。

どうしてそうなったのだろうか。その理由は、ルカーチが、第二インターナショナルと結び付いた経済決定論と、ベルンシュタインや他の「社会民主主義的な日和見主義者」が擁護した改良・修正主義との双方に対抗して、敵対者ですら認めた卓絶無類の弁証法を展開したからである(94)。彼は、正統派マルクス主義は、教義《ドグマ》ではなく、ひとつの方法だという、大胆な理論的一撃から始めた。たとえマルクス自身の提案と予言のすべてがともかく最終的に誤っていたと判明しても、それでもなおマルクス主義者であることは可能である。これが、ベルンシュタインなど、事態がマルクスの予測する道を進んでいなかった点を単に経験的に指摘した者に対する最初の教訓だった(ただし、もっと目立たない仕方で、この教訓は修正主義的社会民主主義者がマルクス主義に対する裏切り者と感じないで済むようにもした――スウェーデンの社会主義者の一部が、忠実なレーニン主義者であるルカーチと、程度の差はあれ同じことを語っていたのは示唆的である)。

ルカーチはまた、発展の「歴史法則」を演繹すること――エンゲルスがマルクスをダーウィンになぞらえて促した立場――は、実際にはブルジョア的な「静観的」態度だったと主張した。これは、マルクス主義者をして、歴史を作るよりもむしろ、自然法則の歴史的等価物に従わせるようにした――実のところ、先進諸国で観察できるものは「自然的な」ものなどではなく、資本主義に固有の帰結なのである。いわゆる「自然法則」は、政治行動によって突破できる。

こうしてルカーチは、改良主義的修正主義と硬直した「科学的社会主義」の双方に対して、革命的意志の役割を再建することで、彼が真にマルクス主義的な処方と考えたものを示した。彼はまた、科学としてのマルクス主義と世界の実際の変革との関係をめぐる長年にわたる論争にも、一挙に決着をつけようと試みた。再び大胆な一振りで、彼は両者が解きほぐせないほど結び付けられていると主張した。プロレタリアートだけが、自らを抑圧する諸力を正しく理解できるはずだった。しかし、(ブルジョア的な「静観」と対立する)現実的理解の契機は、必然的に革命の契機でもあった。すなわち、労働者は認識の主体であると同時に客体であり、歴史の主体であると同時にその客体であった。それゆえ、客観的法則の科学と（批判者の見るところ、レーニンの蜂起主義によって例証されたような）鉄の意志の政治とにマルクス主義をはっきり分けることは、根本的に見当外れだとされた。

したがって、ルカーチにとってプロレタリアートは、普遍的階級であるという意識から導き出され、彼が呼ぶところの歴史的解放の客観的可能性へと自らを委ねる、歴史上最初の普遍的で集合的な主体として自らを構成する――それゆえプロレタリアートは、資本主義に関する真実を独自の仕方で知ることができる人間として、彼ら・彼女らがそのなかの一部であった世界を全体として理解できるのである。このような方法でのみ、理論と実践はひとつの統一体になることができた。またこのような方法でのみ、人間は、ヴィーコとともに、自分たちが創造した世界を実際に理解できる――そして、文化の悲劇を終わらせ、最終的に人間はこの世界でくつろげるようになるだろう。

しかし、ことはそれほど単純ではなかった。主たる紛糾は、「プロレタリアート」の意味とその能力をめぐって生じた。ルカーチは、ある種の兄弟的な共同体として理解された共産党だけが道を先導できるという点で、レーニンに同意した[95]。事実、このハンガリーの哲学者は、前衛政党の支配に関し、哲学的に最も洗練された正当化を明晰に述べることができた。「労働者階級運動が生み出した、マルクス以来の最も偉大な思想家」（ルカーチによるレーニン評[96]）が、たいていは臨機的に執筆し、理論的につめないままにしていた多くの個所で、ルカーチはレーニン主義的洞察を首尾一貫したものとし、その洞察に哲学的洗練を加えた。彼は、一九一七年のボリシェヴィキたちが自分たちを理解した以上に、深く彼らを理解したように見えた。

このような理解が純学問的な問題ではないことは自明だった。レーニンと同様、ルカーチも、成功するためには党組織が正しい革命理論に基づいていなければならないと主張した。理論だけの世界なら、意見の相違を誤魔化すことは可能で、不正確な政治診断も結果の出ないまま放っておくことができただろう――しかし、組織的実践においてはそうはいかなかった。そこでルカーチは、純粋なプロレタリア革命などは存在せず、したがって「プロレタリアートの意志の客観化」としての党指導が不可欠だと断定した。党は、他の階級やプロレタリアートの反抗的部分をまとめて引っ張って行かねばならないし、資本主義の危機が自動的に社会主義につながるのではないということを労働者に教えねばならないだろう。ルカーチは、もしプロレタリアートが党の正しい路線に導かれることを拒んで、その歴史的課題に失敗すれば、その結果は野蛮状態であると、何度も繰り返し述べた。

組織としての党の決定的役割とならんで、世界史的切迫状況もまた、階級としてのブルジョアジーの抑圧だけでなく、「個人の〔すなわちブルジョア的〕自由の断念」をも正当化した。ルカーチは、共産党の特徴である規律や全体的参加、そして何よりも「真の自由を現実化することを運命づけられた集合的意識へと、自己を意識的に従属させること」に固執した。「……この意識された集合的意志こそ共産党である」[97]。

ルカーチは自分の発言に忠実だった。革命家に転身したこのハンガリーの審美家は、圧倒的な非人格的カリスマをもつ党が彼に命じたことの、ほとんどすべてを行った。危険な実践的作業もあった――たとえば、反革命の支配するハンガリーに戻り、密命を果たした。さらに、イデオロギーの方向転換も命令された。レーニンは体調不良で『歴史と階級意識』を読むことができなかった。その著書はレーニンの党を理論的に完璧に正当化したけれども、指導者が亡くなったころには、レーニンの後継者たちはすでに別の方向へ進んでいた。一九二四年、コミンテルン議長であったグリゴリー・ジノヴィエフは次のように怒りをあらわにした。「このような理論的修正が処罰も受けずに通用しているとはけしからん。哲学と社会学の領域であっても、われわれはハンガリーの同志ルカーチの修正を認めない。マルクス主義理論のごたくをならべる教授がこれ以上いたら、われわれは敗北するだろう」(98)。結局、ルカーチは自分の主著を「主観主義」に陥っているとして自ら否定した。さらに、一九二〇年代後半の権威主義的ハンガリーの内部で、民主的改革のために小農や穏健な社会主義者と協力しようとする彼の提案も、また失敗に終わった。まさにそのときコミンテルンは社会民主主義を「社会ファシズム」として攻撃する路線へ舵を切っており、ルカーチは「ブルジョア民主主義の陣地でファシズムと戦おうとした」ために厳しく譴責《けんせき》された。再び彼は、自らの理念を「日和見主義」として自己批判しなければならなかった――彼自身があとで認めたように、そのやり方は「完全に偽善的」であった(99)。

ルカーチは、一九三〇年代初めにベルリンに落ち着いた。ナチスが権力を掌握したとき、彼はモスクワに逃れた。ほとんどの亡命共産主義者と同様、一九三〇年代半ばのスターリンの見世物裁判の間、彼は命を失う危険に囲まれていた。クンは見世物裁判を生き延びることができなかった(逮捕直後、妻に向けた彼の最後の言葉はこうだった。「心配しないでくれ。ちょっとした誤解だ。三〇分で家に帰るから」）。[100] ルカーチは「好ましからざる哲学者のゴミ捨て場」だったマルクス＝エンゲルス研究所で主として無害な文学的主題に取り組み、目立たないようにしていた。[101] それにもかかわらず、彼は逮捕され、尋問された――ロシア語を身につけていなかったので、ドイツ語で。彼は、モスクワの命令によりタシュケントで一年間を過ごさなければならなかった。彼の妻の子は強制収容所へと送られた。晩年に彼は、自分が心身ともに無傷でスターリニズムを生き延びた唯一のハンガリーの著述家だったと主張している。

スターリンおよび共産党の非人格的カリスマこそ、ヒトラーの国民社会主義に対抗する唯一効果的な勢力であるというルカーチの確信は、一貫して揺らぐことがなかった。自らを党から排除することは、自らをファシズムとの戦いから排除することである。それゆえ彼の自己批判は、どんなに偽善的に見えても、ファシズムとの唯一有効な対決に参加するために必要な「入場券」だった。すでに一九二〇年代後半にルカーチは、ヴィクトル・セルジュに対して、誇りから党に反抗するなどという愚かなことはすべきではなく、忍耐と、「歴史は必要なときにわれわれを召集するはずだ」という揺るぎない確信こそが鍵だと説いた。セルジュはのちにこう述懐している。「彼の内にわたしは第一級の頭脳を見出した。もし共産主義が権威主義的権力と結び付いて堕落せず、社会運動として展開されたならば、彼の頭脳は共産主義に真の知的偉大さを与えることができたことだろう[102]」。

一九四五年、ブダペシュトで赤軍がハンガリー共産党指導者に任命したマーチャーシュ・ラーコシは、ルカーチに次のような手紙を書いた。「われわれは、党がインテリゲンツィアの最良のメンバーを動かすのを支援していただきたく、ハンガリーであなたを待っています」[103]。ルカーチは故郷へ飛んだ。そしてルカーチは、少なくとも当分の間、共産主義者には、ちょうど彼が一九二〇年代後半に主張したように、ブルジョア的勢力と協働する用意があると考えた。彼は多くの聴衆に講演をした。ルカーチは、近代ドイツ思想における「理性の破壊」を論じた本を完成させた。そのなかで彼は、かつての師であるジンメルについて、「帝国主義的な不労所得生活者の寄生の哲学」を拡大したと非難した[104]。彼はまた、無垢の世界観《ヴェルトアンシャウウング》など存在しないと断言した。党は、彼が戻ったことを喜んでいるようだった。

エルンスト・ブロッホは政党人ではなかった。一八八五年、彼はルートヴィヒスハーフェンのプチブルジョア的なユダヤ人の両親のもとで生まれた。彼はルカーチのようにカリスマ的だったが、虚弱なところは少しもなかった。それどころか彼は活力にあふれ、古代の預言者の役割を果たし、ある種の哲学的エロスを発散させていた。彼が語っているのを、いやむしろ大声で怒鳴っているのを聴かなければ、ブロッホを本当に理解することはできないのだと、彼の学生たちは主張した。

ブロッホはルートヴィヒスハーフェンで育ったが、当時この都市が示した資本主義の醜悪な相貌に圧倒されたと述べている。夕方、抑圧され真っ青な顔をしたプロレタリアートが通りを歩いて行く姿を、ブロッホは見た。おそらく彼がマルクス主義者になることを決めたのはそのときであった。彼は、つねに自らの故郷を嫌悪する、一種のマルクス主義の故郷《ハイマート》哲学者になった。

ブロッホは、彼の時代のあらゆる哲学を非難することから始め、全く新しい形而上学を求める時が来たという彼の主張に耳を傾ける者がいれば、誰にでも語った。この課題のためには、彼がヘーゲル、そしてアメリカ西部を舞台にした冒険小説の著者カール・マイのうちに読み込んだものだけで十分だと宣言した。ブロッホは言う。「他のすべてのもの」は、言わばヘーゲルと大衆小説の「二つの不純な混合物である」。「そんなものを読む必要がどこにあるのだ？」[105]

自ら造った伝説によれば、ブロッホの主導理念は、すでにずっと以前に彼の頭に浮かんでいた。精神分析がもはや意識されないものを無意識の一部として導入したのに対し、ブロッホはいまだ意識されないものの意義を発見した。彼の希望の哲学と、彼が「いまだないもの《ノッホ・ニヒト》」と呼んだものの哲学は、こうした洞察に基づいて組み立てられたのである。故郷《ハイマート》への帰還を目指して、ちょうどアメリカ西部のカウボーイのように砂漠を横断するというヴィジョンは、つねに彼の著作の中心にあり続けた。

ブロッホはジンメルのゼミナールに参加するためにベルリンに行き、そこでルカーチと初めて出会った。ルカーチが文化の悲劇という理念に飛びついたのに対し、ブロッホはジンメルから、生はつねに自らを越えようとするという洞察を得た。ルカーチは、深くブロッホに魅了された。ルカーチによると、ブロッホは、いまでも古代人のように、あるいは少なくともヘーゲルのように哲学することは可能だと彼に確信させた。こうしてルカーチとブロッホは、ほとんど共生状態に入っていった。実際、社交場でいつも全く同じことを言うことがないよう、彼らは「差異の保護領域」を画定しておく必要があった(そしてときには、まず差異をわざと創り出さねばならなかった)[106]。

ハイデルベルクでは、彼らはことのほか奇妙な組み合わせだった。ブロッホは大声で預言を怒鳴ることでブルジョアジーをひどく驚かせて楽しむ手に負えない子どもだったし、彼よりもずっと控えめで穏やかに話すルカーチは、豊かな遺産相続人の女性との結婚を目論むブロッホの陰謀に引っ張り込まれていた。ブロッホは、パウル・ホーニヒスハイムが彼のことを「ユダヤ人の黙示録作者」と呼んだように、意識的にある種のメシアニズムを選び取り、ヴェーバーを激怒させた――しかしまたヴェーバーは、極端なもの、ボヘミアン、風変わりなもの、そしておそらく政治的に無責任なものにさえ関心を隠せなかったがゆえに、ブロッホに魅かれたのである。日曜日のお茶にはロシア人、ポーランド人、ユダヤ人だけを招きたいと冗談を言ったこともあった。哲学者のエミール・ラスクがそれをひきとって「四人の福音書著者の名前は何かな。マタイ、マルコ、ルカーチ、そしてブロッホだ」とふざけた(107)。なぜなら、ブロッホが「わたしの使命を受け取る人間は、自らのうちに神の回帰を経験し理解するであろう」と宣言しながら、ハイデルベルクを歩き回っていたからである(108)。結局、ヴェーバーは、ブロッホのマナーの欠如と、同じくらいその度を越したレトリックとに腹を立てた。それに対してブロッホは、開戦時にヴェーバーが、予備役将校の制服を着て客に挨拶をしたという事実に戦慄した。ルカーチと同様、ブロッホは、労働者の間に少なからず見られた戦争愛国主義《ジンゴイズム》に深く失望した。彼は熱狂的にロシア革命を歓迎し、レーニンを一種のメシアとして――レーニン《ウビレニン》がいるところ、エルサレム《イビイェルサレム》ありと述べて――讃えた。あるいは彼独特の文学的好みで、こうも言った。ボリシェヴィズムは「連発拳銃をもった定言命法」だと(109)。

戦間期にブロッホは、ファシズムについての独特の診断医になった。ファシストを瀕死の資本主義の代理人と見なした共産党の公式の分析とは異なり、ブロッホは、自ら「非─同時代性」と名付けた現象を指摘した。ブロッホが見るところ、農民や中産階級の社会的・経済的状況は、プロレタリアートのそれと客観的に類似してきているにもかかわらず、これらの集団はプロレタリア意識を発達させることはなく、かなりの程度、工業社会以前の生活様式にしがみついていた。彼らのまことに正当な不満は、過去へのロマン主義的で反近代的な憧れという形で表現された。それゆえ共産主義者は、彼らに自分たちの客観的利害について講義するよりも、むしろこうした憧れ、とりわけその憧れのなかに含まれているユートピア的契機を真剣に受け取るべきだと、ブロッホは主張した。神話、ロマン主義的象徴、そしてお伽噺といった領域を軽視してファシストの手に委ねる代わりに、マルクス主義者はそれらの革命的潜在力を取り戻さねばならない。ブロッホは、左派のために「第三帝国」の概念さえも取り戻そうとした。

ファシズムに対するブロッホの洞察が鋭かったがゆえに、彼はその反ファシズムによって一九三〇年代のスターリンの見世物裁判を丸ごと正当化する結果になってしまった。けれども、ルカーチとは異なり、ブロッホは党員になることも、ソ連で暮らすこともなかった。その代わり、フランスとプラハに一時滞在したのち、彼はひどく嫌っていたアメリカを亡命先に選んだ。ほとんどのブロッホの友人たちは、マサチューセッツの住民がドイツ語を話さぬことに彼が気付いたかどうか疑った。それほど、彼は滞在国の生活から意識的に孤立して暮らしていたのである（彼は自分が一時皿洗いとして働かざるをえなかったという話をでっち上げることをためらわなかったけれども)。

ブロッホは、ルカーチ以上にきっぱりと、科学的社会主義の経済決定論を拒否した。その代わり、意志だけでなく、感情と直感、とりわけ「いまだないもの」の重要性を強調した。ブロッホは、「いまだないもの」の通俗的な感情と、とくに芸術や宗教のうちに見出される真のユートピア的希望とを区別することに意をもちいた。「われわれが通りを歩いていて、四五分後にはパブがあるところに行くと知っている場合、それが通俗的な「いまだないもの」である。しかしながら、この困難な世界のなかのわれわれがいるその街路に、パブは……まだ建てられてさえいないのだ……[110]」と彼は論じている。

ブロッホの主張では、真の創世記は、始まりではなく、終わりにあった。すべての真の宗教は、この意味でメシア的だった。「楽園」、「乳と蜜の流れる土地」、ベートーヴェンの第九のような偉大な音楽作品はもちろんのこと、高級文化に属するとは言えないヒット曲「ビッグ・ロック・キャンディー・マウンテン」やシャーウッドの森でのロビン・フッドの隠れ家のような構想も含めて、人びとが過去に形成してきたすべてのユートピア的イメージも、メシア的だったのだ。このすべてが、故郷《ハイマート》という一つの言葉で要約される[111]。

文化共同体の探求と、故郷へのある種の感覚は、こうして戦間期の左翼思想家の心を奪い、しばしば失望させた。また、他の政治的イデオロギー——とくにファシズム——が、自分たちのものより魅力的な帰属と連帯のヴィジョンを提示できるのではないかという懸念も続いた。皮肉にも、戦間期における決定的な戦略上の問題だと判明したもの、すなわち社会主義者と農民層との関係、別の言い方をすれば元々のレーニン主義的な意味におけるヘゲモニーの可能性、労働者と「貧農」の同盟への答えをもっていたのは、最もプラグマティックな社会主義者か、あるいは最もユートピア的な社会主義者であった。状況に恵まれて、スウェーデン人は、農民を労働者の同盟者に変えることに成功した。これに対してブロッホは、奇妙なレトリックを用いて、イタリアのような国々において農民がまだ労働人口の半分以上を構成していたヨーロッパにとって、きわめて重要だと思われるものを実際に暗示した。すなわちそれは、手工業者と農民にその価値を含めて居場所を与える(ロシアの村落共同体から着想を得た)保守的社会主義であった。しかし、これらは例外であって、それ以外のところでは、マルクス主義は農業問題に答えを示すことができないというヴェーバーの信念が確証される結果となった。

社会主義や社会民主主義の諸政党は、一九二〇年代および三〇年代にヨーロッパの多くの国で敗北に直面したけれども——とりわけ、当初は「農民のための主権」を約束したイタリアのファシズム——、もうひとつ、社会主義的人民を形成し、包括的な社会主義文明を創造しようとする偉大な実験があった。すなわち、ロシア・ソヴィエト共和国の一九一八年憲法において「都市と農村のプロレタリアートと極貧の農民層の独裁」と呼ばれたものである。多くの左派の人びとにとって——たとえ彼らが実際のボリシェヴィズムは必ずしもコミューン国家ではなかったと理解したとしても——、ソ連は、ファシズムと権威主義の上げ潮に対する最後の防波堤と見なされた。そして、そこでもまた、農民のためか、農民とともにか、あるいは実際にそうなったように、農民に敵対してか、という農民問題が決定的なものになったのである。

新しい人民

スターリン主義は、戦間期における最も大掛かりな実験であった。とはいえ、「スターリン主義」がいかなる種類のイデオロギーとして定義できるかという点は、決して明らかではない。かつてムッソリーニは、「ファシズムとは何か」という問いに、「わたしがファシズムだ」と答えた。この論理に従えば、「スターリン主義とは何か」という問いに最もよく答えることができるのが誰かは、明瞭かもしれない。しかしスターリン主義は、官僚制化や個人崇拝を批判するために、スターリンの敵対者が使った用語だった――また全体主義という言葉とは異なり、スターリン主義は攻撃を意図した人びとによって独占されたわけでもなかった。スターリン主義という呼称は、実際にはスターリンの死後になってさらに普及したのである――スターリン主義は、ポスト・スターリン的概念だと言いたくなるほどだ。

歴史における自らの役割に取りつかれたすべての人間と同じように、確かにスターリン自身も、その問題について私見を控えることができなかったようだ。フルシチョフによれば、ラーザリ・カガノーヴィチが一九二〇年代にスターリン主義という言葉を提案したとき、スターリンは次のような返事をしたという。「どうやったら君はペニスを物見やぐらに喩えることができるのかね」[112]。また、父の名前を不当に用いたことで非難されたスターリンの息子ワシーリーは、あるとき強く抗議した。「でも、わたしもスターリンです」。するとただちにスターリンはこう言った。「いや、ちがう。おまえはスターリンではないし、わたしもスターリンではない。スターリンとはソヴィエト権力だ。新聞や肖像画のなかにいるのがスターリンであり、おまえではないし、わたしでさえない[113]」。

一見するとスターリン主義とは、スターリン自身のもとにあった体制、そして一九四五年以降、ソ連によって事実上占領された中・東欧に存在した体制を指し、明確に定義できるように思われる。スターリン主義を特徴づけるのは、大規模なテロル、個人崇拝、官僚制化、強制的工業化、そして――マルクス主義の教義をめぐる論争にとって最も重要であった――「一国社会主義」という理念への世界革命の従属だった。また、たくさんの他の戦間期の体制と同様、スターリン主義は開発独裁の一つとして理解することもできる。

このような一見明確で詳細な特徴のリストにもかかわらず、ある点でスターリン主義はナチ統治よりも謎である。結局のところ、一九三〇年代半ばの大テロルと粛清で表面化したのは――ミハイル・ブルガーコフの有名な小説『巨匠とマルガリータ』のように――すべてをひっくり返すためにモスクワに悪魔がやってきたのではないかと疑われたような、高度の非合理性だった。ナチズムについては、あらかじめ大量殺戮をある程度は予測することができた（それゆえ、倒錯した「合理性」と呼ばれることもある)。あるグループが狙われたが、他のグループは狙われなかった。ツヴェタン・トドロフが述べたように、「ナチの強制収容所の囚人がなぜ自分たちがそこにいるのかを知っていたのに比べ、スターリン主義のもとでの政治的被追放者——しばしば誠実な共産主義者——は知らなかったし、自分たちの運命を理解できなかった」[114]。言い換えれば、ナチは狂気を披瀝《ひれき》したが、その狂気には方法が存在した。スターリン主義には、狂気が存在し、しかも同時に方法も欠いていたように見える。

スターリン主義を理解するには、何よりもスターリン自身から始めねばならない——彼の理念も含めてである。なぜなら、スターリンは理念の持ち主であり、彼の忠実で信頼できる部下だったカガノーヴィチが主張したように、何よりもまず「イデオロギー的な人間」だったし、「彼にとって理念は最も肝心な事柄だった」からである[115]。確かに、親密な協力者の多くは、理論が必ずしもスターリンの強みではなかったことを知っていたし、それについて冗談さえ言っていた。スターリンは、一九二〇年代に家庭教師について自らマルクス主義を学んでいた(その後、家庭教師は銃殺された)。そして、彼に適用すべき多くの追従的表現に「近代における最も深遠な理論家」という称号を追加させた。しかし、スターリンの社会主義理論への主要な貢献が、ハンナ・アレントが憶測したように、「「卵を割らずにオムレツを作ることはできない」という諺を転倒させた」「オムレツを作らずに卵を割ることはできない」という教義にあると考えると、スターリンを見くびってしまい、彼の体制を誤解してしまうことになる[116]。とりわけ、次の点が重要である。スターリンは、彼の特殊な「レーニン主義」(レーニン自身は決して使わなかった言葉)の解釈を体系化しようとした——そして、それによって党の真の(「愛すべき」とレーニンが呼んだ）理論家ニコライ・ブハーリンを外しながら、いかなる路線が真に「レーニン主義的」として正当化されるのかを決定する、究極の裁定者に自らなったのである。事実、ルカーチが振り返って指摘したように、スターリンにとって、最も日和見主義的な短期の策略ですら、まさに最も壮大で最も抽象的な理論的概念によって説明され、推進されねばならなかった。[117]

成功を収めた多くの政治家たちと同じように、スターリンの最も大きな強みは、終始過小評価されてきたことだった。トロツキーは、彼を「非凡なほどの凡人」と呼んだ。若い頃のスターリンは、神学校を放校になり、詩を竊《かじ》ったあと、いくつかの派手な革命活動に関わっていた。彼は、党の金庫を満たすために銀行強盗を働き、強靱さを醸し出すようになった。彼は自ら「スターリン」――鋼鉄の人――という偽名を選んだ。しかし、彼について重要なのは、彼が「同志カード・インデックス」と渾名《あだな》されるほど、優秀な官僚として頭角を現した点である。[118] スターリンは、委員会を通じて権力の座に上り詰めた。よりカリスマ的な（そして大言壮語する）革命家たちとは異なり、この究極の委員人《コミテチク》は、党のさまざまな委員と書記の配置こそがソヴィエト体制のなかで権力を確立するのに決定的に重要だと、早い段階で理解したのである。レーニンが彼を共産党の書記長に任命したのが、決定的な機会となった。これにより、上昇期にあったグルジア人は、巨大な被護者集団を築きあげた。レーニン自身ものちにそれに気づき、「政治的遺書」のなかで、スターリンを書記長としては「粗暴すぎる」と批判して、トロツキーとスターリンの間の分裂を防ごうとした。

スターリンの敵対者が一九二九年に指摘したことは、ある意味で正しかった。すなわち、スターリンはプロレタリアート独裁を確立しなかった――その代わりに、書記局の独裁が生まれた、と（レーニン自身は党の書記長になることはなかった）。にもかかわらず、「熟練者で、仕事ができるという評判を得た組織政治家にして国家建設者」と見られたことは、一九二〇年代後半においては、決して悪いことではなかった[119]。結局、官僚制支配は――戦間期における他の支配方法やスタイルと同じように――、ある固有の実務的課題の布置状況に対して、信頼できる対応のように思われた。というのも、スターリンは（理想的には「かつての」人民とではなく、新しい人民とともに）新しい国家の建設を続け、（かつて試されたことのない）社会主義型の生産管理法を見つけ出す必要に迫られたからである。このような状況は、一九三三年のヒトラーとは大きく異なるものであった。総統《フューラー》は、機能的な国家構造を引き継ぎ、少なくとも一定数の伝統的エリートの協力に頼ることができた。ナチは制度を引き継いだが、真に理論的な青写真はもっていなかった。他方、スターリンは、曲がりなりにも全般的な青写真をもっていたが（たとえコミューン国家のような構想がすでに否定されていたとしても）、機能が実証された制度はもっていなかった。このように、ヒトラーの課題が、伝統的な国民国家を完全に新しいタイプの人種主義帝国へと拡大することにあったのに対し、スターリンの課題は、大陸帝国を革命蜂起と内乱から再建し、機能的な国家へと効果的に変えることであった。前者が、国家を拡大する過程で大陸を人種的に純化することを優先したのに対し、後者は、既存の政体の内部におけるイデオロギーの純化を第一の目標としたのである。

　具体的に言えば、スターリンは、レーニンの「新経済政策《ネップ》」の帰結に直面していた。ネップは、独立した土地所有農民と都市の商人を増加させるとともに、いわゆるネップマンによる多くのサギまがいの経済活動や利潤追求を生み出していた。事実、これはロシアの農民にとって、短命だったが、ほとんど黄金時代と言ってよい瞬間だった——それは、農民層の富を増大させれば、結果的に彼らは十分な食料を供給し、工業製品を買うようになるというニコライ・ブハーリンの考えに基づいて推進された。また、これに伴い、悪名高い成金層が勃興した。けれども、憤慨を引き起こした都市における彼らの顕示的消費には、それなりの実際的な理由があった。すなわち、ネップマンの経済状況はきわめて不安定で、税金も高額だったので、投資はほとんど無意味である一方、できる限り早くすべてを消費することには十分な説得力があった[120]。

　ネップはレーニン主義の教義に対して深刻な問題を突きつけた。もし制限された市場活動を通して近代化を継続するのならば、党にはどのような役割があるのか。ヴェーバーの理論が予言したように、政党カリスマが、日々の仕事のなかで「ありふれたものに日常化」しつつあるのだとすれば、この問題はより喫緊なものになった。つまり政党は、自らの伝統を発展させ、英雄的な創設者への忠誠を喚起し、そして動員や少なくとも動機づけを可能にする力を失ってしまう危機のなかにあった。これらの危機に対する対応——および徐々に忍び寄る市場化への明確な代案——は、強制的工業化と農業集団化であるように思えた。それが戦時共産主義という陶酔の時代への回帰として提示された場合には、特にそうだった。回帰の過程で、教義の純粋さを取り戻すことも見通せた。結局のところ、レーニンが「共産主義とはソヴィエト権力プラス全国的電化だ[121]」と主張していたではないか。しかし、もっと社会学的な理由づけも存在した。後進的で農民に支配されたロシアでは、共産党は、一九一七年以降もプロレタリアートの名のもとで活動し続けてきた(ルカーチによれば、党がその意思を客観化した)にもかかわらず、実際にはプロレタリアートをいまだに創り出せていなかった。彼らは上部構造を握っていたから、いまこそその土台・下部構造を作る、あるいはとにかく拡大する必要があった。[122] ひとたび農民の数が劇的に減少すれば、グラムシがイタリアで取り上げたゲゲモーニヤという古いレーニン主義的問題もまた消えてしまうだろう。

こうしてスターリンは、強制的工業化という、きわめて野心的な事業に乗り出した。その事業が必要としたのは、外国からの資本か、あるいは食料と必須の労働力の両方の提供を農民に容赦なく強制することのいずれかだった(同時に、農民に対しては、日用品・消費財で彼らに報いることもしなかったが、これは別の戦略をとってもそうなったかもしれない)。スターリンは後者の道を選び、農民に集団農場へ移るよう強制した。そしてまた、スターリンが「階級としてのクラークの絶滅」と好んで呼んだものが進行し始めた。「クラーク」とは文字通りには「拳骨《げんこつ》」を意味したが、ここではより裕福な農民、とくにネップの特典を生かし、開かれた市場で穀物を売った人びとに当てられたメタファーだった。レーニンは、すでに大規模な飢饉と混乱が起きていた一九二〇年代初頭には、力ずくで農民から穀物を絞り出すことはやめていた――それがいまや、新しい、そしてより一層残酷な攻撃が始まったのである。

理論的観点からすれば、そもそもクラークがマルクス主義的な意味でのひとつの階級だと言えるかどうかは、大いに論争の余地がある。最も妥当な正当化は次のようなものであった。クラークは継続的に労働者を――つまり季節労働者ではなく――雇っており、それゆえ、少なくともある種のプチブルジョアと見なしうる。クラークは、永続的で、成長可能性のあるプチブルジョアであり、社会主義国家の足元を掘り崩す恐れがあるとされた。さらには、もっと単純化された議論もあった。すなわち、農民は自らの生産手段を所有する限り、危機に晒されたのである。結局のところ、レーニンの有名な警告の通り、「小規模な生産者は、資本主義とブルジョアジーを、継続的に、毎日、毎時、自然に、そして大規模に生み出すのだ」というのである。[123] それにもかかわらず、この理論はますます粉飾のように見えてきた。ジノヴィエフが認めたように、「好んでわれわれは、食べるには困らない農民をすべてクラークと分類した」[124]。これは、ボリシェヴィキのなかに広く見られた反自営農感情と一致した。スターリン自身の祖父母は農奴だったたし、作家のマクシム・ゴーリキーは、軽蔑的に「農民層の動物的個人主義」[125]について語った。そして、これらの偏見はマルクス主義理論の古典のなかに全く前例がなかったというわけではない。マルクス自身が「田舎暮らしの愚かさ」を馬鹿にしたし、農民を「一袋のジャガイモ」と呼んでいたのである。

この政策は、実践的には、中央集権的な社会工学計画の一部というよりは、全国規模のポグロムに似たものとなった。その際、外務人民委員マクシム・リトヴィノフの「食料は武器である」[126]という金言が利用された。国家官吏たちは、しばしば手当たり次第に何でも奪い、現場でクラークのウオトカを飲み、彼らの衣服を盗んだ。これに対してクラークたちは、官吏に引き渡すよりも、自分たちの家畜を大量に殺し、道具を破壊する方を選ぶことも多かった[127]。

結果はあらゆる点で惨憺たるものだった。終わりのない暴力の連鎖——人肉食《カニバリズム》も含む——や空前の飢饉で、何百万人もが死亡した。唯一、ソヴィエトのプロパガンダだけが成果を出した。それは、この大惨事を、外の世界と多くのロシア人の双方から、何とか隠すことに成功したのである(国内旅券を再導入したのはスターリンだった)。政府もまた、国際市場で穀物を売り続け、赤十字からのいかなる援助も拒絶した。豪華な晩餐会は、作家のアンドレ・ジードのような西欧からの訪問者を欺いた。さらに、西側の政治家たちに好印象を与えるため、秘密警察の工作員が強制収容所の収容者に扮装し、収容所にも栄養が行き届いていると見せかけようとした。

とはいえ、集産化の失敗は、国内ではある程度までしか隠すことができなかった。また、これらの政策の失敗がはっきりすればするほど、体制はますますスケープゴートや陰謀論を必要とした——それゆえ、体制は「破壊者」から「サボタージュの工作人」へ、さらには「スパイ」へと犯人探しを間断なくエスカレートさせていった。敵を表す公式の言葉も、「階級の敵」から「人民の敵」に置き換わり、それはいまや共産党の内部にも潜むことが示唆された。この用語は、憲法にまで正式に記載された。

こうして、一九三〇年代半ばの見世物裁判が始まった(ルカーチはこれを「概念裁判」と呼んだ)。そのとき初めて、共産党は自らの指導者たちの処刑を要求した——そして、それは実行された。レーニンも(「教育的実演《デモンストレーション》」として知られた)見世物裁判を立案したことはあった。しかし、あらかじめ詳細に計画された裁判全体の台本まで書かせたのは、スターリンだけだった。彼は「法的ニヒリスト」と見られることを望まなかったので、秘密裏に人民を射殺するのではなく、まずは裁判を開いたのである。被告人も検事と同じくらい準備させられた。検事は、ブハーリンを「狐と豚の混血」と呼ぶような、計算された感情の爆発さえ演じねばならなかった。

それにもかかわらず、スケープゴート狩りでは、テロルと粛清のほんの一部しか説明できないように思われる。スターリンはまた、多くの産業事故や飢饉の責任を明らかに負っていない、軍隊にも攻撃を始めた。かくして粛清は、国家の壮大な自傷行為の観を呈するようになった。スターリンの偏執狂的《パラノイア》人格に関する憶測も無数にあった。人びとは、彼の(アフォリズムと呼ぶには粗野に過ぎる)歪んだロジックを伴った不気味な言明を指摘し始めた。「見解の完全な一致は墓地でのみ達成することができる」[128]、「死はすべての問題を解決する。人間がいなければ問題も存在しない」、「ひとりの死はひとつの悲劇だが、一〇〇万人の死は統計にすぎない」[129]などである。

実際、これらすべてには、個人的で権力政治的な側面が存在した——スターリンは、潜在的な競争者を全滅させ、「古いボリシェヴィキ」を根こそぎ撲滅した。なぜなら、「古いボリシェヴィキ」は、スターリンがロシア革命と内乱のなかで大した役割を演じていないことを知っていたからである。その意味では、殺戮は、先に引用したトドロフの主張が示唆したほど出鱈目ではなかった。つまり、目撃者の体系的な絶滅があったのである。これは、創設期に立ち会った同志だけに当てはまることではなかった。ソ連外からやってきた共産主義者にも同じことが起こった。彼らの多くはドイツ、ハンガリーや他の諸国からソ連へ亡命してきた者であったが、結局、一九三〇年代にスターリンの手で殺されるために来たようなものだった。ルカーチのような生存者は、多くの点から見て例外だった――のちに彼が推測したところでは、自分のモスクワのアパートがそれほど秘密警察の関心をひかなかったために、彼は射殺を免れたのだった。おそらく最も倒錯的だったのは、一九四〇年代に戦争捕虜となって何らかの形で西側を一目見てしまった膨大な数の人びとが、射殺されるか、少なくとも帰国(あるいは、スターリンが固執して、強制的にソ連へ送還させた)後に強制収容所へと送られた件であろう――彼らもまた、ある種の目撃者だったのである。これまで自国の兵士をこのような仕方で扱った国家はなかった。

目撃者が撲滅されねばならなかった一方で、共犯者が創出されねばならなかった。つねにスターリンは、主要な政策決定を指導者間の合意の結果だという風に見せてきた。ときには――カティンの森でのポーランド軍将校の虐殺のように――、彼はその決定の場に居合わせたすべての人に署名をさせた。歴史を創る正しい道を指し示す非人格的カリスマとしての党という論理は、ここにはもはやない。代わって出てきたのは、犯罪集団あるいは血族集団の論理であり、そこではできる限り多くの人びとを巻き込むことが決定的に重要なのである。[130] スターリンが催した悪名高い深夜の宴会は、この奇怪なほどに非公式的な支配方法の象徴であった。そこではすべて――生命を含む、文字通りすべて――が個人的関係に依存していた。ハンナ・アレントがテロルの犯罪を「古めかしいもの」と呼んだとき、[131]彼女はスターリン主義がもっていたマフィアのような性質を何程か捉えていたのである。

スターリンは彼の憲法を「世界一民主的な憲法だ」とほめちぎった．1937年刊の『建設中のソ連邦』中にあるエリ・リシツキーの折り込みポスター．同じ37年のリシツキーの別のポスターには「スターリン憲法はソヴィエト人民の幸福」と書かれていた．ここで想定された「幸福」は1977年に漸く終了した．スターリン憲法はソ連邦の諸憲法のなかで最長の寿命を保ったのである．
(Getty Research Institute, Los Angeles(87-S197))

それゆえ体制の内的ダイナミクスは、主として、攻撃を最大の防御手段として選ぶ緊密なギャングのそれだった。いつも脅かされていると感じ、権力の崩壊よりも自己破壊の危険を冒すことを選んだ指導者にとっては、これが妥当な選択のように見えたのであろう。この指導者はまた、実際に社会で起きていることを見抜くことがますます困難になったとも感じ、それゆえに決定が「実施されたという証明」(と共産党員の「真のアイデンティティ」の確立)の追求に取りつかれてしまった。しかし、真のアイデンティティと「証明された」社会的事実をすべて手に入れることは一層難しかった。なぜなら、テロルが政党と社会を終わりなき大混乱に陥れていたからである。それは恐怖を爆発させ、人民をお互いに攻撃させた。かつてある秘密警察官が説明したように「他の誰かを裏切り者と暴露することで自分が裏切り者ではないと証明するまで、すべての人が裏切り者だった[132]」。このような状況は、現存する最高指導者を利し、直接配下にある指導者たちの活動を(もし殺されなかったとしたら)抑え込んだ。相互信頼が全く欠けているのだから、反対派どころか、反対意見らしきものもまとまることは不可能であった。

しかし、まだ物語は終わらない。テロルのもうひとつの誘因が新しいソヴィエト憲法の導入にあったことは、ほぼ間違いない。憲法は一九三六年に公布された(そして、スターリンによって「世界で唯一の徹底的に民主的な憲法」として絶賛された。一方、ルカーチはその憲法を「理念的、抽象的なブルジョア憲法に比して」万人に「現実的で具体的な保証」を与えるものであり、「不平等な人びとに平等な発展の機会」を与えるものだと称賛した[133])。とくに、その憲法は「人民」についての新しい概念を成文化した。理屈の上では、憲法は広範囲に及ぶ人民の参加によって作り上げられた。すなわち、一九三六年六月に草稿が作成されたのち、それは「公的議論」に附せられ、多数の意見が憲法委員会に送られた。また、ある算定に従えば、五〇〇〇万にのぼるソヴィエト市民が、草稿を議論するために五〇万の会合に参加した。[134] それは、とりわけ労働者階級の間に、ある種の大衆的正統性を生み出そうとする巨大な試みであり、民主主義の名において行われたのである。ただし、そこでは民主主義は、政治的選択の積み重ねの可能性としてではなく、非人格的な政党カリスマへの参与として理解された。スターリンはその点を次のように表現している。

〔反対派〕にとっては、分派を形成する自由と民主主義は不可分に結び付いている。われわれは民主主義をそのようには理解しない。われわれは民主主義を、党大衆の活動と意識の向上として、つまり問題に関する議論だけでなく、労働の指導〔力〕を発揮する場への、党大衆の体系的な参与として理解するのだ。[135]

これは、ルカーチが一九二〇年代初頭に主張したこと――つまり、「真の民主主義」とは、「形式的な自由」ではなく、「連帯の精神のもとで緊密に統合され協力している、ひとつの集合的意志をもったメンバーの活動」であるというもの――と似ていなくもなかった。[136] ただし、いまや民主主義は、もはや「党大衆」には限定されなかった。スターリン自身が一九二〇年代半ばに論じていたように、「何百万人もの非党員労働者と農民大衆を包括する自治組織、委員会、協議会から成る、巨大な蟻塚が生まれた――この蟻塚こそ、毎日の目立たない、取るに足りない静かな労働を通じて、ソヴィエト国家の強さの源泉を創造しているのだ」[137]。別の言い方をすれば、第一に党への参加を通して、それからより広範に国家に参加することで、全く新しい人民――ソヴィエト人民――が創造されつつあった。

このような新しい「人民」概念の一部として、選挙制度が間接選挙から直接選挙に変更された。労働者を優先する不平等な選挙権と差別的待遇は廃止され、それによって都市の有権者と勤労階級の有権者の制度的優位を終わらせた[138]。一九三〇年代半ばには、「階級対立」はソ連からほとんど姿を消したと見なされた。「人民」と、「プロレタリア独裁の社会から国家なき社会へ」の移行という従来の公式目標とが成立する前提条件は、古い社会が粉砕されていることであった[139]。いまや全く新しい人民――ソヴィエト人民《ソヴィエツキー・ナロード》――と全く新しい愛国主義――ソヴィエト愛国主義――が、社会主義を、そして最終的には共産主義を実現するために創り出されねばならなかった[140]。ハンナ・アレントが観察したところでは、「人間がお互い敵対するよう圧迫することで、全体主義のテロルは人間の間の空間を破壊する」。しかし、人間が一緒になるよう圧迫された理由の一端は、レーニンの教説ではつねにエリートにとどまるとされた「党員大衆」を超えて、全く新しい人民を創造しようと試みた点にあった。

階級をめぐるすべての言語は、「新しいソヴィエト的人間」の徳を強調するために弱められるようになった。「新しいソヴィエト的人間」は、理想的には社会主義を打ち立てる無限のエネルギーをもった「特別作業隊」であり、高度に教育されているとされた[141]。しかし、ソ連に残っているのは「労働者、農民、知識人」だけだというスターリンの告白は、自らの指導的な熟練工《プラクティク》としての自信のほどを示していた。一九三〇年代初頭の時点では、彼はまだ「社会主義的な合法性」の方向に押しやられることに抵抗し、単なる「行政の長」に降格させられることを恐れていた[142]。

このときまでスターリンは、「階級の廃止は、階級闘争の消滅によってではなく、その激化によって達成される……ソヴィエト国家の権力の増大は、最後まで残った瀕死の階級の抵抗を強めることになるのを忘れてはならない[143]」とつねに主張してきた。この実践原則は、しばしばスターリンによる政治思想への主な——あるいは唯一の——貢献と見なされるようになった。すなわち、社会主義が近づくにつれて階級闘争はますます激化し、その過程で国家は衰えるのではなく、実際にはより強力になる必要がある、というものである。一九三三年にスターリンは次のように説明していた。「国家の死滅は、国家権力の弱体化ではなく、その最大限の強化を通して生じる。それは瀕死の階級の基礎を全滅させ、資本主義者による包囲に対して防衛を組織するために必要である[144]」。彼が、社会主義は一国で可能だ(そして進展していく)という実践原則に固執するなかで、国が敵に包囲されたままであるという事実が、さらにテロルを正当化した。彼の反対者ブハーリン——一九三八年三月にスターリンの子分によって射殺された——は、このような思想がもっている特異な論理を暴きだしている。

この奇妙な理論は、階級闘争が激化しつつあるという現実を、われわれの発展に不可避的なある種の法則にまで格上げしている。この奇妙な理論によれば、われわれが先頭になって社会主義へと向かって進んで行けば行くほど、ますます困難が積み重なり、階級闘争も激しくなっていくようだ。その結果、社会主義を目前にして、われわれは内乱を始めるか、あるいは飢え死にし、われわれの死体を横たえることになるだろう。[145]

ソ連内外の多くの同時代人の目に、この理論がそれほど奇妙なものに映らなかったのは、社会主義の敵がまさにこの「偉大な実験」に対して最終攻撃の準備をしていたように見えたからである。一九三〇年代において(そしてその後も)、ファシズムの興隆ほど、スターリンを正当化するものはなかった。とりわけドイツにおけるヒトラーの勝利は、歴史が最後の弁証法的激突に向かっているという考え方に信憑性を与えたのである。[146]

このように、資本主義世界に対する恐怖、テロル、憲法の制定、そして「人民」概念の新たな振興は、一九三六年および一九三七年に同時に生じた。もはやソ連は、とくにプロレタリア社会として自らを提示することはなかった。むしろ、社会主義は「人民内部から生長する、真の人民的体制」として理解されるべきであった。[147] しかし、潜在的な「人民の権力」もまた、リスクを抱えていた。直接選挙が初めて告知されたとき、党は次のことに気づいて愕然とした。党から除名された一五〇万の人民は、公認候補に対抗する候補者の巨大な貯留槽の役割を果たしうるのである。[148] こうして、粛清の推進はまた、異議と「逸脱」の可能性をもたない人民を形成する試みとなり、作られたものは、不一致(と不確実性)が決定的に取り除かれた、名目上の「民主主義」であった。

結局、指導者たちは、人民を形成しようとする自らの力に自信がもてなかったのだろう。土壇場になって党は、投票名簿に載せられるのは事前承認した候補者(主に党員だったが、多少の非党員もいた)だけと決めた。[149] それでも体制は、憲法が「人民」によって承認されたと喧伝した。それは一九七七年まで施行され、結果的には最も長く続いたソヴィエト憲法であった。

しかしながら、指導者たちは、テロルが体制への忠誠を自動的に危険に晒すことはないということを、時とともに確信するようになった。スターリンの部下が彼の知らない間にテロを始めていたと信じるほどナイーヴではなかった犠牲者たちでさえ、ソヴィエト臣民としての自らのアイデンティティに疑問をもつことはなかった。エヴゲーニャ・ギンズブルグは、テロルが始まって数か月後(そしてやがてくるはるかに長い苦難の前)である一九三七年の終わりでも、まだ次のように考えることができた。

われわれは自問自答した――われわれに起こったすべてのことのあとでさえ、われわれは、われわれの心臓と同じくらいわれわれの一部であり、呼吸と同じくらいわれわれにとって自然なものであるソヴィエト体制以外の何かに賛成票を投じるだろうか。わたしが世界のなかで保持しているすべてのもの――わたしが読んだ多数の書物、わたしの若いころの記憶、そしていまわたしが屈服すまいと努めているこの忍耐力――これらすべてをソヴィエト体制が、そしてわたしが子供だったころにわたしの世界を変えた革命が、わたしに与えてくれたのである。[150]

大テロルから直接的に影響を受けた者たちのなかには、自分たちがすでにあまりに多くの体制の規範や解釈を内面化してしまったのではないかと自問する者もいた。ナジェージダ・マンデリシュタームは、迫害と、彼の夫であり詩人のオシップ・マンデリシュタームの強制労働収容所《グラーグ》における死を耐え忍びながら、自分自身についてこう述べた。「われわれの体制は厳しく残酷だったが、それが生活だったと感じていた。また、強力な体制は、たとえ活動していなくとも、復活の恐れのある公然の反対者を容認できなかった。わたしは公式のプロパガンダに簡単には取り込まれなかったが、彼らの野蛮な正義の理念をいくらか鵜呑みにしていた」[151]。おそらく最も驚くべきは、ブハーリンが自分の裁判で――拷問のもと、いくつかの奇想天外な「反革命的犯罪」を告白しながら――、ボリシェヴィズムによる歴史についての固有の解釈と、なお連携しようとしていた証拠が存在することである。彼は自分の思考が、主観的にはそうでないにせよ、客観的には反逆を構成したことを認めたようである。裁判を待つ獄中での一二か月の間、集中して学んだあとで（驚くべきことに、そのとき彼は非人間的な状況のなかで、社会主義文化に関する一冊の本、弁証法に関する一本の論文、一冊の回顧録、さらには何遍もの詩を書いた）、彼は次のように訴えた。

> 社会主義の祖国は、世界史における最も偉大な勝利に向けて、闘争場へと英雄的行進を開始した。われわれの国のなかでは、広汎な社会主義的民主主義がスターリン憲法に基づいて登場しつつあ

る。偉大で創造的かつ実り豊かな生活が開花している。できる限りこれに参与するために、監獄の鉄格子の背後であっても、チャンスを与えて欲しい。お願いですから、少なくとも、この生活にほんの少し貢献させて頂きたい！　新しい、第二のブハーリンを育てさせて頂きたい……この新しい人間は、死んだ者の完全なアンチテーゼであるだろう。彼はすでに生まれていたのだ。[152]

スターリン主義は、個人崇拝である。これには異論がない。このような崇拝を創り出そうとした二〇世紀の指導者はスターリンだけではなかった。しかし、明確なカリスマでもなかったし、自ら指導した国のなかで本当の意味での存在感さえなかったという点で、彼は特別だった。ヒトラーはつねに国のあちこちを移動し、実際に自らの民族共同体との疑似的な神秘的合一を信じた。それに比べて、スターリンは隠遁者だったし、有名なモスクワ観閲行進の間でさえ「大衆」から距離を取った人物であった。彼は、自分の秘密警察に拳銃をもたずに行進するよう強要し、あらかじめ録音された喝采に耳を傾けた。ヒトラーは絶えず話していたのに対して、スターリンは押し黙ったまま、パイプを吸いながら、もっぱら他人を観察するだけだった。事実、ほとんどのロシア人は、一九四一年にナチ・ドイツとの戦争が始まって二週間が経つまで、スターリンの声を耳にしたことがなかった。彼が「兄弟姉妹、わたしはわが友人であるあなたたちにお願いする[153]」と語り始めたとき、自分たちの指導者の声がこんなに弱々しく聞こえたことにロシア人は驚いた。ヒトラーは純粋なカリスマ的正統性を足場にした。スターリンには人格的存在感はなかったが、どちらかといえばイコンであったし、あるいは彼が自分の息子に語ったように、象徴、または「ソヴィエト権力」という理念だった。そして、これはソ連邦内部だけの話ではなかった。ユーゴスラヴィアの共産主義者ミロヴァン・ジラスの言葉を借りれば、スターリンは「理念の受肉」となったし、「共産主義者たちの心のなかでは純粋な理念、それゆえに無謬にして無原罪なものに変貌した。スターリンとは、今日は勝利を収める戦いであり、明日は人類の兄弟愛だった」[154]。これは、自分の演説のあとで自らに拍手を送るスターリンの奇妙な習慣を説明する——彼は自らの人格ではなく、理念に敬意を払っていたのであり、それは総統［ヒトラー］にとっては思いもつかぬやり方だった[155]。

スターリンは第二次世界大戦中に純粋な愛国主義《パトリオティズム》を動員したが、それは彼自身のイデオロギーと一致したものではなかった。「ソヴィエト権力」ではなく、ロシア正教とロシア・ナショナリズムが決め手となったし、スターリンはいまやソヴィエトの指導者というよりも、「祖国の統一者」として称賛された。若き「コーバ」［「スターリン」の前の彼の変名］は自らのナショナリズム概念を展開していたが、それは実質的にはオーストロ・マルクス主義の影響を受けて、民族《ネイション》を保護に値する「文化共同体」と見るものであった(それは「内容においては社会主義的であり、形式においては民族的な、民族文化の開花[156]」という有名な一九三〇年の決まり文句に行き着いた)。しかし、皮肉なことに、彼の真のイデオロギー的野心——国家への全体的統一——は、レーニンや自身がかつて「大ロシアへの盲目的愛国主義《ショーヴィニズム》[157]」と嘲笑したものを通じて、達成されたのであった。

ファシズムに対する勝利こそが、たとえそれがほとんどマルクス主義に負っていなかったにせよ、ソ連全体の歴史のなかで他に比べようのないほど、体制の正統性根拠となった。外側から見た場合もそうであった。シモーヌ・ド・ボーヴォワールは、戦後の時代について次のように書いた。「ソ連邦に対するわれわれの友情は無条件のものだった。ロシア人民の犠牲は、その指導者が人民の真の願望を具体化していたことを証明した[158]」。

ナチズムとは異なり、スターリン主義は輸出可能であることがわかった。一九四五年以降の中・東欧で用いることができた――個人としてのスターリンとは無関係の――雛型だった。そのなかには強制収容所、粛清、見世物裁判(そこで検察官はすべての判決を一九三〇年代ソヴィエトの訴訟手続きから盗用した)が含まれていた。個人崇拝もまた助長されたけれども、およそカリスマ性を欠いた人物が重視された。その非カリスマ的人物は、スターリンと同様に表には出ず、深夜まで人民に奉仕している官僚というイメージと合致していた[159]。その[中・東欧の]体制には、社会全体を原子化しようとする試みだけでなく、強制的工業化も含まれていた。それは大規模なテロルというよりも、むしろ個別のテロルを(そしてまた、古典的スターリン主義の魂の再操作も)ともなった。そのうえ、暫くの間はすべてが順調にいっているように見えた――それが明らかに機能しなくなってから、ほとんどの体制は、少なくとも最小限の支持が消費財と交換されるような、暗黙の社会契約に路線を変更した。

一九八九年まで、つまりスターリンと少なくともいくつかの彼の犯罪がその後継者によって非難された後も長い間、スターリン主義と呼べる特徴をもち、実際にスターリン主義をモデルにしたと公言する諸国が存在した。一九六〇年代半ばから社会主義ルーマニアの指導者だったニコラエ・チャウシエスクは、ポスト・スターリン主義的ソ連邦とスターリン主義との間で選択を迫られた。彼は後者を選び、ワルシャワ条約からは脱退しなかったけれども、モスクワと注意深く距離を取った[160]。自称「指導者《コンドゥカトール》」は、一九八八年の『ニューズウィーク』のインタビューで、スターリンの正しさは歴史によって証明されたと主張している。また、彼は北朝鮮からも刺激を受けているとも告白した。彼はスターリンと北朝鮮から真剣に受け継いだ点を次のような例で示した。重工業の重視と、社会のゼロからの完全な再構築——とくに、伝統的な村落や都市近郊を大規模に破壊し、その後に新築の、しかし完全に機能不全に陥っている集合住宅へと人民を移動させる大がかりな再定住である。スターリンのように、チャウシェスクは内外の敵によって国が脅かされているという感覚を掻き立て、体制に一定の支持を調達するためにナショナリズムを効果的に利用した。ルーマニアの高級官僚が西側の外交官に向かって述べたところでは、「独立こそが、われわれの正統性」であった[161]。

チャウシェスクは、「大きいことはよいこと」という美意識に則り、このような政治スタイル全体を飾る耐久性のある記念建造物を築いた——とくにブカレストの共和国宮殿は、いまなお世界最大の文民行政の建築物である(また、それはすべてルーマニア産の材料で造られなければならなかった[162])。「舵取り」をもうひとつの自称とするチャウシェスクへの個人崇拝は際限がなかったし、劣等コンプレックスもまた限りがなかった。たとえば、五年ごとに『賛辞《オマージウ》』と題する一巻本が、「指導者《コンドゥカトール》」の美点と業績を称賛する世界の指導者からの引用文付きで出版された。イデオロギーと概念の産出も、ますますビザンチン的(でしばしば単に風変わり)な体制の独創性らしきものを正統化するために、負けずに動員された。すなわち、再定住は、いわゆる「多面的に発展した社会主義社会」における「体系化」という表現に変わった——表の意味も隠された意味もない文句である。

ある意味において、チャウシェスクの支配はスターリン主義以上に個人専制と言えた。一九八九年、彼は自分の「個人的趣味」は「ルーマニアにおける社会主義の建設」だという馬鹿げた主張をした。妻のエレナは彼と一緒に国を治め、自分が偉大な化学者であると人民に信じ込ませることで頭がいっぱいになっていた（訪問国すべてで、彼女は名誉学位を要求した）。チャウシェスク夫妻は、実際に息子の一人を後継者に指名し、「一家族社会主義」と軽蔑的に語られるようになった。こうしたすべては、むしろ専制の伝統的形式に一層近かった——そこでは、マルクスの言葉を使えば、国家は「唯一人の個人の私的気まぐれ以外の何ものでも」なかったのである。[163] 一九八九年末の指導者夫妻に対する残酷で復讐心に燃えた処刑もまた、伝統的な暴君殺害に似ていた。

ところで、スターリン主義を残忍なツァーリ専制体制の二〇世紀版とする見方は、座りがよさそうだが、大きな誤解を招く恐れがある。それは間違いなく全体主義的だった。それは、スターリンの国家が実際にソヴィエト市民に全体的要求を行うことに成功したからではない——人民を全面的に再形成し、同質化しようとする野心がそこにあったという点が重要であり、その野心に役立つ実際の制度的・心理的メカニズムの多くが導入されたからである。国家と社会の全体的溶解（スターリンが国家と大衆の融合と名付けたもの）、すべての社会的対立の終焉、もはやどんな行動をしても抵抗に遭わないひとつの人格へあらゆる社会的権力が吸収されること——アレクサンドル・ソルジェニーツィンにならってフランスの哲学者クロード・ルフォールが述べた「エゴクラット」――これらが、全体主義的なソヴィエト的理想の特質だった[164]。

要するにスターリン主義は、単に病的な性格《パーソナリティ》の問題ではなく、それ自体の政治的ロジックをもつ、ひとつの体制になったのである。しかし、それを設計した一冊の著書というものもなければ、それを練り上げたひとりのイデオローグというものもいない。教義の洗練（および内輪の理論闘争）に取りつかれた政治思想の一系統《ファミリー》から生じたという事実にもかかわらず、スターリン主義はひとつの青写真に基づいたものとしても、あるいは真の理論的自己正当化を生み出したものとしても、理解することは不可能だった。ナチズムは、洗練されたものとは到底言えない哲学的背景から生まれたが、その最も非人間的な局面であっても、きわめて明確な主張を提示していた。スターリン主義には、そのような理論はなかった。あったのはさまざまな解釈だけだったのである。

第3章

ファシストの主体

——全体国家と民族共同体

……国民社会主義は自らの政治理論をもたない。……用いる用いないはともかく、そのイデオロギーは、支配の奥義（*arcana dominationis*）、あるいは統治の技術を越えるものではない。

——フランツ・ノイマン『ビヒモス』、一九四二年(1)

構想や理念というものは、ある段階まで発展した後は、権力の技術的道具によって破壊されうるのみである。この物理的道具が、同時に、新しく燃え上がる思想、理念、あるいは哲学を支持することにもなるだろう。その点は、偽りか真実かどうかにかかわらず、明確な精神的基礎に基づく運動についても同様である。

——ヒトラー(2)

国民社会主義は、最大限の科学的知識とその精神的表現に基づいた、現実に対する立派で高度に理性的なアプローチである……。国民社会主義運動はカルトの運動などではなく、むしろ、人種主義の本質そのものに対する熟考から導き出された民族至上主義的（*völkisch*）で政治的な哲学なのである。

——ヒトラー(3)

国民社会主義は、応用生物学に過ぎない。

——ルドルフ・ヘス(4)

われわれにとって、イタリアの民主主義は、足枷や重荷から脱するために、自由を必要とする人間の身体である……。

――「未来派の民主主義」、一九一九年(『未来派とファシズム』に再掲、一九二四年)(5)

行動する男たちはみな、必然的な結末として破局へと向かう。このオーラとともに、彼らは自らのために、そして他人のために、生き、死ぬ。

――ムッソリーニ、一九三九年(6)

ヒトラーとムッソリーニの体制が崩壊して数十年が経過したにもかかわらず、ファシズムについて一般的に合意された理論的説明は――あるいは定義だけで考えたとしても――いまだに存在しない。ファシズムは厳密に限定された歴史上の用語であり、一九二二年から四五年の間にイタリア人のもとで生じた(あるいは、イタリア人によって引き起こされた)ものに過ぎないのか、それとも普遍的な現象なのか、この点についても共通了解は存在しない。研究者が重箱の隅をつつくような議論をした結果、こうなったのではない。ファシズムをめぐる議論の混乱それ自体が、ファシズムの特徴そのものを示しているように思われる。レトリックに限れば、ファシズムは「理性」に対抗し、意志、直観、感情を賛美するものである。それは、感じることはできるが、定義できないものとされてきた。

ファシズムの観察者たちは、長年にわたり、ファシズムを単に低俗なイデオロギーと見なすか、せいぜい偏見とナショナリストの決まり文句を集めた程度のものと見てきた。基本的な経典と見なされうる書物——アードルフ・ヒトラーの『我が闘争』——ですら、歴史家は「オーストリアのカフェやドイツのビアホールでの会話から書き起こされたドグマ」[7]として片付けてきた。指導者自身の発言も参考にはならない。「ファシズムとは何か」と問われたムッソリーニは、独特の慎ましさをもって「わたしがファシズムである」と答えている(これに対し、彼のライヴァルであった別のファシスト指導者は「ファシズムは一人の人間に帰するものではなく理念である」と反論した)[8]。そうした馬鹿げた話はおいても、ファシズムが初発から特定の国民を中心に据え、国民特有の神話や価値に依拠したという事実は残る。ファシズムは輸出するものではないというムッソリーニの一九三二年の発言は、この点から説明できるだろう[9]。

実際には、公式のファシストの教義は最終的にムッソリーニによって定式化され、その輸出も合法と宣言された。しかし、ファシストたちも理論的な弱さという点は自覚していたようだ。あるルーマニアのファシスト集団のリーダーは「わが国に不足しているのは人材であって、綱領ではない」と主張している[10]。スターリン主義のもとでは、難解な理論上の不一致は文字通り生死を分ける問題となりえた。ところがヒトラーとムッソリーニは、教義上の純粋さをほとんど気にかけなかった(ヒトラーの場合、人種的純粋さのみが問題とされた)。ただし、国民社会主義者はドイツでひとたび権力を握ると、自分たちの初期の主張がきわめて反資本主義的であったことに気づき、以前の綱領の引用を禁止した。[11]

とはいえ、理論上の明らかな弱さにもかかわらず、ファシズムは二〇世紀におけるイデオロギー上の主要な革新の一つであった。もしわれわれが、洗練された哲学上のテキストを生み出せたかどうかではなく、理念と感情を融合し、権力行使のための新しい公的正当化の手段を生み出せたかどうかで革新の度合いを測るとすれば、なおさらそう言える。ファシズムのルーツが一九世紀末にあるのは事実だとしても、ひとつの政治信念の体系としてのファシズム――実際のところ、「安物のイデオロギー」という捉え方に反して、きわめて精緻であり、内的に一貫したものであった――は、第一次世界大戦中および大戦後に初めて現実のものとなった。独学者のヒトラーは明確に知識人を嫌っていたし、ムッソリーニと異なり、教義を発展させることに関心すら見せようとしなかったが、それにもかかわらず、純粋に道具としてもっぱらご都合主義的に理念を用いたわけでもなかった。ヒトラーは、自らの思想(彼が提案した政策は言うまでもなく)の一貫性についてつねに気にしているわけではなかったが、権力の獲得につながると判断すればどんな理念でも取り入れたというわけでもない。彼は実際、自分こそが理論家と政治家を一人の人格に体現した類い希なる人物、すなわち「理念の執行者」であると繰り返し主張していた。[12] 彼の世界観《ヴェルトアンシャウウング》に基づく基本的な教えは、数十年にわたって変わらなかった。ソヴィエトの思想家たちが、権力政治の予測不能な変化に合わせて教義を変えるのに恐怖を抱かざるをえなかったのと対照的に、ナチの理論家たちは、そのような恐怖感なしにヒトラーの世界観を発展させることさえできた。まさにそうした理由から、ソヴィエトが行ったような規模での党の粛清をナチスは行わなかった。むしろファシストたちが恐れたのは、自分たちの理念が歴史によって誤りと証明されるかもしれないという点だった。彼らにとっての真実は、政治行動が成功するかどうか、権力を取れるかどうかという点にあった。イタリアのファシストが述べたように、「あるイデオロギーが真実かどうかは、理念と行動についてのわれわれの能力を実際に発揮できるかどうかにかかっている」のであった[13]。

とりわけ重要なのは、ファシストによる統治は、戦間期のヨーロッパで隆盛を極めた右翼権威主義体制のそれとは同一ではなかったことである。ただし、国民社会主義はファシズムの一形態であったが、イタリアのオリジナル版とは質的に異なっていることから、国民社会主義については本章の後半で別途扱うことにしたい。いずれにせよ、ここで最も重要なのは、ファシズムは、まさに大衆民主主義の時代に対応して現れたものであったという点である。それは、自由主義的議会主義(ナチスが「体制《システム》」として拒否したもの)と社会主義の双方を心底から嫌悪していた多くのヨーロッパの政治思想家たちが、信頼できるものとして見出した代替物であった。そして、非常に多くの市民もまた、これを信頼できるものと見たのである。

ソレルの神話

ナチ宣伝相のヨーゼフ・ゲッベルスは、一九三三年におけるヒトラーの権力掌握の際、「一七八九年という年は、これによって歴史から抹消される」と述べた(14)。この短い発言のなかに、多くの真実が含まれている。啓蒙主義が支持するすべての事柄、すなわち、人類がともに理性を働かせることによって真実を見出しうること、人類が社会契約を通して相互に同等の権利と自由を付与しうること、理性と進歩が不可分に結び付いていること、そうしたことの文字通りすべてに対して、ファシズムは反対したのである。そのため、ファシストは理論嫌《ミソロジスト》い、つまり理性を憎悪する者たちと呼ばれるようになった。

　とはいえ、これがファシストを特徴づける中心的特徴というわけではなかった。一九世紀においても、理性の力について懐疑的な哲学者や政治家はたくさんいたが、彼らは保守主義者と見なしうる、あるいは、そう自任した者たちであった。ファシズムは、保守主義者のように歴史的変化に注意深く対応し、それを安全なものにしようとするのではなく、行動的であろうとし、国民を動員し、歴史を支配しようとする点で異なっていた。ファシズムは、革命に対して敵愾心をもつのではなく、それどころか、自らを革命であると、とりわけ不満を抱く若者の革命であると称したのである。

　動員せよという要請はどこから導き出されたのだろうか。ムッソリーニが言ったことの大半は額面通り受け取るわけにはいかないが、統領《ドゥーチェ》、すなわち彼本人が、お気に入りの同時代の政治思想家ジョルジュ・ソレルからそのような考え方を借用したという点は、ありそうな話である。「わたしがわたしでいられるのは、ソレルのおかげである」とムッソリーニは断言したが、一方のソレルはすでに一九一二年の段階で以下のように述べていた。「われらのムッソリーニは、よくあるタイプの社会主義者ではない。信じてほしいのだが、いつの日か彼が聖なる大部隊を率い、剣を携えてイタリア国旗に敬礼するのを見るだろう。彼は一五世紀のイタリア人、つまり傭兵隊長《コンドッティエーレ》なのだ[15]」。

ソレルは最も分類しにくい二〇世紀の政治思想家の一人に違いない。彼は、まず保守主義者のように見えるが、オーソドックスな社会主義者のようにも、革命的サンディカリストのようにも、ナショナリストのようにも見える(また、それらのはざまで若干の別の側面も見られる)。彼の最終的なイデオロギーの具現は、レーニンを賛美するボリシェヴィキであったように思われる。歴史的に最も有名な裁判のひとつ、つまりドレフュス裁判において、当初ソレルはドレフュス擁護派であり、誤って反逆の罪で告訴されたフランス軍大尉を支持していたのだが、のちにはドレフュス擁護派をフランス第三共和政の政治的支配層《エスタブリッシュメント》の一部とし、議会政治から利益を得ることに最大の関心をもつ偽善者の類いと嘲笑した。ソレルの人生において唯一首尾一貫していたのは、つねに忠誠の対象を変えていたことだと思われる。味方と敵の双方が、彼の思想の一貫性のなさに疑問を呈していたほどである。だが、一九二〇年代および三〇年代において、ソレルの理念が最も高い重要性を有していたという点においては、誰もが一致できたのではないか。イギリスでは数少ない真正ファシストの一人であった著述家のウィンダム・ルイスは、著書『被統治の技法』において「ジョルジュ・ソレルは同時代のすべての政治思想を理解するうえでの鍵である[16]」と述べた。イタリアの保守自由主義者ベネデット・クローチェは、ソレルのことを、マルクス本人を除いて唯一オリジナルなマルクス主義思想家であったと褒め称えた。グラムシもソレルを高く評価しており、マキアヴェッリ君主論の近代版として、大衆政党に関する構想を「集団的個人」、さらには「集団的知識人」へと発展させていくうえでソレルの理論を利用した。ジェルジ・ルカーチは、自らの初期のロマン主義的反資本主義がソレルに影響されていたことを認めている。しかしながら、晩年のソレルがレーニンに敬意を表したにもかかわらず、レーニンはそれに応えず、このフランス人を悪名高き間抜け、あるいは「混乱を勧める顧問官」として切り捨てた(17)。

ソレルはおよそ体系的な思想家ではなかった。彼自身、自分の記述スタイルが混乱し、人びとを激高させさえするものであること、そして自らの思想に欠落が多いことを知りながら、直すつもりもなかった。最も影響力を有した著作『暴力論』において、彼は以下のように指摘している。

わたしは教授でも、知識を広める啓蒙家でも、ましてや政党指導者になるような人間でもない。わたしは独学者に過ぎないのであって、自分自身の学習のために作ったノートを他の人びとに示しているだけである。……わたしが読者に提供しているのは、これまで共通了解として構築されてきた事柄による束縛を打ち破ろうと絶え間なく尽力してきた、自らの精神的な努力の営みである。ただし、それはあくまでわたし自身の個人的な営みである。わたしがノートに書き記す価値があると判断した唯一の事柄は、わたし自身が他の場所では見たことがなかったものである。わたしは過渡的な事柄についてはためらうことなく省略したが、それは大抵の場合ありきたりの部類に属するものだからである(18)。

換言すれば、ソレルは書くものすべてについて徹底的に独創的であろうとした。彼は、「自分が知りたいと思ったことについて教えてくれる人は誰もいなかった」。それゆえ、自らの手ですべてを解決しなければならなかった。ただし、何らかの体系を構築することを彼は拒否したので、自身が生み出した体系の信奉者にはならず、日々イデオロギー的に自らを再創造することができた[19]。多くの独学者と同様、彼はアウトサイダーであり続けた。大学の哲学者たちに激しい嫌悪感をもち、彼らは彼らでソレルをまともに相手にしなかった[20]。

知的には大胆であったかもしれないが、反エスタブリッシュメントを自任していたこの男の人生は、ありきたりそのものであった。一八四七年、彼はシェルブールでブルジョアの両親の元に生まれた。友人であったシャルル・ペギーなら「古いフランス」と呼んだであろう地域、すなわち伝統的なカトリック地域の出身だった[21]。彼は、フランスを代表する自然科学系高等教育機関であるパリのエコール・ポリテクニークで学び、公共事業省の技師となった。そして、第三共和国に仕える数多の地味な地方官吏の一人として質素な生活を送った。一八七五年にリヨンで病を患った際、彼は看病に当たった使用人といくぶん変わった関係となった。彼女は献身的で、読み書きのあまりできないカトリック教徒であり、ソレルは回復後、この使用人と所帯をもった。彼はこの女性を純粋さの象徴として偶像化し、彼女を教え、彼女の死後も生涯にわたってその記憶を大切にした。実際、彼のすべての著作は彼女への追悼として書かれている。とはいえ、ソレルはこのマリー・ダヴィドを教えたというだけには留まらなかった。彼もまた、彼女から学んだのである。革命的マルクス主義者だったときでさえ、彼は伝統的に右派によって代表されてきた価値、すなわち、名誉、家族の尊厳、宗教的経験の聖性といったものを支持した。技師長の職位を得たのち、一八九二年に引退するにあたり、フランス国家は彼に対してレジオン・ドヌール勲章シュヴァリエ五等章の赤いリボンを授与した。フランス国家の破壊を執拗に訴えていたはずのこの男、すなわちソレルは、一九二二年の最晩年にいたるまでそのリボンを身につけていた。

引退するまでに、ソレルはすでに数多くの論文と二冊の著書を公にしていた。著書の一つは聖書についての研究、もう一つはソクラテスの裁判についての話だった（裁判結果に彼自身は納得していた）。彼はパリの静かな郊外に住み、母親が残したささやかな遺産で生活していた。週に一度、彼は路面電車でパリ中心部に赴き、国立図書館で読書し、ソルボンヌ界隈の小さな書店で友人たち（および近くにいる見知らぬ人びと）と熱心に語り合った。マルクスが比較的あまり知られていなかった当時のフランスにおいて、ソレルはマルクス主義の政治評論家的な存在として急速に頭角を現した。『暴力論』を執筆したとき、彼は五八歳であり、何か特別な存在として評価されるようになっていた。友人たちは、彼のことを愛情を込めて「ソレルおやじ《ペール》」と呼んだ(22)。

ソレルが書いたものの多くは、本書ですでに触れた深い「マルクス主義の危機」、すなわち、一方では教条的で決定論的な科学的社会主義、他方では自由主義的議会主義を受け入れる素地のある実際的な修正主義、これら二つの立場の分極化に応答するものであった。この議論に対するソレルの顕著な貢献というのは、以下のとおりである。一九世紀末のマルクス主義に見られる唯物論および合理主義のすべてを、彼は批判した。そして彼は、人びとを英雄的に行動させ、道徳の再生をもたらすべく、教義を「社会的詩歌」の形態へと改鋳しようとした。理論としては、彼はエドゥアルト・ベルンシュタインによる「目標だけでは無であり、運動がすべてである」という格言に同意していたように見える。ただし、ベルンシュタインにとっては、それは革命という目標ではなく合法的手段によって漸進的改革を目指すべきだという主張であり、その際、労働者の福祉と民主主義に参加する権利とがすぐに達成すべき目標とされた。それに対しソレルは、こうした改良主義を、プロレタリアートのプチブルジョア化をもたらすものとして軽蔑するばかりであった。彼の言う「運動がすべて」とは、しばしば暴力を伴うような激しい闘争がすべてという意味であった。

ソレルは、ヴィーコに関心をもつ数少ない一九世紀思想家の一人であった。ヴィーコは、人間自身が、「人工的自然」と彼が呼んだ歴史を構築するのであり、それがゆえに人間は歴史を理解できるのだと主張した。ヴェーバーやその他の二〇世紀初頭の社会理論家たちにとっては、ヴィーコのこうした基本的な見識はもはや正しくなかった。人類は、自らが創り出したにもかかわらず、いまや自分たち自身の営みを厳然と支配する非人格的な力について、今では理解できないのであった。それは、ヴェーバーが鋼鉄の容器と呼び、ジンメルが文化の悲劇として嘆いた事態であった。ソレルは、こうした診断に全く与《くみ》しなかった。彼は依然として、人類を主たる創造者と理解するヴィーコに賛同していたのである。[23] 問題は、いかなる条件下でこの創造性——および、ソレルによれば人類が依然として担いうる道徳的偉大さ——が最もよく実現されるのかという点であった。

ソレルが一八九〇年代にマルクス主義に傾倒した際、かなりの程度折衷的な、場合によっては矛盾するような思想の混合を行う術を、彼はすでに身につけていた。彼によれば、もし人類が正当にも創造者になるべきだとすれば、そして、最終段階においてもっぱら闘争のなかで徳が形成されるとすれば、プロレタリアートこそが唯一の創造的な階級なのであった。ただプロレタリアートのみが、自らを殉教と英雄的行為へと向かわせる共通意識を有していた。なぜならプロレタリアートはすでに、彼ら自身が扱っている物に対して、そしてもちろん彼らの雇用主に対して、絶え間ない闘争に従事しているからであった。しかし、プロレタリアートを最高の人間的価値を担いうる存在として見るということは、裏返せば、いかなる妥協も——あるいは労働者の福祉のいかなる実際的な改善すらも——拒否されるべきだという見解につながっていた。

このことは、マルクス主義がそもそも科学的真理にかかわる問題ではないということも意味していた。ソレルの見るところ、人類を道徳的に再生させうる唯一の人的集団によるイデオロギー的表現として、マルクス主義は実践的な意味での真実であった。そして、この人的集団がプロレタリアートとなったのは偶然にすぎなかった。ソレルとしては次のように言うことも全く問題なかった。異なる時代においては、初期キリスト教のように根本的に異なるイデオロギーがこれと同じ機能を果たしたのであり、それゆえに支持に値したのだと。その意味において、実は理論としてのマルクス主義が問題なのではなかった。闘争のなかで道徳的偉大さを生み出せるとあれば、ソレルはいかなるイデオロギーにも容易に乗り換えることができたのである。

ソレルは、ヴェーバーが描写した信条の政治家（あるいは、この場合は政治理論家）についての構図にぴったり合致する存在だった。実際にヴェーバー自身、アナルコ・サンディカリズム――ソレルが『暴力論』を書いていた頃に属していた左翼の潮流――が当時最も革命的な運動であると認識していた。ヴェーバーは、「将来において「達成しうる」目標を全くもたらさない場合であっても正当化されるのは、知的ロマン派や……節操のない労働者の……無益な気まぐれか、さもなければ、信条の宗教」であると分析していたのである。(24)

安楽と余暇を備えた未来が「達成できる」ことなど、ソレルは欲していなかった。彼は、人類があくまで闘争に駆り立てられることを望んだ。それゆえに、ソレルは階級戦争の理念をマルクス主義の中心に据えたのである。それは、ブルジョア民主主義との妥協を主張する者から、どんな犠牲を払ってでも守らねばならない理念であった。より具体的には、彼は自身が政治的ストと呼ぶものとゼネストを区別した。政治的ストは物質的利益とより良い労働条件を目的とする。すでに相応の地位を持つ労働者階級のリーダーにとって、それには「政治家たちの尊い命を概して危険に晒さない(25)」という長所がある。それに対してゼネストは、革命家と既存秩序との最終的な、ほとんど黙示録的な対立を呼び起こす。ソレルは、対立における実際の結果よりも英雄的行為が重要であるという驚くべき一節すら書いている。「たとえゼネストの理念が社会主義者の概念をより英雄的にするという帰結しかもたらさないとしても、まさにそれゆえに、それは計り知れない価値をもつものと見なされなければならない」。また、「休むことなく永遠に歩むことを運命づけられた彷徨《さまよ》えるユダヤ人は、人類が目指すべき最高のシンボルと捉えるべきかもしれない」と考えた友人のダニエル・アレヴィに対し、ソレルが同意したことも決して驚くべきことではなかった(26)。

ソレルは、最も強い影響を及ぼすことになる自らの理念を説明するにあたり、暴力への道を歩もうとするプロレタリアートは、彼が社会的神話と呼ぶものによって支えられるはずだと主張した。神話とは、ソレルが「精神的営みのより深い領域」と呼ぶもの、すなわち直観と感情の中枢へと接続する、不可分な感情の総体であった。したがって、それらは分析的理性に従属させられるべきものではなかった。ソレルが指摘したように、「『神話』の世界に生きる人びとはあらゆる反論から守られている(27)」。つまり神話のみが、「近代社会に対する社会主義の戦いにおいて、その多様な発現に呼応する感情の不可分なる総体を呼び起こすことができる」。ソレルはさらに続ける。「われわれの注意を丸ごと引きつけるような彩色された強烈なイメージの助けなくしては、われわれは偉大なることを全くなしえない」。革命的闘争が損なわれる唯一のケースは、ソレルの言葉で言えば、「思想の搾取を生業とする」中産階級の知識人たちが、その運動を乗っ取った場合であった(28)。

ソレルは、中産階級の人道主義的本能に訴えかけて社会的平和を進めようとする議会主義的社会主義者の傾向を批判した。むしろ彼は、中産階級が人道主義的ではなく、強力で無慈悲であり、かつプロレタリアートを敵と認識することを欲した。「征服欲に満ち、貪欲で冷酷な精神を持つ」兵士タイプに似た、産業界の真の指導者を彼は歓迎したのである(29)。実際、ソレルにとってマルクス主義は、つねに一種の「マンチェスター主義」であり続けた。彼は、社会が両極化し、その結果として不満のエネルギーが極限まで充満することを望んでいたので、資本主義と生産の際限の無い自由な発展を称賛した。

こうして革命的暴力は、階級の分離を強化する役割、いわば、プロレタリアートと中産階級を純粋に保つ役割を担うという点でも正当化された。それは、カール・シュミットがのちに友・敵理論として理論化する際に役立っている。ソレルによれば、とりわけゼネストの脅威が、効果的に友と敵をグループ分けし、その境界を完全に明確なままに保たせる[30]。彼は、「もし団結した革命的なプロレタリアートが、征服を目指す富裕な中産階級と対決するようになれば、資本主義社会は歴史的に完成の域に達するだろう」と論じた[31]。

これらすべての主張は、それでも暴力を用いることへの戦術的な言い訳に過ぎないと考えられるかもしれない。しかしながらソレルは、恐らくは彼自身にとって最も逆説的な主張へと突き進んでいく。彼は言う。「階級闘争の純粋かつ単純な感情の発露として遂行されるプロレタリアの暴力は、……このうえなく完成され、かつ、きわめて英雄的なものとして現れる。それは、太古からの文明化の流れにも沿うものである。それはおそらく、物質的利益をただちに獲得するのには最適の方法ではないが、世界を野蛮から救うことになるかもしれない[32]」。ここでソレルは、暴力が世界を野蛮から救うというファシスト思想の中心をなす主題に直接に関わっている。平和、寛容、心地よい自由な生活はすべて間違いなくデカダンスの兆候であるのに対し、ただ絶え間ない闘争のみが、野蛮の対極をもたらすからである。正真正銘の価値の再評価を目指すなかで、ソレルはブルジョアを真の野蛮人として記述し直したのである。

だが、野蛮でない生活とはどのようなものか？　ソレルは、ユートピアの「合理主義的な」構築と思われるものについては避けつつ、自らが「生産者の倫理」と呼び、義務と勤勉という伝統的な価値によって特徴づけられるものについて概略を説明しようとした。こうした生産者の倫理をもち出すことにより、彼は、政治の優位――すなわち、近代世界における意味は政治的闘争から導き出されるという、ヴェーバーのいくぶん非自由主義的な契機に似ている考え――から離反した。それに代わって彼は、叙事詩的な、ホメーロス的とさえ言える英雄的生産が工場で達成されるだろうと主張している。「生産者の倫理」が実現すれば、国家の必要性ももはや存在しないと言うのである。

結局のところ、ソレルはマルクス主義から唯物論を、それどころか、経済学をもほぼ完全に消し去り、代わって闘争へと向かう人間の意志を称揚した。さらに驚くべきことに、彼は資本主義を実際に乗り越えようとする考えをもマルクス主義から一掃した。彼は、実際のプロレタリアートについて配慮するというよりも、闘争のために、あるいは闘争を通して強化され（そして高貴なものとなる）集合体を創出する可能性に賭けようとする類いの道徳家《モラリスト》だった。

ゼーフ・シュテルネルが、「反唯物論によるマルクス主義の修正」と呼んだソレルの思想は、直接の弟子は一人もおらず、「ソレル学派」などというものも存在しなかったとはいえ、二〇世紀の最初の数十年間、諸々の政治的立場を越えて思想家たちを刺激することになった。(33)　そして、ソレルの基本的な理念をファシストの思想に非常によく似たものへと転換させるには、決定的な概念上の転換がひとつあればよかった。すなわち、最も力のある神話の対象を、ゼネストから、より広く言えば、階級闘争から、国民《ネイション》へと転換することであった。ファシストたちは階級闘争の理念を国民集団間の闘争へと置き換えたが、暴力への信念については、歴史の動力として、さらには英雄的行為の新しい道徳に不可欠なものとして保持した。

この概念上の転換はすぐさま生じた。ソレル自身についても、プロトタイプのファシスト的ナショナリストであるアクシオン・フランセーズに傾倒したときに、転換の一歩手前まで来ていた。ただし彼の嗜好からすれば、この運動は結局のところ、あまりに王党派的でありカトリック的であった。彼はまた、第一次世界大戦の初期にあらゆる階級の境界を越えて成立したフランス国民の神聖同盟《ユニオン・サクレ》を軽蔑した。彼からすれば、これは政治家たちがまたしても自らの目的のために、国民的連帯の名のもとに一般の誠実な人民を利用しようとする試みに過ぎなかった[34]。伝統的なカトリックの出身でありながら、新しい政治的思考に強い関心を抱いていたドイツの若き法学者カール・シュミットは、戦時中にミュンヘンでフランス語刊行物の検閲官を担当しており、その際にソレルの『暴力論』を読むことになった。それに深く感銘を受けた彼は、一九二三年、ソレルの理念への称賛を次のように記している。「真の生の本能から、偉大な熱狂が、偉大なる道徳的決定が、そして偉大なる神話が立ち現れる」[35]。「生々しい具体的な生」に関するソレルの非合理的理論のなかに、シュミットは「主知主義的」マルクス主義にまさる進歩性を見出し、「神話理論の偉大な心理学的および歴史学的意義は否定されえない」と強調した[36]。シュミットは、偉大な道徳的決定に必要な熱狂と勇気を生み出すうえで神話がもつ絶大なる威力についてソレルに同意したが、実際に何が最も強力な神話を構成するかという問題については大きく異なった。マルクス主義のブルジョア神話がもつインパクトについては認めていたものの、シュミットは、ロシア革命の成功について、レーニンがブルジョア神話をまさにロシア人にとってのナショナリズムの神話に変換させたことが要因だと主張した。この土着神話においては、ブルジョア連中《ブルシュイ》とは、何よりもロシア農民を抑圧する眼前の西欧人のことだった。つまり、社会主義とスラヴ主義の混合によって初めて、共産主義者は権力の座に就くことができたのである。これは、「階級闘争の神話よりも国民《ナショナルな》闘争の神話の方がより大きなエネルギーをもつ」ことを示していた。シュミットの言葉で言えば、必要とされているのは「差異そのものへの感性」であり、「いまや階級間の対立ではなく国民間の対立の方向にすべてが動いている」のである[37]。

　前章で見たように、シュミット自身もまた、自由主義的議会主義および妥協の政治に対する主要な批判者となった。彼はまた、一九二〇年代半ばから、二〇世紀の大衆政治という条件下においては、ファシスト・イタリアがとりわけ国民的民主主義《ナショナル・デモクラシー》にとっての適切なモデルであると評価し始めた。彼の思想的展開は、ソレルの思想が急進左派と急進右派の双方に訴える力をもっていたことのさらなる重要な証拠である。ソレルの友人ダニエル・アレヴィは、ソレルの死から一〇年ほど経った頃、ファシスト・イタリアの大使が荒廃したソレルの墓に記念碑を設置することを提案したエピソードを紹介している。その後すぐ、ソヴィエト連邦の大使がソ連を代表して全く同じ提案をした。ソレルの遺族は、おやじのアウトサイダーとしての自意識を尊重したためか、これら双方の提案を拒絶した。
それにもかかわらず、ムッソリーニは、称揚すべき危険なる生《ヴィーヴェレ・ペリコロサメンテ》の主張者フリードリヒ・ニーチェと並べて、ソレルのことを「われわれの師」と評価し続けた。それはもっともなことだった。ムッソリーニ自身、社会主義者として出発し、イタリアの第一次世界大戦への参戦をめぐって社会主義運動と袂《たもと》を分かった。「すべての者にビデを」といったスローガンを掲げるに至った社会主義に対し、ソレルと同様、彼は拒絶の意思を示した。適切な政治的道徳の中心に据えられるべきは、心地よさではなく栄光であった。そしてイタリアにおいてもすぐに、エンリーコ・コルラディーニの著作を通して、階級から国民への概念的転換が成されていた。コルラディーニは、階級闘争の主体としてのプロレタリアートを、より強大な資本主義国民によって抑圧されている「プロレタリアート国民」の理念に置き換えたのである。

　階級よりも国民を上位に置くという考え方は、第一次世界大戦によって計り知れないほど強力な後押しを得た。一九一四年、ほとんどの地域で社会主義者たちは自らの祖国のために結集した。ムッソリーニ自身が表現した、第一次世界大戦の「塹壕戦士の貴族制《トレンチョクラシー》」の存在なくしては、ファシズムは誕生しなかっただろう。それは徹頭徹尾、暴力の栄光によって特徴付けられてもいた。ドゥーチェは主張する。「恒久的な平和は不可能であり、かつ無意味である。戦争のみが、人類のエネルギーを最高潮の緊張状態へと導くのであり、それに向き合う勇気を持つ諸国民に高貴さの刻印を授けるのである」(38)。さらには、死への一種の崇拝すら存在した。「死に栄光あれ」は、ファシストによる死を前面に押し出す数多のスローガンのひとつに過ぎない（この点についてはルーマニアの鉄衛団も同様である）。ある写真には、ファシスト系新聞の編集発行人としてのムッソリーニの執務室が写っているが、そこからは、机の上に弾丸を込めたままのピストルが置かれ、壁には頭蓋骨の絵が飾られていることが窺える。

さらに、ファシストが抱く戦争の価値についての信念は、ビスマルクが「わたしは戦争を欲しない。わたしが欲するのは勝利である[39]」と述べたような、保守主義者のそれとは異なっていた。また、ナショナリズムが他のすべての倫理的要求に優先するという、国民の絶対的価値へのファシストの信条は、一九世紀を通じて結び付いていた国民と自由主義の観念を切り離すことにもなった。イタリアのファシズムとドイツのナチズムが共に、国民的統一が遅れ、しかもそれが不十分と見なされていた国民国家の枠のなかで興隆したのは偶然ではない。またそこでは、統一の失敗はしばしば自由主義者たちに帰せられていた。ムッソリーニは最終的に以下のように断言することができた。「われわれは自らの手で神話を創造した。神話とは信念であり、情念である。神話が現実になる必要はない。激励であり、希望であり、勇気であるという意味において、それは現実なのである。われわれの神話は国民そのものであり、われわれの神話は国民の偉大さそのものなのである」。これは、ムッソリーニ自身が創り出したイデオロギーについての彼特有の解釈にはとどまらなかった。これは、ヨーロッパ各地のファシストの間の共通了解となった。大衆を動員するための個々の神話の内容は国民ごとに異なっていたかもしれないが、神話への信念そのものは共有されていたのである。

ファシスト的解決

ファシストたちは、指導者と人民との神秘的とも言える合一――感覚あるいは「霊性」のようなものに基づく合一――を信じていた。こうした考えは、一九世紀末に端を発する大衆心理に関する擬似科学全体によって支えられていた。この科学はとりわけヒトラーに影響を与え、のちに『我が闘争』において忠実に再現されることになる。伝統的な保守主義とは異なり、ファシズムは大衆に依拠する政治形態として自らを規定していた。ファシズムはとくに、第一次世界大戦における犠牲と受難の共同経験を通して政治化された「大衆」を、訴えかける対象に据えていた(40)。かくしてファシストたちは、権力に到達するための手段として大衆政党も活用したのである。一九世紀の自由主義者や保守主義者たちとは異なり、ファシストたちは、社会における共通善を家父長主義的《パターナリスティック》に扱おうとする名士や官僚の小さなエリート集団の伝統には固執しなかった。

以上と関連する点として、仮に「近代」という言葉をテクノロジーや科学と理解するのであれば、ファシズムは近代に対して異議を唱えなかった。実際、とりわけイタリアのファシストは、飛行機や戦車、そして速度一般を理想化した。文化的な面では、ファシズムは古風なものと超現代的《ウルトラ・モダン》なものや前衛《アヴァンギャルド》(この言葉はもともと軍事用語に由来する)を混ぜ合わせたが、その融合は、第一次世界大戦以前にまでさかのぼる。すでに一九〇九年の時点で、のちにイタリア参戦の熱心な支持者となるF・

T・マリネッティが、「未来派宣言」において以下のように述べている。

> われわれは、この世で唯一清潔なもの、すなわち戦争を賛美し、軍国主義、愛国主義、自由をもたらす者による破壊への意思表示、命を賭けるに値するもののために死ぬという美しい考え、女性への侮蔑を賛美する。……われわれは博物館を、図書館を、ありとあらゆる学術の機関を破壊し、道徳主義、フェミニズム、そしてすべての日和見的で功利主義的な臆病さに戦いを挑む……(41)。

未来主義（そしてこれに触発されたファシスト的思考の諸要素）は、祝祭としての戦争《グエッラ・コメ・フェスタ》の概念とともに、「戦争は、新しい飛行機の時代において、われわれを導くことのできる唯一の舵である」と標榜した。この舵は道を誤ることがないように思われた。なぜなら、未来派の単純な等式によれば、「戦争は死なない。なぜなら、戦争は生を司る法則のひとつだからである。生とは攻撃であり……戦争とは人民の強さを試す不可欠かつ流血を伴う試練」だからであった。(42)未来主義は、専門政治《ハイ・ポリティクス》から料理のような重要な日常の事柄に至るまで、生を包括的に改造することを意図していた。一九三二年に刊行された『未来派の料理』と題する調理本では、イタリア人はパスタを食べるのをやめるべきとされた。パスタは、マリネッティが言うところの無精、不能、臆病につながるのであり、その代わりに、パイナップルとイワシといった超現代的なレシピを採用すべきなのであった。(43)

これとは対照的に、ナチスは前衛芸術を退廃芸術と宣告した。しかしながらドイツでも、あらゆる立場の思想家たちが、資本主義の規範に従属させられている技術を、ファシズムは解放できると期待していた。経済的および技術的諸力のすべてを、資本主義的な個々の事業家が無計画に用いるのではなく、国民共同体のために、より合理的に動員できるのではないかと期待されたのである。文筆家のエルンスト・ユンガーが「総動員」と名付けたものは、国民のために近代的テクノロジーを完全に活用すること、および国民《フォルク》――完璧に動員された集合体と理解されていた――を完全に組織化することと理解されていた。トーマス・マンは、想像の過去へのノスタルジーと最先端のものとの奇妙な組み合わせの混合を捉えようとした結果、「高度に技術化されたロマン主義(44)」という表現を生み出している。

この点は、ファシズムの支持者、およびファシズムの多くの観察者が、意志の非合理的な賛美としてよりも、時代の課題への説得力ある実際的な回答としてファシズムに引きつけられた理由のひとつを示している。当時、それだけではないにせよ、大恐慌によって引き起こされた問題への回答がとりわけ必要とされていた。こうしたなか、ファシストたちは、社会主義と資本主義の最良の部分を組み合わせた「中間の道」あるいは「第三の道」といった経済政策を提案した。ケインズ主義の理念と同様、彼らは失業問題に取り組むために公共事業のプログラムを支持した。このことは、オズワルド・モズレー[一八九六～一九八〇年。労働党を脱党してイギリス・ファシスト同盟を結成]やアンリ・ド・マン[一八八五～一九五三年。ベルギー労働党の副委員長から一九四〇年以後対独協力者へ]といったどっちつかずの奇妙な人物の多くが、社会主義者として出発しながら――ムッソリーニとは異なって深刻に悩んだ末に――ファシズムへと転向した事実の背景を説明している[45]。

しかし、ファシズムは伝統的なエリートの関心も引きつけた。ファシズムは、急進的社会主義から彼らを保護するとともに、自由市場の最悪の失敗に対する一連の解決策も提供するように思われた。とにかく、ムッソリーニは実際にローマに進軍したわけではなく、ミラノからの急行列車《ディレッティシモ》の寝台車に乗って到着し、出迎えを受けたのである。彼は国王から首相に就くように請われ、すぐさま「陛下の忠実なる下僕」として要請に応えている。ムッソリーニの進軍に参加していたのは、「革命を楽しんでいた素人の軍人であり、貧弱な装備(狩猟用のライフルや古い軍隊の銃と僅かな弾薬)しかしていなかった」。仮に正規軍が止めようとすれば、彼らは全く対抗できなかっただろう(もっとも、彼らのほとんどは首都から約二〇マイル離れたところで止まってしまったのだが[46])。ヒトラーの場合と同様、伝統的なエリート――そして中産階級の有権者――の間では、考えられうるすべての方策はすでに試されており、政治形態としての議会主義政府は終わってしまったという感覚が共有されていた。実際、武力で「権力を奪取した」ファシスト指導者は存在しない。国王からであれ保守的な大統領からであれ、彼らはいずれも任命されたのである。戦時中のドイツとイタリア以外の指導者については、第三帝国から任命される形となった。ヒトラー自身、二〇世紀における革命は暴力的な反乱無しに達成可能であり、またそうあるべきだと明確に述べている。その代わり、革命は当初は旧エリートとの協力のもとで進められ、そして最終的には旧エリートの破壊をもたらすことになった。

では、時代の問題に対し、ファシストたちが提供すると想定された解決法とは何だったのか？　理論的には、それはコーポラティズムであった。コーポラティズムとは、社会を多様な産業別に雇用者と労働者の集団に明確に区分けしたうえで、そうした集団がすべて国民の善のために協力するというものである。コーポラティズムは、階級対立の問題、および懸案の経済分野における意思決定への個々人の参加という問題の双方に答えるように思われた。イタリアのコーポラティズムは、ここでもソレルの理論、とくに「生産者の倫理」に関するいくぶん大雑把な理論から色濃く影響を受けていた。ただし、イタリアのコーポラティストたちは、このフランスのサンディカリストが構想したような国家の廃止までは考えなかった(47)。

ムッソリーニは、コーポラティズム(コーポラティヴィズムとも呼ばれた)のことを、「全世界にとっての利益」であり、ファシスト政治思想による主要な貢献のひとつだと喧伝した。ロイド・ジョージのような政治家が彼に呼応し、コーポラティズム国家を「現代における最も偉大な社会改革(48)」と呼んだ。しかしながら、これとほぼ同時期に、他のヨーロッパ諸国においてもコーポラティズムのような社会改革が理論化され、精緻化されていたのである。ギルド社会主義者、なかでもG・D・H・コールが唱えた代表の機能的な形態は、コーポラティズムと似ていたし、実際、著名な多元主義思想家ラミーロ・デ・マエッツの場合、のちにファシズムに転向した(49)。

ライヴァル、つまり非ファシスト的なコーポラティズムの理論は、なかでも、しばしば権威主義的傾向を伴ったカトリックの思想家によって精緻なものに仕立て上げられた。たとえば、オーストリアの著名な社会学者オトマール・シュパンは、彼が「真性国家」と呼ぶものについて包括的な理論を提示している。[50] シュパンはドイツ・ロマン主義に基づいて、社会を身体として理解した。職能身分団体がその手足を構成し、全体として調和をなす形で活動すると想定された。すべての人にとって利益となるような筋の通った社会的解決や「客観的価値」による支配が、議会の恣意的な妥協に取って代わるはずであった。シュパンの複雑な用語法に沿って言うとすれば、「等級」と有機的不平等が、民主主義的な、したがって「非有機的」な平等に取って代わることが重要だった。合理的統治を志向する事物の本質に基づいた主権《ザッハズヴェレニテート》が、彼から見ると非合理的な人民による主権である国民主権《フォルクスズヴェレニテート》に取って代わるはずであった。そしてシュパンの展望としては、国家宗教――たまたまカトリシズムがその役割を担っている――が社会全体をひとつにまとめていくこととなっていた。シュパンの教え子の何人かが、赤いウィーンを打ち砕くうえで決定的な役割を果たしたナショナリストの民兵組織である「郷土防衛運動《ハイムヴェーア》」の指導的メンバーとなったことは、とくに驚くこととも思われない。[51]

権威主義的コーポラティズム(およびシュパンが提示したような有機体論者の奇妙なメタファー)の主眼は明確であった。すなわち、階級闘争を終わらせることである。この点を明確にしている人物として、再度ムッソリーニを引用しよう。

> われわれのように豊かな地下資源を全くもたず、領域の半分を山地が占めるような国は、大きな経済的可能性をもつことができない。さらに、市民たちが本来的に対立好きであり、諸階級がお互いに相手を絶滅させようとする傾向をもつならば、社会の営みにおいて近代的国民を発展させ

るのに必要なリズムは全く得られなくなってしまう。[52]

イタリアでは、ファシスタ協同組合が実際に公的な国家機関となった。各組合は、労働者と（理論的には）雇用者とに規律を課し、国民生産に関して政府に責任を負うこととなっていた。ファシストの哲学者ウーゴ・スピーリトは、次のように補足している。構想は「経済的調停についての偉大なる実験として、……階級利益と国家の上級の利益との和解に向けた努力として」始まった。[53] 最終的には、階級的差異を完全に超越し、総合的な社会的統合をもたらすことが想定されていた。スピーリトによれば、

コーポラティズムは、社会生活を道徳的・技術的に統合する可能性が見出されたことで活気づいた。コーポラティズムは、与え、犠牲になることが喜びであることを信じる。コーポラティズムは、個々人が私的な目標を追い求めることに反対しており、まさにそれゆえに経済的な概念ではない。コーポラティズムは、ファシスト革命の唯一無二の政治的・道徳的・宗教的本質なのである。[54]

スピーリトはさらに私的所有を「組合所有」へと転換し、労働者たちが会社の一部を所有し運営する形態までも望んだ。この考えは、予想通りイタリアの経営者の間に懸念を呼び起こし、決して実現す

ることはなかった。その間、スピーリトはシチリアに追放された[55]。いずれにせよ彼が後に共産主義者になったのは、それなりに首尾一貫していたのである。

一九三〇年代末までに、イタリア国家、あるいは半政府機関や「公社」は、イタリア経済の主要部分を管理下に収めていた。実際のところ、イタリアはソ連に次ぐ大きさの国家セクターを有していた。コーポラティズムは、成功した、あるいは少なくとも信用できる、経済・社会政策へのアプローチと広く見なされた。アメリカでも、はっきりとムッソリーニのファシズムに魅了されたニューディーラーが現われた[56]。

全体国家の神話

権力を握ってからほぼ一〇年後、ムッソリーニは世界に向けてようやく公式の教義を提示する。それは、実際には哲学者のジョヴァンニ・ジェンティーレによって書かれたものだった。ジェンティーレは当初自由主義者として知的活動を開始した。すでに一九二〇年代の早い段階で、彼はファシズム支持を明確に自由主義の立場から正当化している。その結果、イタリアの自由主義者が、社会主義から自分たちの体制を救う最後の機会をムッソリーニのなかに見出していたという意味づけが強化された[57]。ローマ進軍の直後、ジェンティーレはファシズム最初の内閣で公教育大臣を務めるようドゥーチェから誘いを受けた。彼は、現実とは究極的に「精神的」なものであり、人間の意識と道徳的選択の産物であるという「絶対的観念論」に取り組んだ。彼は、人類すべてにとっての完全なる自己実現のための道徳的規範を提示した。ただし、人類は本質的に社会的存在であるため、自己実現は他者との交わりによってのみ達成されるのであり、人類に関するそれ以外の概念はすべて個人主義的な幻想に過ぎないとされた。

そこからして——伝統的な自由主義によって理論化された——近代の自由主義的個人は、必然的に貧困化した、完全なる自己実現には至らない営みしかもたらさないことになる。その営みでは、社会全体で契約に基づいて合意された利益と自己利益との浅薄な妥協を乗り越えることは決してできないとされた。これに対しジェンティーレは、国民というものが個人と集団の両面にわたる道徳的選択のための土台を提供すべきだと主張した。こうした思想をもとに、彼は、個々人が継続的に自己を改造し、実現することのできる主権的制度としての「倫理的国家」という概念を導き出すことになった[58]。彼は「ファシスト国家は……力であるが、しかし精神的な力である。……それは魂のなかの魂である」と説明した[59]。やや具体的には、それは集団の意識と国民の意志を具現化する国民的指導者との同一化を意味するとされた。

ジェンティーレにとって、国民とは、意志に基づいて選択され、想像された共同体であった。彼は当初、コルラディーニとアルフレード・ロッコ（ファシスト国家の法的な設計者の長になることを切望していた）の樹立した過激な民族主義の組織、ナショナリスト協会《アッソチアツィオーネ・ナツィオナリスタ》とも関わっていた。しかしながらファシズムは、一九世紀に一群の思想家によって提示されたような、単に極端なナショナリズムではなかった。のちにジェンティーレが強調したように、伝統的なナショナリズムの問題は、まさに国民を何か所与のもの、超越的で外部からもたらされたものと理解していることだった。しかし彼からすれば、人間の意志や道徳的選択を超越したものなど何も存在しなかった。伝統的なナショナリズムは、あまりに歴史的で「自然主義的」であって、彼の観念論にしっくり合うものではなかった。彼からすれば、ファシズムとは国民の継続的な創造であるべきだった。右派であれ（グラムシのような）左派であれ、イタリアの多くの知識人がそうであるように、彼も一九世紀のイタリア国家統一《リソルジメント》は完成しておらず、有名な言葉が示すとおり、統一はイタリアを創り出したもののイタリア人を創っていないと考えていた。ジェンティーレはまた、自分をイタリア・ナショナリズムの理想に向かう者と認識しており、マッツィーニのような自由主義的ナショナリストを、直接のイデオロギー的先駆者、あるいは、プロトタイプの行動隊員《スクワドリスタ》、すなわちファシストのゲリラ戦士の先駆けとさえ呼んだ[60]。

加えて、仮に国民が個々人の意志に基づくものであったとしても、それは個人主義的なものではなかった。国民国家と市民の完全な同一化は、何よりもまず、国民的でまさに包括的な教育の成果なのであった。近代国家は、ただ単に倫理的国家というだけにはとどまらず、国民に思想を教え込む国家でもあるべきだった[61]。ジェンティーレは実際、政府にいた比較的短い期間に、イタリアにおいて一九世紀半ば以来最大となる公教育の改革に着手した。彼はその際、「人文主義」およびナショナリズムの価値に重点を置きつつ、生徒の意志を教師のそれと「一体化させる」重要性を強調した。ムッソリーニは、この哲学者による政策を称賛し、ファシスト国家の建設を専門に担う委員会を彼に託した[62]。

クローチェが「子供の作文だ」と嘲笑したジェンティーレの教義の、そもそもどこにムッソリーニは惹かれたのだろうか？　「わたしがファシズムである」と豪語したムッソリーニであったが、この将来のドゥーチェはすでに一九二一年八月の時点において、自滅したくなければファシズムには緊急に教義が必要だと述べていた[63]。ムッソリーニは社会主義からファシズムへと転じ、プロレタリアートに代わってプロレタリア国民を用いるようになったけれども、集団主義者という点では終始一貫していた。ある意味では、この時点での彼の課題は、社会主義時代における唯物論から、ファシズムに必要な「唯心論」への転向であった。一九二二年、ムッソリーニは「数百年にわたって物質が祭壇を独占してきた。こんにち、精神がそれに取って代わろうとしている[64]」と述べている。ジェンティーレが人類の共同体志向と精神的性質を強調する「行動的観念論《アットゥアリズモ》」の哲学と呼んだものは、仰々しい表現の「倫理的国家」と同様に、すぐさまムッソリーニの関心を惹いたのであろう。（真偽のほどは定かではないが）カール・シュミットの証言によれば、一九三六年、ドゥーチェはヴェネツィア宮殿でのシュミットとの一対一での会話において、「国家は永遠であり、党は一時的である。わたしはヘーゲル主義者だ」と語ったという[65]。

倫理的国家は全体国家、あるいはむしろ全体主義国家であろうとした。それはつまり、「すべてが国家のなかにあり、国家の外部には何も存在せず、国家に敵対するものも存在しない[66]」ことを意味していた。だが他方でジェンティーレは、これが正真正銘の民主主義の形態であり、集団的政治行動を生み出すうえで最良の方法だとも主張し続けた[67]。一九二七年、彼は『フォーリン・アフェアーズ』誌上でアメリカの読者に以下のように説明している。

> ファシスト国家は……人民の国家であり、つまり、抜きんでた存在の民主的国家なのである。国家が存在するのは、市民が国家を存在させようとする限りにおいてであり、国家と市民（個々の市民ではなく、市民の総体という意味）との関係についても、その点を前提とした形となる。それゆえ国家の形態は、個々人の、すなわち大衆によって意識されている形態と同一となる。それゆえに党組織が必要なのであり、ファシズムがドゥーチェの思想と意志を大衆の思想と意志にするうえで用いるプロパガンダと教育の実行組織が必要になるのである。そこから、ごく小さな子供も含めて人民大衆の全体を党の手中に収めるという、ファシズムにとっての巨大な課題が生じてくる[68]。

こうした構想から純粋民主主義が描き出される。ジェンティーレによれば、「国家と個人はひとつであり、同一である。むしろ、それらは必要不可欠な総合体を構成する不可分の要素であった」[69]。この総合体は、換言すれば「全体主義的」である。多くの政治的レッテルがそうであるように、全体主義的という概念もまた、敵対者によって生み出され、使われるようになった[70]。自由主義者で反ファシズムのジョヴァンニ・アメンドラは、独裁のさらなる展開を警告するために、ムッソリーニの体制を初めて「全体主義的」と表現した。しかしながら、一九二五年にはムッソリーニ自身がファシストの

「猛烈な全体主義的意志」について語り始めた。自らを「絶望的なまでにイタリア人」だと評するドゥーチェは、「口数が少なく、身振り手振りも少ない、単一の意志によって駆り立てられた」（そしてマリネッティの文化計画に従えば、パスタを控えめに食べる）新しい人間、より具体的には「新しいイタリア人」を生み出す全体主義的必要性を公言したのである。[71]

だが、こうした当事者自身の全体主義ヴィジョンでは、ファシスト・イタリアの現実に迫ることはできない。ムッソリーニは自らの党の大部分を、残存している限りの伝統的な国家装置に従属させた。彼は国王を国家元首として残し、君主がドゥーチェと並ぶ一種の「留保されたカリスマ」を維持することを許容した。学校では国王とドゥーチェの双方の肖像画が掲げられ、国民はファシスト国歌である「若さ《ジョヴィネッツァ》」と並んで王国行進曲を歌った。[72] ヒトラーが一九三八年にローマを訪れた際には、ヴィットーリオ・エマヌエーレ三世はファシスト旗に敬礼することを拒絶すらできた（ヒトラーは君主に苛立ち、彼のことを「くるみ割り人形」と呼んだ[73]）。ジェンティーレらによるイタリア憲法――基本的には一八四八年のアルベルト憲章がピエモンテから統一イタリア全体に拡大されたもの――を改正してファシスト的要素を挿入しようとする試みは、全く成功しなかった。純粋にファシスト的方向への、あるいは少なくともポスト議会主義的方向への唯一の抜本的な変化は、下院を選挙に基づかない形の職能議会へと変える一九三九年の改正だった。[74] 教義は重要だったしそれを教え込むことも重要であったけれども、従わせられるかどうか確信がもてない場合には、ファシストたちは伝統的制度をそのまま残し、それらに対して、熱狂的な支持というよりは非政治的黙認を要求した。R・J・B・ボ

ファシズムは遂にその教義を手に入れ，イタリアは『百科事典』を手に入れる．ネクタイをいじっているところを撮られたムッソリーニは不安そうにみえる．それに対して他の 4 人，(左から右へ)ジョヴァンニ・トレッカーニ(出版業)，カロジェロ・トミネッリ(編集者)，ジョヴァンニ・ジェンティーレ(ファシズムの主要哲学者)，ウーゴ・スピーリト(彼は後にファシストから共産党へ転じる)は自信に満ちているように見える．(Centro Documentale Lampi Neri)

ズワースが指摘するように、「ヒムラーはドイツ人に唯一つの方向で考えることを望んだのに対し、ファシストの秘密警察は、イタリア人が全く何も考えないほうを好んだ」のである。[75]

以上の点が普通の人びとにどう受け止められたかは、フェデリコ・フェリーニの映画『アマルコルド』(リミニの方言で「わたしは思い出す」の意)が強く印象に残る描きかたをしている。ファシズム下での成長を瞑想しながら思い出すこの映画では、体制が絶えず市民に対して行う全体主義的な要求の前景に、それを覆い隠す圧倒的な「正常さ」の存在が示される。もちろん、政治的な嫌がらせやヒマシ油による拷問もあるにはある。しかし、より暗示的に描かれているのは、国民の内的営みが徐々に形を変えていくという感覚である。彼らは自分たちの恐怖や欲求をドゥーチェに投影させる。ファシストのパレードが街で行われている際、ムッソリーニの巨大な仮面が、ある太ったさえない少年のイマジネーションのなかで突然生命を帯び、少年が憧れている少女を獲得してくれたりする。最終的には、すべての人びとが直接的に抑圧されるのではなく、幼稚化されていくように視聴者には感じられるのである。

倫理的国家によって市民の内面が再形成されると考えられていたにもかかわらず、ドゥーチェが国民に対する掌握を簡単に失ったことは驚きである。一九四三年、国王とファシスト大評議会がムッソリーニの指導権について考えを変えると、体制は簡単に崩壊し、軍隊ですら、一八世紀の軍隊のように一晩で立場を変更した。振り返って見ると、国王がずっと正統性の最終的な源泉であり続けていたように思われる。ヴィットーリオ・エマヌエーレ三世が、ドゥーチェに対する支持をひっこめ、代替的な制度カリスマを有していたファシスト党も彼に信頼を置かなくなったとき、全体主義は終わった。ムッソリーニ自身が認めざるをえなかったように、「ファシズムの前に君主国が存在し、ファシズムの後にも君主国が存在する」のであった[76]。このように、初めて「全体主義的」と呼ばれ、最終的には自らもそう呼ぶようになった体制は、「本当の」全体主義をもう一歩で実現するところまで行ったけれども、そのために伝統的なエリートにあまりにも多くの妥協をせざるをえなかったのである。

これらの妥協のうちのひとつは、イタリアにおいて最も力のある非国家機関、すなわちカトリック教会とのものであった。ヴァチカンは、ジェンティーレの行動的観念論を、汎神論的であり、超越的実在を否定するものとして攻撃した。しかし、ジェンティーレはファシスト運動内部からも批判されており、特にムッソリーニの体制が人種主義的かつ反ユダヤ主義的となった一九三八年以降はそうであった[77]。ジェンティーレにとって人種主義は、彼自身の絶対的観念論とは決して相容れない、唯物論の新しい形態に過ぎなかった。それにもかかわらず、彼は体制を支持し続け、一九四三年にドゥーチェが建国した共和主義ファシスト国家、すなわちサロ共和国と運命を共にすることも辞さなかった。彼は最後の最後までムッソリーニに付き従うという決断をし、最終的には自らの生命をもってその代償を払うことになる。一九四四年四月、彼は共産党のパルチザンによって殺害されたが、それが共産党指導部からの特別な命令によるものであったことは歴史的証拠によって裏付けられている。

塹壕経験者の支配《トレンチョクラシー》か技術者の支配《テクノクラシー》か？

イタリア・ファシズムが実情としては全体主義的でなかったとしても、それは、一九二〇年代から三〇年代にかけてヨーロッパ各地で誕生した右派権威主義政権とは依然として大きく異なっていた。第一次世界大戦直後の民主政建設の活気に満ちた時期、そしてシュミットが分析してみせた、それに続く議会主義の危機を経験した後においては、実際のところ、独裁以外に選択の余地はほとんどなかった。これらの権威主義体制のほとんどは、伝統、あるいは、しばしば「キリスト教的国民文化」と大げさに宣伝されたものに自らの正統性を求めようとした。むろんこれらの伝統は、大衆政治の時代における統治に見合うように概ね再解釈されていた。自ら「摂政」と名乗ったハンガリーのホルティは、国王を王位に復活させる可能性が実際に出てきた際には、カール一世とその妻ツィタを国外に追放してしまったのである(78)。

ホルティやポルトガルのアントニオ・サラザールのような指導者は、自国民を恒久的に動員することには関心をもたなかった。彼らのリーダーシップは、個人のカリスマや前衛政党の非人格的なカリスマに依存していなかった。サラザールのいわゆる新国家《エスタード・ノーヴォ》は、この点に関して最も示唆に富む。何といっても彼は、「独裁者のなかの最長老」として雑誌『タイム』の表紙を飾ったのであり、大陸ヨーロッパの各地で、あるいは大陸を越えて、広く政治家や知識人に称賛されていた。二〇世紀ヨーロッパにおける右派の権威主義政権のなかでは、サラザールの政府が最も長く続いた。この体制は古典的な軍事クーデタによって一九二六年に生まれたのであって、準軍事組織による「英雄的」あるいは美化された進軍によってもたらされたわけではない。サラザール自身は非常に控えめな経済学の教授であり、大統領のような主要な役職は他人の手に委ねた。それを見たイタリアの観察者は、サラザール体制を「個性をもたない個人による統治」と断定している。ムッソリーニは自らを神の化身と評することすらあったが、対照的にサラザールは意識して慎ましい官吏に見られようと努めた。ムッソリーニはスピードを好み、イタリア一番のパイロットだと自画自賛したのに対し、サラザールは一度しか飛行機に乗ったことがなく、そもそも飛行機嫌いであった。ムッソリーニの国家が盛んに大衆に挑戦し、動員を試みたのに比べ、サラザールの新国家は人民をあるべき場所に据え、そこに留まらせようとした[79]。

こうしたタイプの政府については、塹壕経験者《トレンチョクラシー》による支配やアタテュルクによる支配の西欧版というよりも、むしろ技術者支配《テクノクラシー》と呼びたくなる。だが、それは間違いであろう。サラザールや類似の指導者たちは、社会革命も文化革命も望んでいなかったからである。技術的な革新もここでは関係がなかった。これらの体制は、とりわけ安定と、よく統制された経済発展の名において正当化されたのである。そこでは伝統的なエリート、特に大土地所有者の利益は全く手つかずのままにおかれた。安定が最優先されたため、王朝やその他の非民主的形態に基づく正統性に回帰しようとする試みも全く見られなかった。サラザールは、ポルトガルにおいて君主制を復活させようとしたり、国家と教会の分離を元に戻そうとしたりする姿勢を一切見せなかった。伝統は継続的に引き合いに出された。しかしながら、本当に伝統に回帰しようとすれば、政治的リスクが大きすぎた。

この種の家父長的温情主義《パターナリズム》は、極端に制限された多元主義とであれば共存しえたし、ある程度までは、その多元主義的側面によって支えられていた。この多元主義のおかげで、社会において少なくともいくつかの区分ごとに代表を出すことが許容されたし、一体不可分のものとしか見なされないソヴィエトやファシストの政治体制とは好対照をなしていた。いくつかの国では、議会が依然として存在し、選挙が行われ、野党(実際には人工的に作られた野党だった場合もある)が機能し続けていたものの、権力そのものは、つねに独裁者か官僚主義的エリート、あるいはせいぜい指導者に忠実な一握りの党員の手中に留まっていた。ハンガリーでは、ホルティの白色テロ以来、一貫して権力を握っていた政党が単純に「政府党」として認識されていた[80]。投票できたのは人口の僅か三〇%であった[81]。

こうした非ファシストの権威主義体制は、議会制民主主義に代わる代替物の成功例として自らを提示することに熱心だった。一九三四年、サラザールはポスト民主主義者として以下のように語っている。

一九世紀型の政治体制は概ね崩壊し、新しい社会的・経済的条件に見合うように制度を調整する必要性は、ますます緊急性を増しているように感じられる。そのようなとき、われわれは自らの理念と実績をもって、あらゆる国家につきまとう問題や困難を理解するうえでの重大な貢献を行ってきた。このことをわれわれは誇りに思っている……。もし政治的進展に逆行するような運動が起きなければ、今後二〇年のうちにヨーロッパから立法議会が消え去ってしまうだろう。そのようにわたしは確信している。(82)

「あらゆる国家につきまとう問題や困難」に対して提示された主要な解決法とは、コーポラティズムであった。それは、すでに見たように、イタリア・ファシズムの最も合理的な側面と呼びうるものであった。しかし、コーポラティズムはカトリックの社会教義のなかに正当化しうる明確な根拠を持っていたから、ファシズムよりもむしろカトリックの権威主義体制に適合するものであった。コーポラティズムは、とりわけ一九三一年に出された教皇の回勅「クアドラジェジモ・アンノ」において中心的な位置を占めるものであった。それは、階級の代わりに職業を基本に据えようとするものであって、その点ではトルコのアタテュルクの共和国設立原則のひとつである「人民主義《ポピュリズム》」とも類似していた。コーポラティズムは、第二次世界大戦後に非権威主義的な形をとって復活することにもなるが、権威主義版コーポラティズムは、サラザールのポルトガルにおいて一九七〇年代初頭まで生き延びた。(83)

コーポラティズムの批判者は、それが有する近代社会の全体的かつ有機的なイメージが非現実的であり、単に資本家を利するだけで背信的であるとして退けることが多かった。マックス・ヴェーバーは、すでに第一次世界大戦後の段階で、ドイツをコーポラティズム路線で再編しようとする提案を「素人好事家《ディレッタント》の夢物語」であり、（彼のいつもの表現では、ドイツの支離滅裂な文士によって作られた）「理念に値しない理念」だとして一笑に付している。[84] 彼は、近代の複雑な社会において生業あるいは職業は明確に区分することが困難であり、仮に職業に基づく区分ができたとしても、急速に変化する資本主義経済においては持続しえないと主張した。むしろ反対に、人工的な区分は、個々の職業において存在しうる本来の連帯をかえって破壊しかねなかった。ヴェーバーによれば、コーポラティズムは議会主義に比べてはるかに不透明であり、それは必然的に国家官僚の権力を増大させることにつながるのであった。

だが、透明性と連帯はコーポラティズムの真の目的では全くなかった。主眼は、代表民主主義につきものの不安定性と対立をコーポラティズムが排除する点にあった。職能団体のメンバーは、古典的自由主義理論が考える孤立した個人と同じようには利益を追求せず、（ジェンティーレの行動的観念論によって規定されたように）何よりもまず国家と同一化するはずであった。こうしてコーポラティズムは、安定を最優先するサラザールのような独裁者に特に魅力的に感じられたのである。不断に人民を動員することを企図し、カトリックの中心的役割に反対する体制は、コーポラティズムにさしたる関心を示さなかった。一九二九年、ヒトラーはミュンヘンで反ユダヤ主義的な講演を行ったオトマール・シュパンに対して満足の意を表していたにもかかわらず、一九三〇年代末には、国民社会主義者たちはシュパンの入党申請を却下しただけでなく、ウィーン大学から彼を解雇した。彼は一八か月にわたって強制収容所に入れられてもいる。[85]

ファシズムがコーポラティズムを排除するという展開に対し、その逆も存在した。権威主義的コーポラティズム体制は基本的に、ファシストのスタイルを借用しながらも、より急進的なファシストのグループを抑圧した。たとえばルーマニアでは、独裁的国王カロルが、ファシストの鉄衛団を粉砕する一方で、自らの国民再生戦線を設立し、ファシスト式敬礼を導入した(86)。こうした権威主義体制のほとんどは、唯物論だけでなく、ファシストの異教信仰的側面についても非難した。その代わりこれらの体制は、通常「神なきボリシェヴィズム」を対置しつつ、自らのキリスト教精神を強調した。ポーランドにおける事実上の支配者ピウスツキ元帥は「神と歴史」のみに責任をもつ存在とされたし、フランコ将軍は「神の秘蔵っ子《イホ・プレディクト・デ・ディオス》」として崇められた。また、オーストリアにおける一九三四年の「教権ファシスト」憲法は、以下のような前文を有していた。「全能かつ、あらゆる正義の源泉である神の名において、オーストリア国民は、キリスト教的、ドイツ的、そしてコーポラティズム的原則に基づいた当連邦国家憲法を授かる(87)」。馬に乗ったドルフス宰相は、巨大な木製十字架を背景に準軍事組織の進軍を導いている(88)。「キリスト教的コーポラティズム国家《シュテンデ・シュタート》」のなかでは国家が優先されており、その国家のなかでは、ファシストの運動家も、さらには聖職者も、権力の座につくことを予定されていなかった。

　権威主義的指導者の大半は、道徳的訓戒の修辞学とでも呼んでもいいようなことに従事した。彼らは、人民の政治的情熱を駆り立てるようなことはせず、むしろ労働・家族・祖国といった伝統的な価値に回帰しなければならないと訴え、これまでの頽廃や不信心による罪の償いのため、現前のいかなる困難にも耐えねばならないとした。フランスのヴィシー政権はサラザールの国家をモデルとしたが、その指導者ペタン元帥は、道徳を前面に押し出すこうした指導者の典型であった。国民向けの新年の挨拶において、不機嫌そうな顔つきの元帥は毎回、将来何がもたらされるかは全く分からないが、ひとつの点だけははっきりしていると主張した。つまり、現在のフランスが抱えている苦難は、戦前の頽廃に対する罪の償いだというのである。(89) 実際一九三〇年代には、数多く存在した右派組織のひとつがすでに次のような予言を発していた。「キャンプ、スポーツ、ダンス、旅、集団ハイキングのフランスが、食前酒、むさ苦しいタバコ部屋、党大会、だらだらとした食後酒のフランスを一掃するだろう」(90)。ヴィシー政権は明確な意図をもってフランス国家《レタ・フランセ》を自称した。それは、共和国《ラ・レピュブリック》と明確に対立するものであり、国民や帝国よりも自己充足型国家を優先するものであり、かつ、政治的運動ではないものであった(ヴィシーに体制を支持する大衆政党は存在しなかった)。子供たちは、古い王政時代のスタイルで祈りを捧げるよう要求された。「われらを導き下さるわれらの父よ、御名の崇められんことを、御国の来たらんことを、しかして、われらを悪より救い給え。ああ元帥よ!」(91)。フランスの教室では、掲示が義務づけられている元帥の肖像画を十字架の下に配置することは違法とされた。元帥はその上に配置されねばならなかったのである。

権威主義とファシズムの間には、外交に対する考え方に決定的な相違が存在した。サラザールと他の権威主義的指導者たちは、すでに有している植民地をすべて維持しようとしてはいたが、それを文明や宗教あるいは人種の名のもとに拡張して帝国を築こうとするような活発さは始めからもたなかった。権威主義的独裁者たちは、ファシスト運動において帝国主義的拡張が大仰に喧伝されているのを絶えず意識していたが、彼ら自身は慎重さを保ち、しばしば日和見主義的な外交政策を追求した。こうした日和見主義は、フランコやサラザールのような体制がなぜあれだけ長続きしたかを部分的に説明してくれる。これとは対照的に、絶え間なく人民を動員し、自らの正統性を政治的活力と征服に置く体制は、必然的に戦争に向かうこととなった。とりわけ、戦争で成功すれば、教会のような残存する伝統的エリートであれ、いかなる形の多元主義であれ、排除できると思われたからである。ジークムント・ノイマンが一九四二年におけるファシズム分析で述べたように、「独裁的体制とは戦争と共にある統治であり、戦争に由来する統治であり、戦争を企図する統治であり、戦争に向かって邁進する統治であった[92]」。

体制の形成と消滅には、もちろんつねに偶然がつきまとう。だが、ノイマンが「際限の無い活動」と表現した、ファシズムが戦争と共に始まり、戦争と共に終わるという説明には、一定の論理的妥当性がある[93]。同じことは、その指導者たちの末路についても言える。たとえばホルティは、ヒトラーのようにピストルで自殺することもなく、またムッソリーニのようにパルチザンの手で公衆の面前で絞首刑にされることもなく、自らの人生を終えた。最後は海軍ばかりか自らの国もない提督となったホルティは、他でもないアントニオ・サラザールの招きにより、ポルトガルはエストリオの邸宅で快適な隠居生活を送った。そのサラザールも、自国民の安定と継続性に尽くす模範的な人生を送ったと信じつつ、フランコと同様、平和な死を迎えた[94]。

……あるいは生物学《バイオクラシー》による支配？

ファシズムは、死に向けた闘争を通して、あるいは死に向けた闘争のために、民族的・人種的に純化された主体を構成しようとしていた。戦争は、単に不可避というだけではなかった。戦争は、とりわけファシスト的特性を生み出すという点でも評価されていた。主体の質は、文化的特性だけでなく、政治行動だけではどうにもならない生物学的特性によっても決定づけられるように思われたが、ともあれ政治エリートたちは、集合体的主体を形成しなければならなかった。ただし、ファシストの世界観において、確実視されたことがひとつあった。普通の人間には、政治を形作ることが全くできないという捉え方である。普通人は神話によって動員され、統制されねばならず、さらに集合的主体を具現化するひとりの指導者に従って行動しなければならない。こうした点すべてがイタリア・ファシズムの特徴であり、そのひとつひとつが、ドイツの国民社会主義によってさらに急進化された。

イタリア・ファシズムの諸相は「政治宗教」を形作る試みと考えると、よく理解できる。そこには、政治宗教としてすべてを説明する豊富な意味内容だけでなく、とくにカトリック教会と競合するような見世物《スペクタクル》や儀式も含まれている。伝統宗教とは異なり、政治宗教は政治を通しての救済を約束するものである。(95) ナチズムのレトリックとその儀式じみた自画自賛には、イタリア・ファシズムよりも擬似宗教的な側面が強かった。しばしばヒトラーは、自らを「摂理」を示すための道具と称していたし、演説で「わが民族《フォルク》への信頼」を表明する際には、実際に「アーメン」という言葉で締めくくってもいた。宗教的、とりわけ終末論的響きは概して大陸帝国の特徴ではあったが、ヒトラーの演説ほど目立つケースは後にも先にもない。ナチスは、右翼の予言者アルトゥール・メラー・ファン・デン・ブルックが考案した「最終帝国《エントライヒ》としての第三帝国」という概念を盗用した。また、ドイツはつねに同一の人種的実態を伴う帝国《ライヒ》であったし、これからも一貫してそうであろうと主張した。[96]

ナチの公式イデオローグであったアルフレート・ローゼンベルクは、既存の教会と直接的に対立する新しいタイプの異教信仰を攻撃的に推進した。[97] エストニア出身でロシア革命から逃がれてきた経歴をもつローゼンベルクは、当時まだ若かった政治家ヒトラーに『シオン長老の議定書』を紹介することで、もともと彼の抱いていた反ユダヤ主義を急進化する役割を果たした。ローゼンベルクは、独特の「霊的人種主義」を作り上げてもいる。全く読むに堪えない（おそらく実際にも読まれていない）彼の代表作『二〇世紀の神話』は、主として文化的・心理的主張を人種主義の語彙で塗り固めたものである。[98] 同書によれば、思想はつねに誰がそれを最初に考え始めたかによって評価すべきであり、それを最初に考えたのが誰であれ、その人物の血、つまり「人種的類型」である身体によって評価すべきなのであった。これと同様の調子で、代表的優生学者であり「人種衛生学」の専門家であったオトマール・フォン・フェアシューアーも以下のように述べている。すなわち、ナチスは民族《フォルク》を「精神的かつ生物学的統一体」と理解しており、「ドイツ民族の大部分は、祖先を共有する巨大な共同体、すなわち血縁関係に基づく連帯から成り立っている」のであった。[99]

親衛隊（SS）隊長のハインリヒ・ヒムラーもまた、「生物学による支配《バイオクラシー》」と、理解しがたい「精神主義《スピリチュアリズム》」、そして祖先崇拝とのこうした混合物に賛意を示していた。彼は、脱キリスト教のための闘争、すなわち支配的宗教の代わりにゲルマン信仰《ゲルマーネングラウベ》と呼ばれたゲルマン人の原始信仰を導入する闘争において、自らの「騎士修道会」〔＝親衛隊〕が先遣隊になるものと考えていた。ゲルマン信仰の内容とルーツについては、巨大なSSの調査機関が明らかにし、明確に説明することになっていた。祖先崇拝については、純粋なゲルマンの血統を守るという倫理規定と合致するだけでなく、その規定を強化するものと考えられた。(100) ヒトラー自身は、こうした類いのオカルティズムには反対しており、私的な場においても、ヒムラーやローゼンベルクのゲルマン崇拝《ゲルマーネンクルト》を奇怪だとして非難していた。けれども、親衛隊の政策の指針となる人種主義的擬似科学を熱烈に信じており、ヒムラーやその他の部下に対し、ナチズムは「もっぱら人種主義的な知見に基づいた民族至上主義的《フェルキッシュ》で政治的な学である。その意味において、神秘的崇拝を説くものではなく、むしろ血によって決定づけられる存在としての民族を育み、導くものなのだ」と諭した。(101)

国民社会主義の際だった特徴のひとつは、歴史的決定論、そしてとりわけ生物学的決定論に関する包括的理論を提示したことである。確かにイタリア・ファシズムにおいても、当初から人種主義が顕著だった。イタリア・ファシズムは、第一にスラヴ人やアフリカ人に敵対的であったが、ユダヤ人に対してもそうであった。(102) ムッソリーニは「改良《ボニフィカ》」の概念を提示している。これは、陸地や海（イタリアにとっての「われらの海《マレ・ノストラム》」、つまり地中海）の改良を意味する概念だが、文化の改良（イタリア語を外来語の影響から救うといった悪名高き主張）や、究極的には「新しいイタリア人」を創るといった人間そのものの改良をも意味した(103)。イタリアは国民としての（最終的には帝国としての）再生を望んだのであり、ムッソリーニは、国家の主要な課題を「治療《クラーレ》」と表現することもあった(104)。さらに改良は、望ましくない民族を排除することによって、補完されるだけでなく、完成されねばならなかった。ドゥーチェは、「医師が感染した人間を隔離するように、われわれは不健全な人間を社会から排除する」と述べ、自らのことを「不健全な人間」に対処する「人種臨床医」と呼んだ(105)。治療に関する当たり障りのない語彙が使われていたとはいえ、こうした言葉遣いから人種の防衛を目的とした、より攻撃的な措置を採用する可能性が開かれたのである。そして、一九三〇年代末にはこうしたことが実際に生じたのだが、その際、用語に関しては自己表象機能と自己正当化機能との間に明確な乖離が見られなかったように思われる。ファシストのレトリックにおいては、終始一貫して民族《ナツィオーネ》と人種《ラッツァ》の違いは曖昧で揺れていた(106)。

それとは対照的に、国民社会主義においては、民族の身体《フォルクスケルパー》の完全なる改造が当初から目標とされた。ここでは、ドイツ人が特定の文化や宗教、あるいはそれに関する政治運動から定義されるのではなくて、何よりもまずアーリア人と自己規定するべく教育が行われた。イタリアの場合と違って、第三帝国ではナチ理論の形成に役立ちうるものであれば、人種に関わる語りは文字通り何でも用いられた。ナチの医学的「倫理学者」のトップであったルドルフ・ラムによれば、「他のいかなる政治哲学や党綱領とも異なり、国民社会主義は自然史や人間生物学と調和している」のであった(107)。

イタリア・ファシズムとドイツの国民社会主義は、闘いを通し、かつ闘いに向けて鍛錬される集合的身体という、ソレルに端を発する概念を共有していた[108]。ソレルは、唯物主義よりも道徳主義を強調しており、その傾向はムッソリーニの大部分のレトリックにも反映されていた。ヒトラーとその配下にある者たちも、「精神」と意志の力を喚起し続けていた。ただし、この国民社会主義の主張は通例、人類の意志作用を超越したかに見える生物学的力という、より大きな枠組みの範囲内に留まっていた[109]。生物学の法則を疑うことは全く問題外であり、生物学上危険ないし不適当と見なされた者にとって救いは皆無であった。これはまた、ソヴィエト連邦との主要な相違点のひとつである、それはスターリニズムの最も暗い時代においても妥当する。というのもソ連においては、少なくとも理論上は、階級敵もしくは「人民の敵」であっても、「社会的に有用な労働」を通して、あるいは戦時中であれば「赤軍」に参加することによって、自らの名誉を回復することができたからである。

スターリンが「歴史法則」をもちだしたのは、自らの体制を進歩の物語に組み込もうとしたからである。それは、ヨーロッパ周辺の遅れた文明から始まり、ソヴィエトの「新しい人間」と喜びに溢れた社会主義の生活が全面的に魅力的となり、――究極的には――全面的に実現した状態へと向かう、直線的に前進する時間の流れに自らを組み込むことを意味した。ナチスにはそのような進歩の物語は存在せず、永遠の闘争状態と絶え間ない退化の危険が存在するだけだった。ソヴィエト人は、つねに楽観主義の精神のもと、「改良版人類」(トロツキー)が誕生するであろう未来は自分たちのものだと主張した。これに対してナチスは、徹頭徹尾防御の構えのもと、歴史――時の気まぐれ――に逆らい、ナチの反普遍主義に対しておよそ魅力を感じずに敵対する外界に抗して、自らの空間を確保し、守ろうとしていた[110]。ソヴィエトの「新しい人間」は鋼鉄の人間を意味していたが、絶えず再生産される敵の攻撃から身を守るためにそれを必要とするわけではなかった。彼らは物質世界と闘い、それを鍛えた。これに対してファシズムにおける鋼鉄の人間は、つねに他の人間と闘い、しかもその闘争が永遠に続くものと考えていたのである。

イタリア・ファシズムと同様、国民社会主義は、民族共同体《フォルクスゲマインシャフト》のために連帯と自己犠牲を価値の中心に置いた包括的な「倫理革命」、および「浄化」と「衛生」の名のもとでの社会的身体の徹底的な改造を標榜した[111]。民族共同体の緊密な結び付きを意味するドイツ語のフォルクスゲマインシャフトは、第一次世界大戦中のドイツで人口に膾炙《かいしゃ》した。つまり、あらゆる階級や身分の違いが共通の敵を前にして乗り越えられたように思われ、民族共同体と闘争の理念が分かちがたく結合したときに、一般に普及したのである。

国民社会主義の理論家や法律家たちは、民族共同体を、きわめて明確に人種共同体の意味に読み替えようとした。それは、文字通り人種的同胞たる「民族同胞《フォルクスゲノッセン》」の間での包摂と平等を意味していた[112]。公私双方の生活がこの理念に沿うように再編されることになった。とりわけ、民族同胞間の対立や区分は完全に排されるべきであった。土地所有者であれ借地人であれ、雇用者であれ被雇用者であれ、共同体《ゲマインシャフト》のなかに統合されることになっていた。そしてすべての者は、不可分の全体のために自らを犠牲にすべきとされた[113]。こうして国民社会主義は——非難されるべき内容ではあるが——自らの道徳信念の体系を提示した。それは、民族同胞に限定された道徳であった。同胞の統合は、ユダヤ人や「反社会的人物」の排除によって保証されるだけではなかった。それはまた、新たに純化された政治共同体に属さない人びとに対する犯罪行為に関し、暗黙の、もしくは半ばあからさまな共犯関係を通しても保証されたのである。[114] 共同体《ゲマインシャフト》にとっての余所者《フレムデ》は排除されるべきであり、究極的には抹殺されるべきであった。実際、ナチの法学者たちは、「民族同胞、ライヒ市民、外国人、ユダヤ人などの間の相違」を覆い隠し、ねじ曲げているという理由で、「人類」や「人間」の概念そのものを攻撃した。ある亡命した政治学者は、シュミットのような法学者が「人類を廃止しようとしている」と論評した。[115] こうして、ナチの思想は前例のない反普遍主義的攻撃を仕掛けた。そして、それほどあからさまではないにせよ、以前の世紀においては想像もできない方法で、民主主義の時代に対する徹底的に反自由主義的な応答を示したのである。

国家の死

しかしながら、ナチズムは疑似宗教的な神話や医学の比喩だけで成り立っていたわけではない。ファシズムが部分的には民主主義の壇上で演じられたことを知っておく必要がある。ジェンティーレによれば、ファシズムは「民主主義の最も真正な形態」であり、「ごく少数の者、場合によっては唯一人の意志がすべての者の意識と意志として現れるときに出現する」という。[116] 一九三三年にナチ党員となり、同体制の指導的法学者の一人となったカール・シュミットは、民主主義は代表の概念から切り離しうると主張した。真正の民主主義は統治者と被統治者の同一性に基づくのであって、その原理からすれば、人民の意志は一人の個人に集中しうるし、ムッソリーニのような独裁の方が自由主義的議会主義よりもはるかに信頼しうる民主主義の表現となる[117]。

ナチの最も主要な指導者たちが、幾度となくあからさまに民主主義を否定していたことは事実である。二〇世紀の主要なイデオロギー的運動のなかで、彼らほど民主主義に対して意味論上の妥協を行わなかったものは他にいない。ヒトラー自身、自由民主主義は民族を弱体化させる手段であり、金権政治、すなわち金持ちによる支配の事実上の形態であるとして、常々非難していた。西洋の民主主義では、少数の「一味」が効率良く「大衆」を排除し続けていると主張する者もいた[118]。あるナチの傑出した哲学者は、ローゼンベルクの著作集の序文で、彼を運動の代表的イデオローグとして称賛しただけでなく、彼を指導的な「民主的＝ユダヤ的インターナショナリズムの敵」として褒め称えるのに最適の人物だとしたのである[119]。

それにもかかわらず、少なくとも何人かのナチ理論家が、選挙結果中心の機械的民主主義とは反対に、治者と被治者の間の「信頼」に重点を置く「ゲルマン型民主主義」の概念を発展させることが重要だと考えていた。ヒトラー自身も、「わたしは独裁者ではないし、独裁者になるつもりもない」と主張している。さらに彼は以下のように述べさえした。「国民社会主義は、議会主義のもとで堕落してしまった民主主義の理念に真面目に取り組んでいる」のであり、「時代遅れとなった制度がもはや国民全体との実り豊かな関係を維持できなくなったという、まさにその理由で、われわれはそれを放逐したのだ……」と。[120]

もちろん、体制初期におけるこうした発言には、ドイツ国外向けの宣伝という戦略的な側面もあった。しかし、ヒトラーとそれに従う知識人たちは、人民の参加と包摂というレトリックを採用しなければならないと感じていたのであり、実際、人民参加という概念を説得的なものにするために多大な配慮がなされたのである。ツヴェタン・トドロフが指摘したように、ナチズムは(および、この件に関してはスターリニズムも)擬似民主主義(およびフランツ・ノイマンが「擬似平等主義」と呼んだもの)という巨大な見世物《スペクタクル》を必要とした。それは、「人民」がその場に直に存在し、総統への信頼を確認すると感得しうる、人民の喝采とパレードの演劇技法であった。(皇帝や国王とは異なり)ヒトラーという指導者は、人民と同じ人間であり、人民と共にある人間であり、しかも人民を超越する存在であった。それは彼が、ソヴィエトの官僚的指導者と違ってカリスマを有するからだけではなかった。彼の意志は自己決定を行う大衆の意志と一致していなかった。むしろ彼は、不変の人種法則を認識し、それに従って行動しようとした。そしてこの人種法則の正しい解釈に基づき、劣等人種を恒久的に支配、場合によっては抹殺し、さらには自らへの挑戦者に対処しつつ、永続する能力を持つ集合的身体を志向したのである。

国民社会主義は、イタリア・ファシズムよりもはるかに強く、自らの主張の基礎を、指導者と人民《フォルク》との完全なる合一に置いていた。イタリア・ファシズムの指導者には、自らをファシスト運動における集合的カリスマの受託者と見なし、ムッソリーニのカリスマも党から導き出されると見なす者もいた。彼らによれば、ファシズムはつねに指導者という職位を必要とするのであって、カリスマは何よりもまず制度としての党に宿るのであった。ある法学者は以下のように述べている。「もし新しい国家が永続的なものになろうとするのであれば、……それがヒエラルヒー的な構造をもつ以上、たとえ指導者が革命を先導するだけの特別な力をもった人間でなかったとしても、指導者そのものの職位は不可欠である」。あるいはヴェーバーを直接引用し、「ファシズムは国民社会の「カリスマ」理論を完全に実現した初めての事例だ」と主張する者もいた[121]。これに対し国民社会主義は、いかなる形であれ、総統《フューラー》の非人格的な職位を人間ヒトラーから切り離そうとする傾向は見せなかった。また、ムッソリーニ主義という個人崇拝に反対するイタリア・ファシズム内部の活動に相当する動きは、国民社会主義には存在しなかった[122]。

個人に対する忠誠《トロイエ》は、ナチの法概念の中核を成すものであり、冷たく「形式的な」法実証主義、あるいは権威主義的支配者による単純な命令とは対照的なものとされた。民主的に選出された最後の大統領であるヒンデンブルク陸軍元帥(彼自身は代用皇帝《エアザッツカイザー》のような存在だった)が死去した一九三四年、ドイツ軍がヒトラーという個人に対して忠誠を誓ったのは、この点を端的に示す事実である。君主国における国王への宣誓は、特定の国王個人ではなく、制度としての君主に対するものであったし、またヴァイマル共和国では、兵士は憲法に対して宣誓していた。

制度ではなく人格を強調するやり方は、ソヴィエト連邦におけるスターリンの支配と似ていた。それは、非人格的国家の論理というよりもむしろ、ギャング組織の論理に依拠していた。ところがスターリンとは異なり、ヒトラーは、非公式の社会生活ではこの論理に従おうとしなかった。たとえば彼は、閣僚の「ビアパーティー」を禁じている[123]。また彼は、たとえ形だけでも、官僚のトップになることには全く関心をもたなかった(実際、官僚組織において真の権威を有していたスターリンとは異なり、ヒトラー自身は文書仕事を嫌っていた。彼のことを「怠惰な独裁者」と評する歴史家もいる)。さらにスターリンと異なる点として、ヒトラーは自身の人民を恐れていなかった。彼は自らのカリスマの権威を本気で信じており、スターリン風に「ヒトラー」は「ナチ権力」の単なるシンボルだ、などとは口が裂けても言わなかっただろう。スターリンの場合、人民権力の単なるシンボルという自らのイメージが、党員証管理に熟達した「同志カードボックス」という実態とはまるで関係がないと考えていたのであり、その点ではほとんどポストモダン的と言ってよい。ヒトラーは

ナチの法学界は、以上のような個人への忠誠の論理に沿う形で、「具体的秩序」の概念に取り組んだ。それは、諸制度と個々人が持つ素因、さらには人種に基づく集団の素因とを組み合わせた概念であった。理想的には、支配は国家による法的強制に過度に依拠するよりは、むしろ信義、信頼、名誉といったゲルマン的と想定された価値に依拠すべきとされた。そして、そうしたゲルマン的価値自体は「生物学的価値」ではないものの、やはり生物学的に決定づけられると考えられた。つまり、この体系では国家は大きな役割を果たさないことになっており、その点で、これはドイツの法治国家《レヒツシュタート》の伝統、あるいは法の支配の伝統にそぐわないものであった。シュミットは、自由主義的な「法の支配」

が「正しい国家によって」直接に取って代わられたと論じた。ラインハルト・ヘーンに代表される若い世代のナチ知識人は、さらに先に進み、国家の概念そのものを法思想から抹消しようとした（その概念を用いる者が自由主義的な法学の痕跡によって汚染されることを恐れたのだろう）。それゆえ、ヘーンとその支持者たちは、たとえば国家の敵《シュターツファインデ》という表現を、民族の敵《フォルクスファインデ》という用語に置き換えるべきだと主張した[124]。これに対し、法学界内部における彼らの反対者は、国家であれ帝国であれ、依然として法的・行政的枠組みを通してのみ、民族《フォルク》を「政治的に」位置づけることができると主張した。また彼らは、たとえ正しい人種的血統に属していても、諸個人が、総体としての民族の前では法的保護をすべて失ってしまう恐れがある点を指摘した[125]。

それゆえ、ナチの政治理論家たちは、ジェンティーレのようなヘーゲル的ヴィジョンとは無関係だった。実際、ヒトラーが首相に就任した一九三三年一月三〇日にカール・シュミットが「こんにち、ヘーゲルの国家は死んだ」と宣言したことは理由のないことではない。確かに、きわめて抽象的なレベルでは、「大衆」を国家に統合するというジェンティーレの狙いとナチのそれとは一致していた。しかし、ナチにおいて国家は、民族より上位の、あるいはそれを超越した教育者というわけではなかった。むしろ、シュミットがナチ体制下で最初に公刊した主要著作の書名が示すように、政治秩序は「国家・運動（すなわち党）・民族」という聖ならざる三位一体で構成されていた[126]。シュミットによれば、運動（党）は（静的な）国家と同質的かつ非政治的な民族《フォルク》との間に「躍動的な」要素を提供する。一九三四年のニュルンベルク党大会でヒトラーが述べたように、「党が国家に命令する」のである[127]。またシュミットは、ナチの権力奪取によってドイツは再び真の政治指導を取り戻したと主張した。そしてその政治指導は――ここでシュミットはかつてのヴェーバーの懸念を繰り返したに過ぎないのだが――、ヴァイマル共和国の官僚国家のもとでは失われていたものであった。もし、何がこの構造全体をひとつにまとめているのかと問われれば、回答は人種でしかありえなかった。「同質性」という言葉は――シュミットの場合、明示的だったが――人種的同質性を意味していた。こうして民族は、同じ人種的「実体」を共有するはずの総統という人物のなかに、ほぼ文字通り具現化する。それゆえこのモデルは、シュミットの言う治者と被治者の「同一性」という民主主義的原理に合致したのである[128]。

もちろん、ナチは国家を完全に廃止したわけではないし、そのように宣言した者が他にいたとしても、実際に国家を廃止した例は二〇世紀において存在しなかった。すでに一九三〇年代末から四〇年代初頭にかけてエルンスト・フレンケルやフランツ・ノイマンのような批判者が理解していたように、ナチ国家は高度に断片化し、ますます正規の法手続きから外れた形で運営されるようになっていた。フレンケルは、伝統的な「実定法規範」に基づく「正常な」国家と、一方的な措置によって恣意的に支配される国家――彼の表現では「規範国家」と「大権国家」――から成る「二重国家」の出現を認識していた[129]。単純に説明すれば以下のようになろう。ある者が結婚しうるか、あるいは窃盗罪で有罪となるかについては、通常の法に従う限り全面的に予測可能である。だが、誰が生きるに相応しいか、相応しくないかというもっと基本的な問題については、官僚の恣意的な判断に委ねられるようになった。官僚たちは、相反する目的のもとで働き、総統の意志を「予期し」、あるいはそれに応えようとしてお互いに出し抜き合うなかで、ますます混乱した状況に陥っていった[130]。こうした混乱と支離滅裂は、ナチ・イデオロギーの基本と全く無関係というわけではなかった。「生物学」それ自体は法律となりえなかった。民族《フォルク》もそれ自体としては、制度化はおろか政治的行為者にもなれなかった。しかし、そうした事実を認めてしまうと、生物学が政治を規程するのではなく、逆につねに政治によって規定されることを容認することにつながり、生物学的決定論の知見から導き出されるはずの歴史的確実性を放棄することとなっただろう。

ヒトラーが最終的にナチ憲法を公布すると約束していたにもかかわらず、イタリア・ファシストと同様、ナチもまた新しい憲法を制定せず、その意味において自らの政体の新しい構造を決して完成させなかったことは示唆的である。ナチによる法律や命令は大量に存在したが、全体を意味づけるようなナチ支配の基本的枠組みも、公認のナチ法学も存在しなかった。ノイマンは、ナチ帝国が恒常的な非常事態下にあり、それどころか、その帝国が混沌とした「無国家」の状態に転じ、「完全なる無定型」によって特徴付けられるような憲政となった事実を強調した。ナチの政体は、量的全体国家、すなわち社会のさまざまな利害集団に吸収された国家により近かった。一九三〇年代初頭にシュミットはこれを激しく非難し、その対極として、社会のあらゆる分裂を越えた質的全体国家を提唱した。それはジェンティーレとよく似た発想だった。ナチ帝国における実際の支配は各集団による非公式な妥協に基づいて行われるようになった。それらの集団は、個々のナチ指導者やそれに対して個別に忠節を誓う従者たちから成り立っており、封建時代の氏族に似た存在となっていた[131]。ノイマンによれば、

「すべての集団の上に立つ国家の必要性」はますます低下しているように思われた。それどころか「集団間の妥協や被支配階級に対する支配を行ううえで国家が障害になりうる」とも考えられたのである。[132]

実際のところ、全集団の上に立っていたのはヒトラーという個人であった。彼は官僚や政治的集団をお互いに争わせる、一種の「制度的ダーウィニズム」を意識的に実践した。そこには明確な論理が存在した。ヒトラー個人は思想と行動の双方において何物からも拘束されなかった。彼は憲法どころか特定の政治理論に縛られることも拒否し、「指導者を導く者」になることを夢想していた思想家たちを失望させた。拘束されたくないというヒトラーの願望は、『我が闘争』からの引用が事実上タブーとなるほど強力なものだった。[133] ハンナ・アレントが理解していたように、ナチはいかなることもなしうるのであり、「すべてが可能である」ことを実証しようとしていたのである。[134]

一見したところ、こうした無拘束の政治指導の強調は、レーニンの党の自己認識と似ているかもしれない。ただしレーニンの党は、最もカリスマが前面に出される局面においてすら、ルールを有し自己再生能力を備えた制度であった。これに対し、明らかに、ヒトラーは唯一人の個人であった。彼は人種的な闘争共同体《カンプフゲマインシャフト》を生み出すべく、すべてを民族共同体《フォルクスゲマインシャフト》の恒久的動員に傾注した。闘争共同体は彼にとって手段でもあり、目的でもあった。[135] だが、彼は制度を構築しなかった。国家および帝国の長としての役割を果たすときでさえ、彼は公的な場での演説とアジテーションによって支配しようとしたのである。[136]

ヒトラーが受け継ぎ、すでに部分的に「無国家」となっていたドイツ国家は、戦争の進行とともに崩壊を始めた。シュミットによれば、一貫して国家と対峙し、かつ「躍動的」要素であるべきナチ党は、有名な「党と国家の合一を保障するための法律」が実際に施行されることで、国家を超えてさらなる権力を奪取するはずであった[137]。だがナチ党は、スターリン下のボリシェヴィキ党ですらもちえた独立性を決して得ることはなかったし、いかなる場合においても、レーニンが作り上げたような規律の精神や形式を発展させることはなかった。ナチ党は適切な官僚制というものを全く発展させなかったため、国家に取って代わるような存在にはなれなかった（この点は、ヴェーバーの革命観を改めて検討する必要性を示している）。結局のところナチの支配においては、すべてが動員であり、実態的な制度は皆無であった。それは具体的無秩序《カオス》だったのである。

諸国民なき広域圏

こうした理論と実践の乖離に似た状態が、国際的な領域でも見られた。ヒトラーの意を体した知的執行人たちは、一九三〇年代末から第二次世界大戦中にかけて、ヨーロッパ、そして究極的には地球レベルでのナチ秩序の構想を作り上げようとしていたが、それを支えていたのが「具体的秩序思考」であった。彼らは、世界を複数の「大空間」あるいは「広域圏《グロースロイメ》」に分割されたものとして認識していた。各広域圏では、中心に帝国《ライヒ》が位置し、周辺には実質的に衛星状態にある多数の諸国民が配される形となっていた。こうした国際法や国際関係へのナチ特有のアプローチを発展させていくなかで、その最前線にいたのは、やはりカール・シュミットである。一九三九年、彼は総統に対し、「欧州版モンロー・ドクトリン」を宣言し、第三帝国を新しい広域圏《グロースラウム》の中心に据えるよう要請した。その広域圏については、ヨーロッパ域外の大国（とくにアメリカ合衆国）は干渉すべきでないとされた。ヒトラーは帝国の建設を意識し、ドイツが「第二のオランダ」や「第二のスイス」、さらには「奴隷の民」になることを防ぎたいと考えていたが、シュミットの要請はそうした彼の望みに合致していた。シュミットは、経済発展もまた、広域圏へと向かう推進力だと主張した。しかしながら決定的だったのは、彼が規定したタイプの帝国においては、人民による真正なる正統性が成立するという点であった。奇妙なことにナチの思想は、国際的な領域においてすら、一方で擬似民主主義的なアピールと、他方で政治の完全な生物学化、すなわち人間の意志を超越した歴史法則や人種法則に政治を従属させる考え方との間を揺れ動いた。実際、ヒトラーは自らを「人類の解放者」と呼んだこともある。だが同時に彼は、個々の人間は問題ではないとも述べたのである[138]。

ヒトラーは多元的な民族集団を抱えたハプスブルク帝国を嫌悪し続けてはいたが、その大ゲルマン帝国の理念は、大陸帝国、場合によっては多民族帝国の古い概念を復活させただけのように見えることもあった。ヒトラーにとってハプスブルク帝国が身の毛もよだつような「バビロン的［退廃的］」ごたまぜに過ぎなかったのに対し、彼の目指す帝国《ライヒ》は、非常に巨大な国民国家、あるいは国家をもたない国民共同体のようなものを示唆していた。ただし、国民社会主義者のなかには、自由主義の過去をあまりにも多く引きずっているという理由で、国家の概念と同様、国民の理念に対してすら不信の目を向ける者もいた[139]。

ここでも、イタリア・ファシズムとの対比が参考になるだろう。イタリア人たちもまた生存圏を必要としており――彼らの言葉ではスパツィオ・ヴィターレ――、世界を帝国それぞれの大空間《グランデ・スパツィオ》に分割するというシュミット的構想を公式に共有していた。しかし、イタリア人たちは本質的にナショナリストとしての支配原理を保持していた。ドイツの支援なしに征服できた唯一の国アルバニアに対し、イタリア人たちは自国を特徴付けている二重構造の複製を持ち込んだ。つまり、ヴィットーリオ・エマヌエーレ三世がアルバニア国王となり、ムッソリーニが新しく作られたアルバニア・ファシスト党の党首になったのである。しかし理論上は、アルバニア人が自分たちの事柄を扱い続けるべきであり、そうするだろう、とイタリア側は主張した。一九四二年五月、外相のチアーノ伯は以下のように述べている。「ファシズムを別の国に輸出しながら、同時にファシズムの教養の本質である国民原理を否定することは不可能である。……アルバニアにおけるわれわれの行動は、ローマの構想する新秩序のもとでは、諸国民は隷属させられるのではなく、高く評価されるのだということを、世界に知らしめる具体的な証拠である[140]」。

こうした主張が全くの偽善であったにせよ、ここで重要なことは、ドイツ人ならこのような主張をそもそもしなかっただろうという点である。帝国《ライヒ》の概念が首尾一貫したものになればそれだけ、ナチ帝国は完全に人種化されるはずであった。換言すれば、ナチ帝国は「民族の血《フォルクスブルート》」によって決定づけられ、「血の壁《ブルーツヴァル》」によってスラヴ的アジアから区別されるはずであった。[141] ヒトラーが『我が闘争』のまさに最初のページで主張したように、「ひとつの血がひとつの帝国《ライヒ》を要求する」のであった。[142] 戦時中、ボリシェヴィズムに対する戦いが次第に「ヨーロッパ」を救うための戦いと位置づけられるにつれ、ヒトラーは「ヨーロッパ」を「血によって決定づけられる概念」と主張するようになった。[143] そこから、絶えず膨張する「人種担当官僚」は、人民を分類・認証し、「人種登録カード」を発行し、ドイツ人の血の最後の一滴に至るまで単一の政治的共同体に注ぎ込むという任務を担った。この特性に気づいたハンナ・アレントは、ナチスを「〔人種至上主義的〕反国民的国際運動」と呼んでいる。[144] ロシア系フランス人の哲学者アレクサンドル・コジェーヴは、戦後にシャルル・ド・ゴールに宛てた覚書のなかで、人種的に規定された民族共同体として帝国を維持しようとするナチの努力に言及し、完全に相矛盾するというわけではないにせよ、両義的なその特質を明確に指摘した。彼は以下のように述べている。

> ドイツ国民国家は八〇〇〇万の国民に奉仕を強いた。何をおいても、その軍事的・市民的（道徳的側面は問わない）質は称賛に値するものであった。それにもかかわらず、こうした国民の超人的な政治的・軍事的努力は、文字通り「運命的」とも言いうる結果を遅らせることができただけである。しかも、この「運命」の原因となったのは、ドイツ国家において顕著にされ自覚されていた民族的性格そのものだった。近代戦争を遂行する能力をもつために、第三帝国は非ドイツ諸

国家を占領・搾取し、一〇〇〇万を越える外国人労働者を移入させなければならなかった。しかし、国民国家は国民以外の諸民族を同化することができず、政治的には、彼らを奴隷として扱わざるをえない。こうしてヒトラーの「ナショナリスト」としてのイデオロギーは、それだけで「新しいヨーロッパ」という帝国プロジェクトを破滅させるに充分な存在と言えた。しかも、その「新しいヨーロッパ」がなければ、ドイツは戦争に勝てなかった。それゆえ、ドイツがこの戦争に負けたのは、この国が単一民族の国民国家として戦争に勝とうとしたからだと言うことができる。たとえ政治的に「完璧な」八〇〇〇万の市民から構成された国民であっても、近代戦を遂行することはできず、したがって、国家の政治的存在も確実にすることができないのだから[145]。空間なき民族《フォルク・オーネ・ラウム》と位置づけられた存在が帝国を拡張すると、このパラドックスはすぐさま露わとなった[146]。彼らはますます、人民《フォルク》なき空間《ラウム》に直面するようになったのである。

　このように徹底的に人種化された世界観の中核が反ユダヤ主義だった。それはヒトラーの初期からの政治的強迫観念であった。すでに一九一九年の時点で、彼は「理性」に基づく「反ユダヤ主義」の名のもとに、「ユダヤ人すべての排除」を要求していた[147]。ヒトラーは、ヴェーバー流に言えば究極の信条に基づく政治家と呼べるだろう。そして、反ユダヤ主義が彼の行動を、きわめて自己破壊的な結末へと導くことになったのである。次の戦争は、世界観をめぐる戦争《ヴェルトアンシャウウングスクリーク》であり、同時に「民族《フォルク》と人種の戦争」でもあると、ヒトラーは初期の段階から主張していた。ドイツのユダヤ人を完全に排除することは、ドイツがその戦争で勝利を収めるための前提条件なのであり、さらに、ヨーロッパのユダヤ人社会全体――ヒトラーからすれば、それ自体が「反民族的」であった――の絶滅は、その戦争の結果として生じるものであった。

ナチ思想には、生存圏の征服とユダヤ人の抹殺を直接結び付けるものが何か存在していたのだろうか？　空間を獲得することに成功するかどうかは、どれだけ粗暴になれるかどうかにかかっているように見えた。ヒトラーは生命の尊厳という原理をユダヤ人のものと考えていた。そのため、ユダヤ人の絶滅――そして伝統的な普遍主義的倫理規定の弱体化――は、政治行動を成功裡に遂行し、さらには世界を支配し、究極的には歴史の主人となりうる汚れのない集団的身体を形成するうえでの前提条件となった。(148) それゆえ、ヒトラーは「戦争がここまで典型的にユダヤ的になったことは、また、ここまで純粋にユダヤ的になったことはかつてなかった」とも広言したのである。(149)

こうして、人種はナチ国家の外交と内政の双方を規定する決定的な要素となった。フランツ・ノイマンによれば、指導者原理《フューラープリンツィープ》と人種原理《ラッセンプリンツィープ》は、言ってみれば「化体説」「聖餐式においてパンと葡萄酒がキリストの体と血に実体変化するという説」を通して一緒になっていた。指導者は神秘的に人民とつながっているが、究極的には、それは両者が同一の「人種的出自」を有しているからだと言うのである。両者は敵の人種、およびその普遍的な倫理的信念――それはドイツ民族《フォルク》の真の意志を弱体化させる――に対抗して化体しているのである。ヒトラーが最後の数週間に自らの「経歴」と運命的な選択を回顧した際、ユダヤ人、そして――ヒトラーの理解ではユダヤ人の助言者によって支配されている

——あの「アルコール中毒でユダヤ化した半アメリカ人」ウィンストン・チャーチルが敗北の原因だと主張した。さらに彼の「政治的遺言」は以下の言葉で終わることになる。「わたしは民族の指導者やその部下たちに対し、何よりもまず、厳格に人種法則を遵守し、すべての人民に害毒を与える者、すなわち国際的ユダヤ社会に対して容赦のない抵抗を行うよう要求した」。しかし総統は、ドイツ人たちは戦争に対して「心の準備」ができておらず、母乳と一緒に「国民社会主義の思考法」を吸収済みの完全なナチ・エリートを育て上げるには二〇年の歳月が必要であったと慨嘆した[150]。また彼は、まさに最後の日に、周りにいたごく少数の人に対し、国民社会主義の理念は永遠に死んだとも述べている。

ヒトラーは正しかった。ファシズムと国民社会主義は、単に戦場で敗北したというだけではなかった。とりわけナチにおいて顕著であった前例なき非道と残虐が明らかとなったとき、将来的にファシズムが、多くの者の「精神」および「心」をつかむ可能性はもはや失われてしまった。そのうえ、実のところファシズムと国民社会主義は、理念としても敗北したのである。ファシストにとって真実は行動によって証明されるものであったが、彼らは行動において失敗した。戦争の価値に依拠し、永遠の闘争に従事する勇気に依拠した世界観が戦争に敗北したのであり、指導者たちもそれを認めた。だが、ファシズムは一度たりとも負けてはならない存在だったのである。その意味において、ファシズムは大衆民主主義、大規模な社会変動、そして大戦争の時代においてのみ可能な現象であり、いったん敗北すれば、その時代を超えては生き延びられない存在であった。それは、トーマス・マンが時代特有の病と呼んだものであった。[151] こうした事情から、戦後の再建——そしてそれを支える理念——は、最も広い意味において反ファシズム的であり反全体主義的である必要があった。だが、当然のことながら、再建それ自体がとくに民主主義的である必然性はなかった。

ヤン＝ヴェルナー・ミュラー(Jan-Werner Müller)
1970年ドイツ生．オックスフォード大学で博士号取得．現在，プリンストン大学政治学部教授．政治思想史・政治理論．著書多数．邦訳書に『カール・シュミットの「危険な精神」——戦後ヨーロッパ思想への遺産』(ミネルヴァ書房)，『憲法パトリオティズム』(法政大学出版局)，『ポピュリズムとは何か』(岩波書店)，『民主主義のルールと精神——それはいかにして生き返るのか』(みすず書房)がある．

試される民主主義
20世紀ヨーロッパの政治思想(上)
ヤン＝ヴェルナー・ミュラー

2019年7月26日　第1刷発行
2023年1月25日　第4刷発行

監訳者　板橋拓己《いたばしたくみ》　田口《たぐち》　晃《あきら》

発行者　坂本政謙

発行所　株式会社 岩波書店
〒101-8002 東京都千代田区一ツ橋2-5-5
電話案内 03-5210-4000
https://www.iwanami.co.jp/

印刷・三陽社　カバー・半七印刷　製本・牧製本

ISBN 978-4-00-061351-4　　Printed in Japan

監訳者紹介

板橋拓己(いたばし・たくみ)
1978 年生．東京大学法学部教授．国際政治史，ドイツ政治史．『中欧の模索』(創文社，2010 年)，『黒いヨーロッパ』(吉田書店，2016 年)．(第 4 章担当)

田口 晃(たぐち・あきら)
1944 年生．元北海道大学教授・元北海学園大学教授．ヨーロッパ政治史．『ヨーロッパ政治史』(放送大学教育振興会，2001 年)，『ウィーン 都市の近代』(岩波新書，2008 年)(日本語版序文・序章・第 5 章ほか担当)

訳者紹介

五十嵐美香(いがらし・みか)
1984 年生．北海道大学大学院法学研究科修士課程修了．(第 1 章担当)

五十嵐元道(いがらし・もとみち)
1984 年生．関西大学政策創造学部准教授．国際関係論，安全保障論．『支配する人道主義』(岩波書店，2016 年)．(第 1 章担当)

川嶋周一(かわしま・しゅういち)
1972 年生．明治大学政治経済学部教授．国際関係史，ヨーロッパ統合史．『独仏関係と戦後ヨーロッパ国際秩序』(創文社，2007 年)．(第 6 章担当)

佐藤貴史(さとう・たかし)
1976 年生．北海学園大学人文学部教授．思想史．『フランツ・ローゼンツヴァイク』(知泉書館，2010 年)，『ドイツ・ユダヤ思想の光芒』(岩波書店，2015 年)．(第 2 章担当)

福田 宏(ふくだ・ひろし)
1971 年生．成城大学法学部准教授．国際関係論，チェコとスロヴァキアの近現代史．『身体の国民化』(北海道大学出版会，2006 年)，論文「パン・ヨーロッパとファシズム」(『地域研究』16 巻 1 号，2015 年)．(第 3 章担当)

注

序 章

(1) [独]Alexis de Tocqueville, *Selected Letters on Politics and Society*, hg. von Roger Boesche, übers. von J. Toupin u. R. Boesche, Berkeley u. Los Angeles 1985, S. 372 u. 256 (Briefe an Louis de Kergorlay vom 16. Mai 1858 u. vom 15. Dezember 1850).

(2) [独]Victor Serge, *Memoirs of a Revolutionary* [1951], übers. von P. Sedgwick, Iowa City 2002, S. 385 [aus dem in der dt. Fassung nicht enthaltenen »Appendix: Victor Serge and Gaullism«, Anm. d. Übers.] [V. セルジュ著，山路昭・浜田泰三訳『一革命家の回想』上下巻，現代思潮社，1970 年].

(3) [独]A. D. Lindsay, *Karl Marx's Capital*, zitiert nach: W. Y. Elliott, *The Pragmatic Revolt in Politics. Syndicalism, Fascism, and the Constitutional State*, New York 1928, S. 67 [A. D. リンゼイ著，木村健康・音田正巳訳『カール・マルクスの資本論――思想史的・批判的入門』弘文堂，1972 年].

(4) Quoted in Eric Hobsbawm, *The Age of Extremes: The Short Twentieth Century 1914-1991* (London: Abacus, 1995), 1 [エリック・ホブズボーム著，大井由紀訳『20 世紀の歴史――両極端の時代』上下巻，ちくま学芸文庫，2018 年].

(5) Czesław Miłosz, *The Captive Mind*, trans. Jane Zielonko (1953; New York: Vintage, 1990), 3 [チェスワフ・ミウォシュ著，工藤幸雄訳『囚われの魂』共同通信社，1996 年].

(6) [独]たとえば以下に拠る．John le Carré, *Der Spion, der aus der Kälte kam* [1963], übers. von M. von Conta, Berlin 2009, S. 236 [ジョン・ル・カレ著，宇野利泰訳『寒い国から帰ってきたスパイ』早川書房(ハヤカワ文庫)，1978 年].

(7) 古典的な記述は次に見られる．Karl Dietrich Bracher, *Zeit der Ideologien: Eine Geschichte politischen Denkens im 20. Jahrhundert* (Stuttgart: Deutsche Verlags-Anstalt, 1982).

(8) Giovanni Gentile, 'The Philosophic Basis of Fascism', in *Foreign Affairs*, vol. 6 (1927/1928), 290-304; here 301.

(9) ここでのわたしの見方は Michael Freeden と Pierre Rosanvallon の仕事に負っている．

(10) 実際，なぜ特定の思想が過去にそれほど大きな力を振るったのかを的確に理解できれば，その思想の現在における危険性を弱めることにはなるだろう．たとえその思想を病的なものとしてただちに退けることができず，そのことにさしあたり心を乱されるにしても，である．

(11) 思想史における「影響」と呼ばれるつかみどころのないものを，量的に評価するのは無論のこと，立証することが通例不可能なのは確かである．しかしながら，政治思想史を学術的な哲学の論争史に矮小化させたり，政治制度がもっぱら「無思想な」実利主義や権力闘争を通じて形成されたという想定に立ったりしたくないのであれば，さまざまな方法で影響について考察するしかないであろう．かつてアラスデア・マッキンタイアが述べたように「政治的道徳的行為の歴史と政治的道徳的理論の歴史を別の二つの歴史と考えるべきではない．なぜなら，行為のみからなる歴史と理論だけの歴史の二つが存在するわけではないからだ．すべての行為は，担い手と，多かれ少なかれ理論を含んだ信念や発想とからなっている．いかなる理論の断片や信念の現れも政治的・道徳的行為なのだ」．下記を参照．Alasdair MacIntyre, *After Virtue: A Study in Moral Theory*, 2nd edn (London: Duckworth, 2004), 61［初版の翻訳として，アラスデア・マッキンタイア著・篠崎榮訳『美徳なき時代』みすず書房，1993年］．

(12) F. A. Hayek, 'The Intellectuals and Socialism', in *University of Chicago Law Review*, vol. 16 (1949), 417–433; here 417［ハイエク著，尾近裕幸訳「知識人と社会主義」『社会主義と戦争』(ハイエク全集，第2期第10巻) 春秋社，2010年］．

(13) 制度に焦点を合わせるといっても，国家中心とは限らない．政党や評議会(たとえば労働者自主管理の場として，あるいはもっと広く反国家的制度としての) なども疑いもなく政治制度である．そのうえ，こうした制度史は必ずしも「勝者の歴史」に堕するわけではない．実現しなかった制度提案や，制度としては明らかに失敗したものも，それらが政治的挑戦や反応の一層広い流れを照らし出している場合には，しかるべき扱いをすべきであろう．

(14) Michael Oakeshott, *The Social and Political Doctrines of Contemporary Europe*, with a foreword by Ernest Barker (Cambridge: Cambridge University Press, 1939), xi.

(15) Gentile, 'The Philosophic Basis of Fascism', 302.

(16) この点については次に負っている．David D. Roberts, *The Totalitarian Experiment in Twentieth-Century Europe: Understanding the Poverty of Great Politics* (New York: Routledge, 2006).

(17) Hans Kelsen, 'Foundations of Democracy', in *Ethics*, vol. 66 (1955), 1–101; here 1［ハンス・ケルゼン著，長尾龍一訳「現代民主制論批判」『ハンス・ケルゼン著作集1：民主主義論』慈学社出版，2009年］．

(18) Quoted in Peter Hennessy, *Having it So Good: Britain in the Fifties* (London: Allen Lane, 2006), 26.
(19) Quoted by David Marquand, *Britain since 1918: The Strange Career of British Democracy* (London: Weidenfeld & Nicolson, 2008), 283.

第1章

(1) [独] David Lloyd George, Rede vor Labourparteiführern, in: Keith Laybourn (Hg.), *Modern Britain since 1906. A Reader*, London 1999, S. 100 f.
(2) [独] Harold Laski nach Marc Stears, *Progressives, Pluralists, and the Problems of the State. Ideologies of Reform in the United States and Britain, 1909-1926*, Oxford 2002, S. 88.
(3) [独] Max Weber, »Politik als Beruf« [1919], in: *Max Weber-Gesamtausgabe*, Abt. I, Bd. 17, hg. von Wolfgang J. Mommsen u. Wolfgang Schluchter in Zus. mit Birgitt Morgenbrod, Tübingen 1992, S. 157-252, hier: S. 158 [マックス・ヴェーバー著，脇圭平訳『職業としての政治』岩波文庫，1980年].
(4) [独] Vilfredo Pareto, *The Transformation of Democracy*, hg. von Charles H. Powers, übers. von R. Girola, New Brunswick 1984, S. 64.
(5) [独] Paul Valéry, *History and Politics*, übers. von D. Folliot u. J. Mathews, Princeton 1962, S. XVIII [aus dem Nachlaß zitiert in der Einleitung von François Valéry].
(6) これらは正統性の三つの「純粋な」理念型である(ヴェーバーが第四の理念型，すなわち民主的正統性を考えていた証拠はある．そこではカリスマは，カリスマ的人格から権威として押し付けられるのではなく，人民がいわば選挙によって下から指導者にカリスマを付与するのである)．理論上はこれらの理念型は相互に排除し合う．たとえばカリスマは反伝統的である．しかし，ヴェーバーがつねに強調しているように，実際には，三者はきわめて多様な組み合わせとして現れる．とりわけ，カリスマが「日常化」して制度の日々の運営の一部になった場合，たとえば教会では職位が職位担当者にカリスマを付与するのであって，その逆ではないのであり，さまざまな正統性が錯綜することになる．とりわけカリスマに関する初期の論考については以下を参照．*Max Weber-Gesamtausgabe* I: 22: 4, ed. Edith Hanke, in collaboration with Thomas Kroll (Tübingen: Mohr Siebeck, 2005).
(7) Max Weber, 'Politik als Beruf', in *Max Weber-Gesamtausgabe* I: 17, ed. Wolfgang J. Mommsen and Wolfgang Schluchter, in collaboration with Birgitt Morgenbrod (Tübingen: Mohr Siebeck, 1992), 157-252; here 157.
(8) Stefan Zweig, *The World of Yesterday: An Autobiography* (1942; Lincoln:

University of Nebraska Press, 1964), literally *Weltvertrauen*［シュテファン・ツヴァイク著，原田義人訳『昨日の世界』全2巻，みすず書房(みすずライブラリー)，1999年］.

(9)　James Sheehan, *Where Have All the Soldiers Gone?: The Transformation of Modern Europe* (New York: Houghton Mifflin, 2008).

(10)　Quoted by Marc Stears, *Progressives, Pluralists, and the Problems of the State: Ideologies of Reform in the United States and Britain, 1909–1926* (Oxford: Oxford University Press, 2002), 2.

(11)　Felix Somary, *Erinnerungen eines politischen Meteorologen* (Munich: Matthes & Seitz, 1994), 97.

(12)　A. J. P. Taylor, *English History 1914–1945* (Oxford: Oxford University Press, 1992), 1［A. J. P. テイラー著，都築忠七訳『イギリス現代史：1914–1945』みすず書房，1987年］.

(13)　John Maynard Keynes, *The Economic Consequences of the Peace* (New York: Harcourt, Brace & Howe, 1920), 12［ケインズ著，早坂忠訳『平和の経済的帰結』(「ケインズ全集」第2巻)東洋経済新報社，1977年］.

(14)　参加の前提条件，もしくは(ギゾーと密接に関連づけられた概念である)「能力」の前提条件をめぐるヨーロッパ大の自由主義者の言説については次を参照．Alan Kahan, *Liberalism in Nineteenth-Century Europe: The Political Culture of Limited Suffrage* (New York: Palgrave, 2003).

(15)　Charles S. Maier, 'Political Crisis and Partial Modernization: The Outcomes in Germany, Austria, Hungary, and Italy after World War I', in Charles L. Bertrand (ed.), *Revolutionary Situations in Europe, 1917–1922: Germany, Italy, Austria-Hungary* (Montreal: Interuniversity Centre for European Studies, 1977), 119–139.

(16)　Quoted in Sheri Berman, *The Primacy of Politics: Social Democracy and the Making of Europe's Twentieth Century* (New York: Cambridge University Press, 2006), 53.

(17)　Jürgen Osterhammel, *Die Verwandlung der Welt: Eine Geschichte des 19. Jahrhunderts* (Munich: Beck, 2009), 849.

(18)　そうした信念は数的にも根拠づけられているように見えた．1914年には，人類全体に占めるヨーロッパ人の比率はその前後よりも高かった．

(19)　Paul Valéry, 'The European', in Paul Valéry, *History and Politics*, trans. Denise Folliot and Jackson Matthews (Princeton, NJ: Princeton University Press, 1962), 307–323; here 323.

(20)　William James, *The Varieties of Religious Experience: A Study in Human Nature* (1902; New York: Modern Library, 2002), 3.

(21)　Leonard Woolf, *Beginning Again: An Autobiography of the Years 1911 to 1918* (New York: Harcourt, Brace & World, 1964), 36.

(22)　この観点はイワン・クラステフに負っている．この側面でのロシアとドイツの類似性に関しては次を参照．Gerd Koenen, *Der Russland-Komplex: Die Deutschen und der Osten 1900–1945* (Munich: Beck, 2005), 15–16.

(23)　Charles S. Maier, *Among Empires: American Ascendancy and its Predecessors* (Cambridge, Mass.: Harvard University Press, 2006), 5.

(24)　植民地帝国の民主化と大陸の権威主義的帝国の民主化との違いは構造的なものである．前者では権力中心部の民主化または立憲化を進めても海外の植民地に影響することはない．ところが，大陸の帝国の場合そうした隔離は困難であった．以下を参照．Ronald Grigor Suny, 'The Empire Strikes Out: Imperial Russia, "National" Identity, and Theories of Empire', in Ronald Grigor Suny and Terry Martin (eds.), *A State of Nations: Empires and Nation-Making in the Age of Lenin and Stalin* (New York: Oxford University Press, 2001), 23–66.

(25)　Tomáš Masaryk, *The New Europe – the Slav Standpoint*, ed. W. Preston Warren and William B. Weist (1918; Lewisburg, Pa.: Bucknell University Press, 1972), 47.

(26)　J. M. Roberts, *Twentieth Century: A History of the World from 1901 to the Present* (London: Allen Lane, 1999), 9. ヴェーバーの二つの(理論上は相互に排除する)カテゴリーを使えば，君主制は，正統性を樹立するのに，伝統および世襲制と制度化されたカリスマとを結合した．専制的な君主制は伝統と世襲制により多く頼り，近代的な開かれた君主制は後者に傾く傾向があった．

(27)　Arno J. Mayer, *The Persistence of the Old Regime: Europe to the Great War* (New York: Pantheon, 1981), 153.

(28)　Walter Bagehot, *The English Constitution*, ed. Paul Smith (1865; Cambridge: Cambridge University Press, 2001), 34［バジョット著，小松春雄訳『イギリス憲政論』中央公論新社(中公クラシックス)，2011年］.

(29)　以下は次に依拠している．Hermann Heller, 'Der monarchische Ideenkreis', in Hermann Heller, *Die politischen Ideenkreise der Gegenwart* (Breslau: Hirt, 1926), 22–47［ヘルマン・ヘラー著，安世舟訳『ドイツ現代政治思想史』御茶の水書房，1989年］.

(30)　Francis Oakley, *Kingship: The Politics of Enchantment* (Cambridge, Mass.: Blackwell, 2006), 135.

(31)　Wolfgang Reinhard, *Geschichte der Staatsgewalt* (Munich: C. H. Beck, 1999), 429–430.

(32)　David Cannadine, 'The Context, Performance and Meaning of Ritual: The

British Monarchy and the "Invention of Tradition", ca. 1820–1977', in Eric Hobsbawm and Terence Ranger (eds.), *The Invention of Tradition* (Cambridge: Cambridge University Press, 1983), 101–164［デイヴィッド・キャナダイン著，辻みどり，三宅良美訳「コンテクスト，パフォーマンス，儀礼の意味——英国君主制と「伝統の創出」，一八二〇——一九七七年」エリック・ホブズボウム／テレンス・レンジャー編，前川啓治・梶原景昭ほか訳『創られた伝統』紀伊國屋書店，1992年所収］.

(33)　Quoted in *ibid.*, 122.

(34)　*Ibid.*, 116.

(35)　Roberts, *Twentieth Century*, 161.

(36)　*Ibid.*, 163.

(37)　Geert Mak, *In Europe* (London: Vintage, 2008), 169［ヘールト・マック著，長山さき訳『ヨーロッパの100年——何が起き，何が起きなかったのか』上下巻，徳間書店，2009年］.

(38)　Mayer, *Persistence*, 146.

(39)　Richard Pipes, *Russian Conservatism and its Critics: A Study in Political Culture* (New Haven, Conn.: Yale University Press, 2007), 167.

(40)　Robert Musil, *Der Mann ohne Eigenschaften*, ed. Adolf Frisé (Reinbek: Rowohlt, 2002), 35［加藤二郎訳『特性のない男』(『ムージル著作集』第1-6巻)松籟社，1992–1995年］: 'Der Staat, der sich selbst irgendwie nur noch mitmachte'.

(41)　Koenen, *Der Russland-Komplex*, 132–133.

(42)　明らかな反対事例は，ベルギー国王アルベール1世である．彼は国内に留まってドイツに抵抗する軍を率い，英雄になった．

(43)　Harold James, *Europe Reborn* (Harlow: Pearson Longman, 2003), 57.

(44)　かつてハンナ・アレントが指摘したように，「第一次世界大戦からこっち……どんな政府も国家形態も敗戦に耐えられるほど強くはないものと，われわれはほとんど自動的に思ってきた」. Hannah Arendt, *Über die Revolution* [1963], München 2011, S. 14［ハンナ・アレント著，志水速雄訳『革命について』筑摩書房(ちくま学芸文庫)，1995年］.

(45)　しかしそれはまた，もっとありふれた権威の担い手の主張が無内容と暴露される姿でもあった．レマルクの『西部戦線異状なし』に出てくる熱烈なナショナリストの(そして完全に偽善的な)教師がその好例である．

(46)　G. D. H. and Margaret Cole, *The Intelligent Man's Review of Europe Today* (New York: Alfred A. Knopf, 1934), 385.

(47)　Taylor, *English History*, 2.

(48)　Daniel T. Rodgers, *Atlantic Crossings: Social Politics in a Progressive*

Age(Cambridge, Mass.: Harvard University Press, 1998), 281.

(49) Quoted by Henry Pachter, *The Fall and Rise of Europe: A Political, Social, and Cultural History of the Twentieth Century*(Newton Abbot: David & Charles, 1975), 91.

(50) José Ortega y Gasset, *The Revolt of the Masses*, anonymous trans.(1930; New York: Norton, 1957), 11-12[オルテガ著，神吉敬三訳『大衆の反逆』筑摩書房(ちくま学芸文庫)，1995 年].

(51) しかしながら，反自由主義者も，とりわけて技術を自由主義と関連付ける傾向を見せた．ルーマニアの作家ミルチャ・エリアーデが 1927 年に「われわれは，政治経済，技術，議会主義から生じたものではない価値の勝利を望む」と述べていることが一例になる．Quoted in Marta Petreu, *An Infamous Past: E. M. Cioran and the Rise of Fascism in Romania*, trans. Bogdan Alea(Chicago: Ivan R. Dee, 2005), 4-5.

(52) Quoted in *ibid.*, 6.

(53) [独]E. M. Cioran, *Dasein als Versuchung*[1956], übers. von K. Leonhard, Stuttgart 1983, S. 59.

(54) [独]William James, »The Moral Equivalent of War«, in: ders., *Memories and Studies*, London 1911, S. 265-296, hier: S. 272.

(55) 'The Problem of Small Nations and States, the Federation of Small Nations (1918)', in Zdenka and Jan Munzer (eds.), *We Were and We Shall Be: The Czechoslovak Spirit though the Centuries* (New York: Frederick Ungar, 1941), 152-158; here 153.

(56) Eric Hobsbawm, *The Age of Extremes: The Short Twentieth Century, 1914-1991*(London: Abacus, 1995), 34[エリック・ホブズボーム著，大井由紀訳『20 世紀の歴史――両極端の時代』上下巻，ちくま学芸文庫，2018 年].

(57) Quoted in Marianne Weber, *Max Weber: Ein Lebensbild* (1926; Heidelberg: L. Schneider, 1950), 673[マリアンネ・ウェーバー著，大久保和郎訳『マックス・ウェーバー』みすず書房，1987 年].

(58) Nadezhda Mandelstam, *Hope against Hope: A Memoir*, trans. Max Hayward(1970; New York: Modern Library, 1999), 98.

(59) Quoted in Mark Mazower, *Dark Continent: Europe's Twentieth Century* (London: Allen Lane, 1998), 43[マーク・マゾワー著，中田瑞穂・網谷龍介訳『暗黒の大陸――ヨーロッパの 20 世紀』未來社，2015 年].

(60) [独]Eric Hobsbawm, *Das Zeitalter der Extreme. Weltgeschichte des 20. Jahrhunderts*, übers. von Y. Badal, München 1998, S. 52.

(61) Zwi Batscha, *Eine Philosophie der Demokratie: Thomas G. Masaryks Begründung der neuzeitlichen Demokratie*(Frankfurt/Main: Suhrkamp, 1994).

(62)　Eric D. Weitz, 'From the Vienna to the Paris System: International Politics and the Entangled Histories of Human Rights, Forced Deportations, and Civilizing Missions', in *American Historical Review*, vol. 113(2008), 1313–1343.

(63)　1919年以降，国境を越えた憲法や政治運営法の模倣，流用，ときに盗用が広く行われた．たとえばルーマニア憲法はフランス憲法を模範とし，アルバニア憲法はアメリカ憲法を手本にした．ただし，修正も普通に行われた．たとえばアルバニア大統領は都合に合わせて無制限の権力をもつことになっていた．

(64)　Quoted in Bernard Lewis, *The Emergence of Modern Turkey*(New York: Oxford University Press, 1968), 268; see also Paul Dumont, 'The Origins of Kemalist Ideology', in Jacob M. Landau, *Atatürk and the Modernization of Turkey*(Leiden: Brill, 1984), 25–44.

(65)　Quoted in Udo Steinbach, *Die Türkei im 20. Jahrhundert* (Bergisch-Gladbach: Lübbe, 1996), 126 and 128.

(66)　アタテュルク博物館の碑文が適切に示す通り，「主権は無条件かつ無制限に国民に存する」のであった．

(67)　この点については，ハロルド・ジェイムズの指摘に感謝する．

(68)　John Maynard Keynes, *A Revision of the Treaty: Being a Sequel to The Economic Consequences of the Peace* (New York: Harcourt Brace, 1922), 14［ケインズ著，千田純一訳『条約の改正』(「ケインズ全集」第3巻)東洋経済新報社，1977年］.

(69)　John Maynard Keynes, *The Economic Consequences of the Peace* (New York: Harcourt, Brace & Howe, 1920), 297.

(70)　Quoted by Hartmut Kaelble, *Europäer über Europa: Die Entstehung des europäischen Selbstverständnisses im 19. und 20. Jahrhundert* (Frankfurt/Main: Campus, 2001), 140.

(71)　Karel Čapek, *Talks with T. G. Masaryk*, trans. Dora Round, ed. Michael Henry Heim(1935/1938; North Haven, Conn.: Catbird, 1995), 232［カレル・チャペック著，石川達夫訳『マサリクとの対話――哲人大統領の生涯と思想』成文社，1993年］.

(72)　Paul Valéry, 'The Crisis of the Mind', in Valéry, *History*, 23–36; here 23［ポール・ヴァレリー著，恒川邦夫訳「精神の危機」『精神の危機　他十五篇』岩波文庫，2010年］.

(73)　Ernst Jünger, *The Storm of Steel*(London: Chatto & Windus, 1929), 235［エルンスト・ユンゲル著，佐藤雅雄訳『鋼鐵のあらし』先進社，1930年］.

(74)　Ernst Jünger, *Copse 125: A Chronicle from the Trench Warfare of 1918*, trans. Basil Creighton(London: Chatto & Windus, 1930), 21.

(75)　［独］Weber, »Politik als Beruf«, S. 158 f.

(76) ヴェーバーはLegitimitätsglaubeという表現を用いている．正統性に対する「信念」，あるいは「信仰」と言ってもよい．

(77) Max Weber, 'Die Protestantische Ethik und der Geist des Kapitalismus', in *Gesammelte Aufsätze zur Religionssoziologie* I (1920; Tübingen: Mohr Siebeck, 1988), 17-206; here 110-111. 言うまでもなく，成功が救済を意味するという確信をもつことは決してできなかった．真正のカルヴァン派信徒は恐るべき内面の緊張を解くこと，いわんやそれから解放されることは決してなかったのである．

(78) カルヴァン派だけが「禁欲的プロテスタンティズム」の担い手だったわけではない．ヴェーバーはさらにバプティスト派，ピューリタン，メソディスト派をこれに含めている．

(79) Weber, 'Ethik', 35-36.

(80) *Ibid.*, 203.

(81) *Ibid.* 天職(Beruf)の翻訳には特殊な困難が伴う．カルヴァン派にとって，それは疑いもなく召命(calling)を意味した．彼らは勤労の義務との内面的連関を享受した．こうした側面はいまでも「専門職(プロフェッショナル)」という言葉に生きている．しかし，ヴェーバーがわれわれのほとんどすべてを含む近代の職業人(Berufsmenschentum)の運命について語るとき，少数の例外を除いて，われわれがあらかじめ決められた義務を伴う「仕事(job)」につくこと，そして内面から生まれる規律ではなくて，内面生活を再形成する規律に従うことを強制されているという面を強調しているのである．

(82) [独]Weber, »Ethik«, S. 204.

(83) [独]Max Weber, »Die ›Objektivität‹ sozialwissenschaftlicher und sozialpolitischer Erkenntnis«[1904], in: ders., *Gesammelte Aufsätze zur Wissenschaftslehre*, hg. von Johannes Winckelmann, Tübingen 1985, S. 147-214, hier: S. 154[マックス・ヴェーバー著，富永祐治・立野保男訳，折原浩補訳『社会科学と社会政策にかかわる認識の「客観性」』岩波文庫，1998年]．

(84) Max Weber, 'Wissenschaft als Beruf', in *Max Weber-Gesamtausgabe* I: 17, 71-111; here 100.

(85) [独]Max Weber, »Der Sinn der ›Wertfreiheit‹ der soziologischen und ökonomischen Wissenschaften«[1917], in: ders., *Gesammelte Aufsätze zur Wissenschaftslehre*, S. 489-540, hier: S. 507 f.[ウェーバー著，中村貞二訳「社会学・経済学における「価値自由」の意味」出口勇蔵・松井秀親・中村貞二訳『ウェーバー：社会科学論集』河出書房新社，1982年]

(86) [独]Max Weber, »Diskussionsbeiträge zum Vortrag von Karl Oldenberg: ›Über Deutschland als Industriestaat‹«[1897], in: *Max Weber-Gesamtausgabe*, Abt. I, Bd. 4/2, hg. von Wolfgang J. Mommsen in Zus. mit

Rita Aldenhoff, Tübingen 1993, S. 623-640, hier: S. 630.

(87) Lawrence Scaff, *Fleeing the Iron Cage: Culture, Politics, and Modernity in the Thought of Max Weber*(Berkeley: University of California Press, 1989).

(88) [独] Max Weber, *Wirtschaft und Gesellschaft. Grundriss der verstehenden Soziologie*[1922], hg. von Johannes Winckelmann, 5. Aufl., Tübingen 1972, S. 835.

(89) Scaff, *Fleeing the Iron Cage.*

(90) Weber, 'Wissenschaft', 109-110.

(91) そして厳密に言えば，「文化」は「魂」と「形式」との相互作用だった．

(92) Musil, *Mann ohne Eigenschaften*, 32.

(93) ヴェーバーの表現では，「この人間機械ほど精確に働く機械は世界に存在しない，他に全くない．その上廉価なのだ！」[Max Weber, »Die wirtschaftlichen Unternehmungen der Gemeinden«[1909], in: *Max Weber-Gesamtausgabe*, Abt. I, Bd. 8, hg. von Wolfgang Schluchter in Zus. mit Peter Kurth u. Birgitt Morgenbrod, Tübingen 1999, S. 356-366, hier: S. 361.]

(94) [独]Max Weber, Brief an Ferdinand Tönnies vom 15. Oktober 1914, in: *Max Weber-Gesamtausgabe*, Abt. II, Bd. 8: Briefe 1913-1914, hg. von M. Rainer Lepsius u. Wolfgang J. Mommsen in Zus. mit Birgit Rudhard u. Manfred Schön, Tübingen 2003, S. 799.

(95) [独]Max Weber, »Parlament und Regierung im neugeordneten Deutschland«[1918], in: *Max Weber-Gesamtausgabe*, Abt. I, Bd. 15, hg. von Wolfgang J. Mommsen in Zus. mit Gangolf Hübinger, Tübingen 1984, S. 421-596, hier: S. 594[マックス・ヴェーバー著，中村貞二・山田高生訳「新秩序ドイツの議会と政府――官僚と政党への政治的批判」マックス・ヴェーバー著，中村貞二ほか訳『政治論集』第2巻，みすず書房，1982年].

(96) Weber, *Max Weber*, 626.

(97) [独]Weber, »Wissenschaft als Beruf«, S. 109.

(98) Chris Thornhill, *Political Theory in Modern Germany*(Cambridge: Polity, 2000), 18-54[クリス・ソーンヒル著，安世舟ほか訳『現代ドイツの政治思想家――ウェーバーからルーマンまで』岩波書店，2004年].

(99) ヴェーバー思想のこの(長い間見過ごされてきた)側面に最も強力な光を当てたものとして，Wilhelm Hennis, *Max Weber: Essays in Reconstruction*, trans. Keith Tribe(London: Allen & Unwin, 1988)[ヴィルヘルム・ヘニス著，雀部幸隆ほか訳『マックス・ヴェーバーの問題設定』恒星社厚生閣，1991].

(100) ロシア以外では，戦争に反対した社会主義政党はセルビア社会党だけであり，それもたった2名の議員だった．

(101) Roberts, *Totalitarian Experiment*, 116-130.

(102) Nikolai Chernyshevsky, *What is to be Done? From Tales about New People*, trans. Michael B. Katz (1863; Ithaca, NY: Cornell University Press, 1989)［チェルヌィシェーフスキイ著，金子幸彦訳『何をなすべきか』上下巻，岩波文庫，1978/1980 年］.

(103) Fëdor Dan の言葉. Robert Service, *Lenin: A Biography* (Cambridge, Mass.: Harvard University Press, 2000), 195［ロバート・サーヴィス著，河合秀和訳『レーニン』上下巻，岩波書店，2002 年］.

(104) V. I. Lenin,'"Left-Wing" Communism - An Infantile Disorder', in Robert C. Tucker (ed.), *The Lenin Anthology* (New York: W. W. Norton, 1975), 550-618; here 554［レーニン著，朝野勉訳『共産主義における「左翼」小児病』大月書店，1978 年］.

(105) V. I. Lenin, 'What is to be Done? Burning Questions of our Movement', in *ibid.*, 2-114; here 15［「なにをなすべきか？」『レーニン全集』第 5 巻，大月書店，1957 年］.

(106) Eric Hobsbawm, *Interesting Times: A Twentieth-Century Life* (London: Allen Lane, 2002), 133［エリック・ホブズボーム著，河合秀和訳『わが 20 世紀・面白い時代』三省堂，2004 年］.

(107) Quoted in David Priestland, *The Red Flag: A History of Communism* (New York: Grove Press, 2009), 77.

(108) ［独］W. I. Lenin, »Der ›linke Radikalismus‹, die Kinderkrankheit im Kommunismus«［1920］, in: ders., *Werke*, hg. vom Institut für Marxismus-Leninismus beim ZK der KPdSU, Bd. 31, Berlin 1983, S. 1-91, hier: S. 29.

(109) Kenneth Jowitt, *New World Disorder: The Leninist Extinction* (Berkeley: University of California Press, 1992). 以下の考察はジョウィットの業績に基づく.

(110) 集団的もしくは制度的カリスマという表現は，一見したところ奇妙に思われるかもしれない．しかし，ヴェーバーが最初にカリスマ理論の着想を得たのは，「カリスマ的組織」に関するルドルフ・ゾームの初期キリスト教徒の教会法研究からであった．初期教徒は集団として完全に帰依していたが，固定的な職務は持たなかった．つまり，教会ではなかった.

(111) Raphael Samuel, *The Lost World of British Communism* (London: Verso, 2006), 58. ヴェーバーの用語法では，彼らは教会というよりはセクトであろう．教会は固定的職務にカリスマが宿り，職務担当者個人の帰依に依存するものではないからである.

(112) Robert C. Tucker, 'Introduction', in Tucker (ed.), *Lenin Anthology*, xxv-lxiv; here xlv-xlvi.

(113) Leszek Kolakowski, *Main Currents of Marxism*, trans. P. S. Falla (1976;

New York: W. W. Norton, 2005), 733.

(114) 同様にレーニンは，ブルジョア思想が提示したものとは逆に，真理と党派的立場は両立すると主張した．

(115) Quoted in Tucker, 'Introduction', lx.

(116) ［独］W. I. Lenin, »Sozialdemokratie und provisorische revolutionäre Regierung«［1905］, in: ders., *Werke*, Bd. 8, Berlin 1984, S. 267–285, hier: S. 280.

(117) V. I. Lenin, *The State and Revolution*, trans. Robert Service (1918; London: Penguin, 1992), 45［レーニン著，角田安正訳『国家と革命』講談社学術文庫，2011年］.

(118) *Ibid.*, 73–74.

(119) *Ibid.*, 44.

(120) David Priestland, 'Soviet Democracy, 1917–91', in *European History Quarterly*, vol. 32 (2002), 111–130; here 114–115.

(121) ［独］W. I. Lenin, »IV. Konferenz der Gewerkschaften und der Betriebskomitees Moskaus«［1918］, in: ders., *Werke*, Bd. 27, Berlin 1987, S. 457–491, hier: S. 464.

(122) Priestland, *Red Flag*, 93.

(123) *Ibid.*

(124) Quoted in *ibid.*, 96.

(125) Leon Trotsky, *Terrorism and Communism: A Reply to Karl Kautsky* (1920; Ann Arbor: University of Michigan Press, 1961), 58［トロツキー著，根岸隆夫訳『テロリズムと共産主義』現代思潮社，1975年］.

(126) *Ibid.*, 63

(127) Leon Trotsky, 'Our Political Tasks', in Robert V. Daniels (ed.), *A Documentary History of Communism: From Lenin to Gorbachev* (Hanover, NH: University Press of New England, 1993), 16–17; here 16.

(128) ［独］W. I. Lenin, »Lieber weniger, aber besser«［1923］, in: ders., *Werke*, Bd. 33, Berlin 1982, S. 474–490, hier: S. 483.

(129) Steven Kotkin, *Magnetic Mountain: Stalinism as a Civilization* (Berkeley: University of California Press, 1997), 293.

(130) *Ibid.*, 293–294. 公式には，党が「働く民衆の公的または国家的組織を指導する中核」となるべきだった．

(131) Manfred Hildermeier, *Geschichte der Sowjetunion 1917–1991: Entstehung und Niedergang des ersten sozialistischen Staates* (Munich: C. H. Beck, 1998), 133.

(132) Priestland, 'Soviet Democracy', 116.

(133) V. I. Lenin, 'Oblomov Still Lives – on Mayakovsky', in *Not by Politics*

Alone... – the Other Lenin, ed. and intr. by Tamara Deutscher (London: Allen & Unwin, 1973), 187.

(134) Kolakowski, *Main Currents*, 767.

(135) Max Weber 'Sozialismus', in *Max Weber-Gesamtausgabe* I: 15: *Zur Politik im Weltkrieg – Schriften und Reden 1914–1918*, ed. Wolfgang Mommsen, in collaboration with Gangolf Hübinger (Tübingen: Mohr Siebeck, 1984), 599–633; here 621［マックス・ウェーバー著，濱島朗訳『社会主義』講談社学術文庫，1980年］.

(136) 以下については次を参照．Somary, *Erinnerungen*, 178–180.

(137) Harry Liebersohn, *Fate and Utopia in German Sociology, 1870–1923* (Cambridge, Mass.: MIT Press, 1988), 82 and 96.

(138) ［独］Weber, »Politik als Beruf«, S. 211.

(139) ［独］Weber, *Wirtschaft und Gesellschaft*, S. 140.

(140) Letter to Robert Michels, 4 August 1908, in *Max Weber-Gesamtausgabe* II: 5, ed. M. Rainer Lepsius and Wolfgang J. Mommsen, in collaboration with Birgit Rudhard and Manfred Schön (Tübingen: Mohr Siebeck, 1990), 615.

(141) 依然として，大衆は政治的に幼稚だという公理と，彼らが政治家に適切にフィードバックし，さらには政治家を監督すべきだという要請との間の矛盾は残された．

(142) ［独］Weber, »Politik als Beruf«, S. 224.

(143) Weber, 'Politik', 237–238.

(144) *Ibid.*, 250.

(145) ［独］Weber, »Parlament und Regierung«, S. 466.

(146) Thornhill, *Political Theory*.

(147) Richard Bellamy, *Liberalism and Modern Society: An Historical Argument* (Cambridge: Polity, 1992), 211–216.

(148) ［独］Weber, »Die ›Objektivität‹«, S. 152.

(149) Weber, *Max Weber*, 681.

(150) ［独］Max Weber, [Zeugenaussage im Prozeß gegen Ernst Toller. Bericht der Nachrichtenabteilung des Reichswehrgruppenkommandos, München, 1919], in: *Max Weber-Gesamtausgabe*, Abt. I, Bd. 16, hg. von Wolfgang J. Mommsen in Zus. mit Wolfgang Schwentker, Tübingen 1988, S. 485–491, hier: S. 491.

(151) Joachim Radkau, *Max Weber: Die Leidenschaft des Denkens* (Munich: Hanser, 2005), 779–781. とりわけヴェーバーは，アイスナーが1914年夏の秘密文書を公開し，ドイツが主たる戦争原因であるという連合国側の主張の正しさを証拠立てたように見えた点について，つねに憤っていた．

(152)　Quoted by Charles S. Maier, *Recasting Bourgeois Europe* (Princeton, NJ: Princeton University Press, 1988), 57.
(153)　Radkau, *Max Weber*, 738.
(154)　[独]Weber, *Max Weber*, S. 692.
(155)　Keynes, *Revision*, 14.
(156)　Maier, *Recasting*.
(157)　Carl Schmitt, *The Crisis of Parliamentary Democracy*, trans. Ellen Kennedy (1923; Cambridge, Mass.: MIT Press, 1988), 6［カール・シュミット著，樋口陽一訳『現代議会主義の精神史的状況　他一篇』岩波文庫，2015年］.
(158)　*Ibid.*, 7.
(159)　The Rt Hon. Lord Hewart of Bury, *The New Despotism* (London: Ernest Benn, 1929), 14.

第2章

(1)　[独]Antonio Gramsci, *Gefängnishefte*, hg. unter Leitung von Klaus Bochmann u. Wolfgang Fritz Haug, Bd. 2, Hamburg 1991, S. 354 (Q 3, § 34)［石堂清倫訳『グラムシ獄中ノート』三一書房，1978年］.
(2)　[独] Mannheim nach Mary Gluck, *Georg Lukács and His Generation, 1900–1918*, Cambridge, MA, 1985, S. 11.
(3)　[独]Hansson nach Sheri Berman, *The Primacy of Politics. Social Democracy and the Making of Europe's Twentieth Century*, New York 2006, S. 166.
(4)　[独]W. I. Lenin, »Der ›linke Radikalismus‹, die Kinderkrankheit im Kommunismus« [1920], in: ders., Werke, Bd. 31, Berlin 1983, S. 1–91, hier: S. 85［レーニン著，朝野勉訳『共産主義における「左翼」小児病』大月書店，1978年］.
(5)　Paul Ricoeur, *Critique and Conviction: Conversations with François Azouvi and Marc de Launay*, trans. Kathleen Blamey (Cambridge: Polity, 1998), 13.
(6)　Karel Čapek, *Talks with T. G. Masaryk*, trans. Dora Round, ed. Michael Henry Heim (1935/1938; North Haven, Conn.: Catbird, 1995), 247［カレル・チャペック著，石川達夫訳『マサリクとの対話――哲人大統領の生涯と思想』成文社，1993年］.
(7)　Margaret Cole, *The Life of G. D. H. Cole* (New York: St Martin's, 1971), 62.
(8)　Ricardo Bavaj, 'Otto Kirchheimers Parlamentarismuskritik in der Weimarer Republik', in *Vierteljahrshefte für Zeitgeschichte*, vol. 55 (2007), 33–51.
(9)　J. N. Figgis, *Antichrist, and other Sermons* (London: Longmans, Green and

Co., 1913), 226.

(10) David Runciman, *Pluralism and the Personality of the State* (Cambridge: Cambridge University Press, 1997), 37.

(11) *Ibid.*, 84. ドイツの文化闘争(*Kulturkampf*)にあたるものは，イギリスでは，スコットランド自由教会と W. V. オズボーンとに関する二つの訴訟であった．前者において，貴族院は，両教会の圧倒的多数の意向を無視して，スコットランド自由教会が合同長老教会と合併することを禁止した．また，オズボーンは，鉄道従業員組合の一支部の書記だったが，組合の意向に逆らって労働党への献金を拒否した．彼は訴訟に勝ち，控訴院と上院が，団体や結社が目的をもっと明らかにするよう国家の指導を求める結果になった．これら二つの判例は，団体の本質に関わる深刻な問題を明らかにした．団体は個々のメンバーから独立した自らの生命と目的と「精神」をもつものだろうか．それはまた，国家が結社の生活を規制しようと試みている様を示した．

(12) Ernest Barker, 'The Discredited State', in *Political Quarterly*, no. 5 (1915), 101–121; here 106.

(13) *Ibid.*, 108.

(14) Issac Kramnick and Barry Sheerman, *Harold Laski: A Life on the Left* (New York: Allen Lane, 1993), 93.

(15) Andrew Vincent, *Theories of the State* (Oxford: Blackwell, 1987), 184.

(16) Kramnick and Sheerman, *Laski*, 136.

(17) G. D. H. Cole, *Guild Socialism Restated* (1920; London: L. Parsons, 1921), 32[コール著，白川威海訳『ギルド社会主義の理論と政策』内外出版，1923年].

(18) Harold Laski, *The Foundations of Sovereignty and Other Essays* (New York: Harcourt, Brace & Company, 1921), 70[ラスキ著，渡辺保男訳「主権の基礎」辻清明責任編集『バジョット，ラスキ，マッキーヴァー』(世界の名著 60)中央公論社，1970年].

(19) Cole, *Guild Socialism*, 33–34.

(20) *Ibid.*, 12–13.

(21) T. R. Powell quoted in Stears, *Progressives*, 176.

(22) Carl Schmitt, *The Concept of the Political*, trans. George Schwab (1932; Chicago: University of Chicago Press, 1996), 44–45[カール・シュミット著，田中浩・原田武雄訳『政治的なものの概念』未來社，1970年].

(23) マーガレット・コールが書いているように，「「直接行動」とサンディカリストの夢はその年の5月に萎れて，枯れてしまった．政治的武器としてのストライキが再び姿を現すには，1968年の混乱を待たなければならなかった」．Cole, *Life*, 54.

(24) Laski quoted by Julia Stapleton, *Englishness and the Study of Politics: The Social and Political Thought of Ernest Barker* (New York: Cambridge University Press, 1994), 5.

(25) Quoted by Kramnick and Sheerman, *Laski*, 156.

(26) Cole, *Life*, 58.

(27) [独] Friedrich Engels, »Das Begräbnis von Karl Marx« [1883], in: Karl Marx u. Friedrich Engels, *Werke*, Bd. 19, Berlin 1973, S. 335–339, hier: S. 335.

(28) [独] Karl Kautsky, »Verschwörung oder Revolution«, in: *Der Sozialdemokrat*, 20. Februar 1881, S. 1. Vgl. auch Dick Geary, »The Second International. Socialism and Social Democracy«, in: Terence Ball u. Richard Bellamy (Hg.), *The Cambridge History of Twentieth-Century Political Thought*, Cambridge 2003, S. 219–238, hier: S. 224.

(29) [独] Karl Kautksy, *Der Weg zur Macht* [1909], hg. u. eingel. von G. Fülberth, Frankfurt/M. 1972, S. 52 [カール・カウツキー著，奥田八二訳「権力への道」『カウツキー／プレハーノフ』(世界大思想全集：社会・宗教・科学思想篇第14巻)河出書房，1955年].

(30) Eduard Bernstein, *The Preconditions of Socialism*, trans. Henry Tudor (Cambridge: Cambridge University Press, 1993), 142 [エドゥアルト・ベルンシュタイン著，佐瀬昌盛訳『社会主義の諸前提と社会民主主義の任務』ダイヤモンド社，1974年].

(31) *Ibid.*, 148.

(32) Karl Liebknecht quoted in Geoff Eley, *Forging Democracy: The History of the Left in Europe, 1850–2000* (New York: Oxford University Press, 2002), 88.

(33) 以下の叙述の多くは下記の文献に依拠している．Helmut Gruber, *Red Vienna: Experiment in Working-Class Culture, 1919–1934* (New York: Oxford University Press, 1991), Anson Rabinbach (ed.), *The Austrian Socialist Experiment: Social Democracy and Austromarxism, 1918–1934* (Boulder, Colo.: Westview Press, 1985), and Martin Kitchen, *The Coming of Austrian Fascism* (London: Croom Helm, 1980).

(34) Quoted by Tom Bottomore, 'Introduction', in Tom Bottomore and Patrick Goode (eds.), *Austro-Marxism* (Oxford: Clarendon, 1978), 1–44; here 13.

(35) Otto Bauer, *Die Nationalitätenfrage und die Sozialdemokratie* (Vienna: Ignaz Brand, 1907), 92 [オットー・バウアー著，丸山敬一ほか訳『民族問題と社会民主主義』御茶の水書房，2001年].

(36) *Ibid.*, 105.

(37) Kolakowski, *Main Currents*, 550–551.

(38) Eley, *Forging*, 213.

(39) *Ibid.*, 212–215.

(40) Victor Serge, *Memoirs of a Revolutionary* (New York: Oxford University Press, 1963), 189［V. セルジュ著，山路昭・浜田泰三訳『一革命家の回想』上下巻，現代思潮社，1970 年］.

(41) *Ibid.*

(42) Quoted in Giuseppe Fiori, *Antonio Gramsci: Life of a Revolutionary*, trans. Tom Nairn (1965; London: Verso, 1990), 70［G. フィオーリ著，藤沢道郎訳『グラムシの生涯』平凡社，1972 年］.

(43) Antonio Gramsci, 'Workers' Democracy', in Antonio Gramsci, *Pre-Prison Writings*, ed. Richard Bellamy, trans. Virginia Cox (Cambridge: Cambridge University Press, 1994), 96–100.

(44) ［独］Antonio Gramsci, »Der Fabrikrat«［1920］, in: ders., *Philosophie der Praxis. Eine Auswahl*, hg. u. übers. von Christian Riechers, Frankfurt/M. 1967, S. 64–68, hier: S. 67.

(45) ［独］以下からの引用．John M. Cammett, *Antonio Gramsci and the Origins of Italian Communism*, Stanford 1967, S. 75［ジョン・M. キャメット著，石堂清倫訳『グラムシの社会主義』合同出版，1969 年］.

(46) ここでわたしが依拠しているのは，Darrow Schecter, *Radical Theories* (Manchester: Manchester University Press, 1994) の，とりわけ評議会共産主義に関する章である．

(47) James Joll, *Gramsci* (London: Penguin, 1978), 39［J. ジョル著，河合秀和訳『グラムシ』岩波現代選書，1978 年］.

(48) Maier, 'Political Crisis'.

(49) Joll, *Gramsci*, 56.

(50) *Ibid.*, 71.

(51) ［独］Antonio Gramsci, *Gefängnishefte*, Bd. 7, Hamburg 1996, S. 1532 (Q 12, § 3).

(52) ［独］Antonio Gramsci, *Gefängnishefte*, Bd. 9, Hamburg 1999, S. 2245 (Q 29, § 3).

(53) ［独］以下からの引用．Joll, *Gramsci*, S. 131.

(54) Quoted in Joseph Buttigieg, 'Introduction', in Antonio Gramsci, *Prison Notebooks*, vol. 1 (New York: Columbia University Press, 1992), 19.

(55) Antonio Gramsci, 'Socialism and Culture', in Gramsci, *Pre-Prison Writings*, 10.

(56) Peter Ghosh, 'Gramscian Hegemony: An Absolutely Historicist Approach', in *History of European Ideas*, vol. 27 (2001), 1–43.

(57) *Selections from the Prison Notebooks of Antonio Gramsci*, ed. and trans. Quintin Hoare and Geoffrey Nowell Smith (1971; London: Lawrence & Wishart, 1996), 333.
(58) ［独］Gramsci, *Gefängnishefte*, Bd. 7, S. 1500 (Q 12, § 1).
(59) Ghosh, 'Gramscian Hegemony'.
(60) Gramsci, *Prison Notebooks*, 238.
(61) ［独］Antonio Gramsci, *Gefängnishefte*, Bd. 5, Hamburg 1993, S. 956 (Q 8, § 21).
(62) Serge, *Memoirs*, 186.
(63) Quoted in Fiori, *Gramsci*, 230.
(64) Berman, *Primacy*, 152–153.
(65) Quoted in *ibid.*, 157.
(66) Sheri Berman, *The Social Democratic Moment: Ideas and Politics in the Making of Interwar Europe* (Cambridge, Mass.: Harvard University Press, 1998), 49.
(67) Mary Hilson, 'Scandinavia', in Robert Gerwarth (ed.), *Twisted Paths: Europe 1914–1945* (Oxford: Oxford University Press, 2007), 8–32; here 25.
(68) Timothy Tilton, *The Political Theory of Swedish Social Democracy: Through the Welfare State to Socialism* (New York: Oxford University Press, 1990), 128.
(69) Quoted by Berman, *Social Democratic Moment*, 53. ラスキをエリオットは，「おとなしくなった多元主義者」と呼んだ．W. Y. Elliott, *The Pragmatic Revolt in Politics. Syndicalism, Fascism, and the Constitutional State* (New York: Macmillan, 1928), 10.
(70) Tilton, *Political Theory*, 41.
(71) Donald Sassoon, *One Hundred Years of Socialism: The West European Left in the Twentieth Century* (New York: New Press, 1996), 44.
(72) Franz-Xaver Kaufmann, *Varianten des Wohlfahrtsstaats: Der deutsche Sozialstaat im internationalen Vergleich* (Frankfurt/Main: Suhrkamp, 2003), 175.
(73) Margaret Cole, 'Introduction', in Margaret Cole and Charles Smith (eds.), *Democratic Sweden: A Volume of Studies Prepared by Members of the New Fabian Research Bureau* (London: Routledge, 1938), 1–7; here 2.
(74) Kaufmann, *Varianten*, 161–170.
(75) Cole, 'Introduction', 3. コールはまた，政治に関する「スウェーデンの世論は驚くほど同質的であるように見える」し，「社会化されたセクター」を創出しようというアンリ・ド・マンの提案は，スウェーデンではすでに実現されて

いると指摘した.

(76) Berman, *Social Democratic Moment*, 46.

(77) Koenen, *Der Russland-Komplex*, 228.

(78) Alberto Spektorowski and Elisabet Mizrachi, 'Eugenics and the Welfare State in Sweden: The Politics of Social Margins and the Idea of a Productive Society', in *Journal of Contemporary History*, vol. 39(2004), 333-352.

(79) *Ibid.*

(80) ある種の生政治における連続性が，民主主義的福祉国家とファシスト的民族国家(*Volksstaat*)の間に認められるからといって，両者が同一だと主張できるわけではない．この重要な点については次を参照．Edward Ross Dickinson, 'Biopolitics, Fascism, Democracy: Some Reflections on our Discourse about "Modernity"', in *Central European History*, vol. 37(2004), 1-48.

(81) ルカーチの生涯についての以下の叙述は，概ね下記の文献に依拠している．Arpad Kadarkay, *Georg Lukács: Life, Thought, and Politics* (Cambridge, Mass.: Blackwell, 1991), Georg Lukács, *Record of a Life: An Autobiographical Sketch*, ed. Istvan Eörsi, trans Rodney Livingstone(London: Verso, 1983)[ジェルジ・ルカーチ著，イシュトヴァーン・エルシ編，池田浩士訳『生きられた思想――対話による自伝』白水社，1984年], and Michael Löwy, *Pour une sociologie des intellectuels révolutionnaires: L'evolution politique de Lukacs 1909-1929*(Paris: PUF, 1976).

(82) [独]Thomas Mann, *Der Zauberberg*[1924], Frankfurt/M. 2012, S. 609.

(83) [独]Georg Lukács, *Die Seele und die Formen*[1911], Bielefeld 2011, S. 141, 89[ルカーチ著，川村二郎・円子修平・三城満禧訳『魂と形式』白水社，1986年].

(84) [独]Zitiert nach Éva Karádi, »Ernst Bloch und Georg Lukács im Max Weber-Kreis«, in: Wolfgang J. Mommsen u. Wolfgang Schwentker(Hg.), *Max Weber und seine Zeitgenossen*, Göttingen 1988, S. 682-702, hier: S. 691[W. J. モムゼン，J. オースターハメル，W. シュベントカー編著，鈴木広・米沢和彦・嘉目克彦監訳『マックス・ヴェーバーとその同時代人群像』ミネルヴァ書房，1994年].

(85) Georg Lukács, *The Theory of the Novel*, trans. Anna Bostock (Cambridge, Mass.: MIT Press, 1971), 11[ジェルジ・ルカーチ著「小説の理論」大久保健治・藤本淳雄・高本研一訳『ルカーチ著作集2』白水社，1968年].

(86) [独]引用は，Löwy, *Pour une sociologie*, S. 110.

(87) Lukács, *Record*, 63.

(88) 'Speech at the Young Workers' Congress', in Georg Lukács, *Tactics and Ethics: Political Essays, 1919-1929*(New York: Harper & Row, 1972), 39-40;

here 40.

(89) Arno J. Mayer, *Politics and Diplomacy of Peacemaking: Containment and Counterrevolution at Versailles, 1918–1919* (New York: Knopf, 1967), 591.

(90) Quoted in Kadarkay, *Lukács*, 222.

(91) *Ibid.*, 265.

(92) Max Weber to Lukács, in *Georg Lukács: Selected Correspondence 1902–1920*, ed. and trans. Judith Marcus and Zoltán Tarr (New York: Columbia University Press, 1986), 281–282.

(93) Kadarkay, *Lukács*, 270.

(94) 以下については，次を参照．Georg Lukács, *History and Class Consciousness: Studies in Marxist Dialectics*, trans. Rodney Livingstone (1923; Cambridge, Mass.: MIT Press, 1999)［ルカーチ著，城塚登・古田光訳『歴史と階級意識』白水社，1991年］．

(95) 実際の議論はもっと微妙なものであって，プロレタリアートの経験的意識と，ルカーチがプロレタリアートに「帰した」意識の間，つまり主観的可能性と客観的可能性の間の区別に依存していた．

(96) ［独］Georg Lukács, »Lenin. Studie über den Zusammenhang seiner Gedanken«［1924］, in: ders., *Frühschriften II*, S. 519–588, hier: S. 522.

(97) Lukács, *History*, 315. こうした定式化は，次のような別の言明と著しく対照的である．「共産党は，自由の王国の最初の体現でなければならない．何よりもまず，同志愛と真の連帯，それに自己犠牲の精神が，そこになければならない」［Georg Lukács, »Die moralische Sendung der kommunistischen Partei«［1920］, in: ders., *Frühschriften II*, S. 105–111, hier: S. 110］.

(98) Quoted by Kadarkay, *Lukács*, 280.

(99) Michael Löwy, 'Lukács and Stalinism', in *New Left Review*, no. 91 (1975), 25–41.

(100) Archie Brown, *The Rise and Fall of Communism* (London: Bodley Head, 2009), 169.

(101) ［独］引用は，Kadarkay, *Georg Lukács*, S. 300.

(102) 少なくとも，Victor Serge, *Memoirs*, 191–192によれば．

(103) Kadarkay, *Lukács*, 364.

(104) ［独］Georg Lukács, *Die Zerstörung der Vernunft*［1954］, *Werke*, Bd. 9, Neuwied u. Berlin 1962, S. 400［ルカーチ著，暉峻凌三・飯島宗享・生松敬三訳『理性の破壊』上下巻，白水社，1968/1969年］．

(105) 'Erbschaft aus Dekadenz? Ein Gespräch mit Iring Fetscher und Georg Lukács', in Werner Traub and Harald Wieser (eds.), *Gespräche mit Ernst*

Bloch (Frankfurt/Main: Suhrkamp, 1975), 28–40; here 32.

(106) *Ibid.* 両者の関係は，かなりゆっくりとだが，冷たいものになっていった．直接に政治的な理由からというよりは，芸術と政治の関係をめぐる両者の捉え方の違いが大きい．リアリズムの熱烈な擁護者だったルカーチは，表現主義をファシズムの露払いだとして激しく攻撃した．ブロッホはと言えば，生涯にわたって骨の髄から表現主義者だった．

(107) Michael Löwy, *Georg Lukács: From Romanticism to Bolshevism* (London: New Left Books, 1979), 93.

(108) Quoted by Éva Karádi, 'Ernst Bloch und Georg Lukács im Max Weber-Kreis', in Wolfgang J. Mommsen and Wolfgang Schwentker (eds.), *Max Weber und seine Zeitgenossen* (Göttingen: Vandenhoek & Ruprecht, 1988), 682–702; here 687.

(109) 同じころ，ブロッホも最初の主著『ユートピアの精神』を出版した[エルンスト・ブロッホ著，好村富士彦訳『ユートピアの精神』白水社，1997 年]．この本は，機械文化についての分析というよりも，むしろ表現主義の本であり，ときには機械文化に対する神秘的な喚き声と言うべきものであった．彼は，自らのユートピア的哲学を社会民主党の漸進的改良主義に対置した．ユートピアは，単なる唯物論的約束に対立させるべきものであり，ある種の人間の神格化のなかに見出せるものである．バイエルン戦時政府の検閲官は，現実政治との関係は何も見出せないとして，本書の出版を修正なしで許可した．

(110) Ernst Bloch, *Tübinger Einleitung in die Philosophie* (Frankfurt/Main: Suhrkamp, 1977), 224[エルンスト・ブロッホ著，花田圭介監修，菅谷規矩雄・今井道夫・三国千秋訳『チュービンゲン哲学入門』法政大学出版局，1994 年].

(111) 第二次世界大戦後，暫くの間ブロッホは東ドイツで教えたが，自らの非正統的マルクス主義のせいで早々に退職を余儀なくされ，さらに嫌がらせを受けた．国家当局や哲学者たちに対して，「知的な観念論は愚かな唯物論よりも知的唯物論に近い」というレーニンのせりふを持ちだして抵抗を続けた結果，とうとう 1961 年に西ドイツに移った．その際に一冊だけ携えたのは，アガサ・クリスティの推理小説だった．

(112) James, *Europe*, 168.

(113) Simon Sebag Montefiore, *Stalin: The Court of the Red Tsar* (New York: Knopf, 2004), 6.

(114) Tzvetan Todorov, *Hope and Memory: Lessons from the Twentieth Century*, trans. David Bellos (Princeton, NJ: Princeton University Press, 2003), 84 [ツヴェタン・トドロフ著，大谷尚文訳『悪の記憶・善の誘惑——20 世紀から何を学ぶか』法政大学出版局，2006 年]. しかしながら，ハロルド・ジェイムズが指摘したように，国際関係レベルでの事態は逆になっている．すなわち，

ソ連の友と敵の選択は比較的推測可能だったのに対し，ヒトラーの人種主義からは，彼の外交政策をほんの一部しか推定できなかった．See James, *Europe*, 178.

(115) Quoted in Erik van Ree, *The Political Thought of Joseph Stalin: A Study in Twentieth-Century Revolutionary Patriotism* (New York: Routledge, 2002), 2.

(116) Hannah Arendt, 'The Eggs Speak Up', in Hannah Arendt, *Essays in Understanding, 1930–1954: Formation, Exile, and Totalitarianism*, ed. Jerome Kohn (New York: Schocken, 1994), 270–284; here 275［ハンナ・アーレント「卵は声を挙げる」ジェローム・コーン編，齋藤純一・山田正行・矢野久美子訳『アーレント政治思想集成2 理解と政治』みすず書房，2002年］.

(117) Georg Lukács, 'Privatbrief über Stalinismus: Brief an Albert Carocci', in *Forum*, nos 115–116 (July/August 1963), 335–337, and 'Stalin ist noch nicht tot', in *Forum*, no. 117 (September 1963), 407–411.

(118) Piers Brendon, *Dark Valley: A Panorama of the 1930s* (London: Pimlico, 2001), 196.

(119) Yoram Gorlizki and Hans Mommsen, 'The Political (Dis) Orders of Stalinism and National Socialism', in Michael Geyer and Sheila Fitzpatrick (eds.), *Beyond Totalitarianism: Stalinism and Nazism Compared* (New York: Cambridge University Press, 2009), 41–86; here 85.

(120) Gerd Koenen, *Utopie der Säuberung: Was war der Kommunismus?* (Frankfurt/Main: Fischer, 2000), 147.

(121) ［独］W. I. Lenin, »Bericht über die Tätigkeit der Volkskommissare«, 22. Dezember 1920, in: ders., *Werke*, Bd. 31, Berlin 1983, S. 483–515, hier: S. 513.

(122) この点を最も強調しているのは，Martin Malia, *The Soviet Tragedy: A History of Socialism in Russia, 1917–1991* (New York: Free Press, 1994).

(123) Lenin, '"Left-Wing" Communism', 551.

(124) Quoted in Brendon, *Dark Valley*, 202.

(125) Quoted in *ibid.*, 204.

(126) *Ibid.*, 202 and 213.

(127) ある党幹部はこう述べている．「亡くなった党指導者カール・マルクスは，農民は一袋のジャガイモだ，と書いている．われわれはおまえたちを袋のなかに入れたのだ」. Quoted in *ibid.*, 214.

(128) ［独］J. W. Stalin, *Werke*, hg. auf Beschluß des Zentralkomitee der Kommunistischen Partei der Sowjetunion, Bd. 2, Berlin 1950, S. 138.

(129) ［独］Zitiert nach Erich Schwinge, *Bilanz der Kriegsgeneration. Ein Beitrag zur Geschichte unserer Zeit*, Marburg 1981, S. 25.

(130) Jan Philip Reemtsma, *Vertrauen und Gewalt: Versuch über eine besondere Konstellation der Moderne* (Hamburg: Hamburger Edition, 2008), 378, and Jörg Baberowski, *Der rote Terror: Die Geschichte des Stalinismus* (Munich: Deutsche Verlags-Anstalt, 2003).

(131) [独] Hannah Arendt, *Über das Böse. Eine Vorlesung zu Fragen der Ethik* [1965], hg. v. Jerome Kohn, übers. von U. Ludz, München u. Zürich 2006, S. 14[ハンナ・アレント「道徳哲学のいくつかの問題」ジェローム・コーン編，中山元訳『責任と判断』ちくま学芸文庫，2016年].

(132) この点はナチの秘密警察と著しい対照をなす．ゲスターポは真実を求める一方，ソ連の秘密警察は自白を求めた．

(133) Georg Lukács, 'Die neue Verfassung der UdSSR and das Problem der Persönlichkeit', in *Deutsche Blätter*, vol. 6, no. 9 (1936), 50–53; here 52.

(134) Karl Schlögel, *Terror und Traum: Moskau 1937* (Munich: Hanser, 2008), 600–601.

(135) Quoted by Ree, *Political Thought*, 131.

(136) Lukács, *History*, 337.

(137) I. Stalin, *Bolshevism: Some Questions Answered* (London: Communist Party of Great Britain, 1926), 12–13.

(138) Schlögel, *Terror*, 250–253.

(139) Stalin, *Bolshevism*, 10.

(140) 1923年にブハーリン自身が次のように述べている．「射撃による処刑に始まり，強制的な労働義務にいたる，あらゆる形式でのプロレタリア的強制が──どれほど逆説的に思われようとも──，資本主義時代の人材から共産主義的人間を生み出すための手段である」．Quoted by Daniel Beer, *Renovating Russia* (Ithaca, NY: Cornell University Press, 2008), 23.

(141) Vadim Volkov, 'The Concept of Kul'turnost': Notes on the Stalinist Civilizing Process', in Sheila Fitzpatrick (ed.), *Stalinism: New Directions* (New York: Routledge, 2000), 210–230.

(142) Ronald Grigor Suny, 'Stalin and his Stalinism: Power and Authority in the Soviet Union, 1930–1953', in Ian Kershaw and Moshe Lewin (eds.), *Stalinism and Nazism: Dictatorships in Comparison* (New York: Cambridge University Press, 1997), 26–52.

(143) Quoted in *ibid.*, 39.

(144) Quoted in Ree, *Political Thought*, 136.

(145) Quoted in Roy A. Medvedev, 'New Pages from the Political Biography of Stalin', in Robert C. Tucker (ed.), *Stalinism: Essays in Historical Interpretation* (New Brunswick, NJ: Transaction, 1999), 199–235; here 208.

(146) Jochen Hellbeck, 'With Hegel to Salvation: Bukharin's Other Trial', in *Representations*, no. 107 (2009), 56–90; here 74.

(147) Ree, *Political Thought*, 275.

(148) Schlögel, *Terror*, 28.

(149) *Ibid*., 601–602.

(150) Eugenia Semyonova Ginzburg, *Journey into the Whirlwind*, trans. Paul Stevenson and Max Hayward (1967; New York: Harcourt Brace Jovanovich, 1975), 227［エヴゲーニャ・ギンズブルグ著，中田甫訳『明るい夜暗い昼』全3巻，集英社文庫，1990年］.

(151) Mandelstam, *Hope*, 96.

(152) Hellbeck, 'With Hegel', 79.

(153) 別の言い方をすれば，スターリンの意志は，ヒトラーの意志よりもはるかに大きな勝利を収めたが，レニ・リーフェンシュタールの『意志の勝利』に似たソヴィエト映画はありえなかった．

(154) Milovan Djilas, *Conversations with Stalin*, trans. Michael B. Petrovich (New York: Harcourt, Brace & World, 1962), 57［ミロバン・ジラス著，新庄哲夫訳『スターリンとの対話』雪華社，1968年］.

(155) この点を最初に強調したのは，スラヴォイ・ジジェクである．

(156) ［独］J. W. Stalin, »Politischer Rechenschaftsbericht des Zentralkomitees an den XVI. Parteitag der KPdSU (B), 27. Juni 1930«, in: ders, *Werke*, Bd. 12, Berlin 1954, S. 207–326 u. 333–338, hier: S. 322.

(157) Ree, *Political Thought*, 81.

(158) Simone de Beauvoir, *Force of Circumstance*, trans. Richard Howard (1963; London: Penguin, 1987), 15［シモーヌ・ド・ボーヴォワール著，朝吹登水子・二宮フサ訳『或る戦後』上下巻，紀伊国屋書店，1965年］.

(159) Martin Sabrow, 'Das Charisma des Kommunismus', at http://www.zzf-pdm.de/Portals/_Rainbow/Documents/Sabrow/sabrow_charisma. pdf (last accessed 7 August 2009).

(160) Vladimir Tismaneanu, *Stalinism for All Seasons: A Political History of Romanian Communism* (Berkeley: University of California Press, 2003), 187.

(161) Quoted in Dagros Petrescu, '"Communist Legacies in the "New Europe". History, Ethnicity, and the Creation of a "Socialist" Nation in Romania, 1945–1989', in Konrad H. Jarausch and Thomas Lindenberger (eds.), *Conflicted Memories: Europeanizing Contemporary Histories* (New York: Berghahn Books, 2007), 37–54; here 45.

(162) そこに通じる大通りは，チャウシェスクのたっての意思で，シャンゼリゼ大通りよりも，きっちり1メートル長く造られた．

(163)　[独]Karl Marx, »Zur Kritik der Hegelschen Rechtsphilosophie«[1843], in: ders. u. Friedrich Engels, *Werke*, Bd. 1, Berlin 1976, S. 203-333, hier: S. 234 [カール・マルクス著，城塚登訳『ユダヤ人問題によせて／ヘーゲル法哲学批判序説』岩波文庫，1974 年].

(164)　Claude Lefort, *Un Homme en trop: Réflexions sur 'L'Archipel du Goulag'*(Paris: Seuil, 1976)，特に 57-89[クロード・ルフォール著，宇京賴三訳『余分な人間――『収容所群島』をめぐる考察』未來社，1991 年].

第3章

(1)　[独]Franz Neumann, *Behemoth. Struktur und Praxis des Nationalsozialismus 1933-1944*[1942/1944], übers. von H. Wagner u. G. Schäfer, Frankfurt/M. 1993, S. 540[フランツ・ノイマン著，岡本友孝・小野英祐・加藤栄一訳『ビヒモス――ナチズムの構造と実際』みすず書房，1963 年].

(2)　[独]Adolf Hitler, *Mein Kampf*[1925/1926]. München 1941, S. 187[アドルフ・ヒトラー著，平野一郎・将積茂訳『わが闘争』上下巻，角川文庫，1973 年].

(3)　[独]Max Domarus (Hg.), *Hitler. Reden und Proklamationen 1932-1945*, Bd. 1, Würzburg 1962, S. 893.

(4)　[独]Hess nach Robert Jay Lifton, *Ärzte im Dritten Reich*, übers. von A. Lösch, S. Fetscher u. M. K. Scheer, Stuttgart 1988, S. 36.

(5)　[独]F. T. Marinetti, »Futurist Democracy«[1919], in: ders., *Critical Writings*, hg. von Günter Berghaus, übers. von D. Thompson, New York 2008, S. 300-303, hier: S. 302.

(6)　[独]Mussolini nach Emilio Gentile, »Mussolini's Charisma«, in: *Modern Italy*, Bd. 3(1998), S. 219-235, hier: S. 233.

(7)　A. J. P. Taylor, *The Origins of the Second World War* (New York: Atheneum, 1962), 69[A. J. P. テイラー著，吉田輝夫訳『第二次世界大戦の起源』講談社学術文庫，2011 年].

(8)　Dino Grandi quoted in Emilio Gentile, 'Mussolini's Charisma', in *Modern Italy*, vol. 3(1998), 219-235; here 227.

(9)　Emil Ludwig, *Talks with Mussolini*, trans. Eden and Cedar Paul (Boston: Little, Brown, 1933), 162.

(10)　Quoted in Richard Vinen, *A History in Fragments: Europe in the Twentieth Century*(New York: Da Capo, 2001), 133. ファシズムという言葉自体について言えば，それは明確な政治概念や，ある特定の政治家や哲学者の名から引かれたものではなく，2000 年前にローマ人が持ち歩いた，棒の束にまかれた

斧に由来している．ファシオ(*fascio*)は，もともと権威と統一のシンボルだったが，のちに緊密に組み合わされた人間集団の比喩となった．

(11) ［独］Joachim Fest, *Hitler: Eine Biographie*［1973］, Berlin 2005, S. 614［ヨアヒム・フェスト著，赤羽龍夫ほか訳『ヒトラー』上下巻，河出書房新社，1975年］.

(12) ［独］Hitler, *Mein Kampf*, S. 229-232. だが，ヒトラーは何よりも，ヴェーバーが民主主義に特有なタイプと考えたデマゴーグであった．もう少し正確に言えば，政治的宣伝屋でジャーナリストであった．ヒトラーは演説(とそれより少ない文章)を通じて権力についた．ムッソリーニは，政党指導者になる前はフランス語の教師とジャーナリストとして働き，統領《ドゥーチェ》になってからも何よりも言葉を紡ぐことに専念した——ただヒトラーと違って，行政上の責任もそれなりに真面目に果たした．

(13) Aldo Bertelè の発言．Robert O. Paxton, *The Anatomy of Fascism* (London: Allen Lane, 2004), 16［ロバート・パクストン著，瀬戸岡紘訳『ファシズムの解剖学』桜井書店，2009年］. 議論ではなく行為こそが理論を証明するという考え方は，ナチのヒエラルヒーのあらゆるレベルで見られた．ミヒャエル・ヴィルトによる国家保安本部(Reichssicherheitshauptamt)のスタッフについての研究を参照．Michael Wildt, *Generation des Unbedingten: Das Führungskorps des Reichssicherheitshauptamtes* (Hamburg: Hamburger Edition, 2002).

(14) Quoted in Karl Dietrich Bracher, *The German Dictatorship: The Origins, Structure, and Effects of National Socialism*, trans. Jean Steinberg (New York: Holt, Rinehart & Winston, 1970), 10［K. D. ブラッハー著，山口定・高橋進訳『ドイツの独裁』全2巻，岩波モダンクラシックス，2009年］.

(15) Quoted by Michael Freund, *Georges Sorel: Der revolutionäre Konservativismus* (Frankfurt/Main: Vittorio Klostermann, 1932), 8.

(16) Quoted in *ibid.*, 7.

(17) Quoted by Helmut Berding, *Rationalismus und Mythos: Geschichtsauffassung und politische Theorie bei Georges Sorel* (Munich: Oldenbourg, 1969), 7.

(18) Georges Sorel, *Reflections on Violence*, trans. T. E. Hulme (1915; New York: Peter Smith, 1941), 3-4［ソレル著，今村仁司・塚原史訳『暴力論』上下巻，岩波文庫，2007年］.

(19) *Ibid.*, 3 and 5.

(20) See Jeremy R. Jennings, *Georges Sorel: The Character and Development of his Thought* (Basingstoke: Macmillan, 1985).

(21) Freund, *Georges Sorel*, 13.

(22) *Ibid.*, 14.

(23) この点を最も力強く指摘したものとして，Isaiah Berlin, 'Georges Sorel', in Isaiah Berlin, *Against the Current: Essays in the History of Ideas*(Oxford: Clarendon, 1981), 296-332[バーリン著，田中治男訳「ジョルジュ・ソレル」『思想と思想家：バーリン選集 1』岩波書店，1983 年].

(24) Letter to Robert Michels, 12 May 1909, in *Max Weber-Gesamtausgabe* II: 6, ed. M. Rainer Lepsius and Wolfgang J. Mommsen, in collaboration with Birgit Rudhard and Manfred Schön(Tübingen: Mohr Siebeck, 1994), 125. さらに『社会主義』と『職業としての政治』におけるサンディカリストへのヴェーバーの言及も参照のこと.

(25) Sorel, *Reflections*, 172.

(26) *Ibid*., 15.

(27) ソレルは神話をユートピアと峻別した．ユートピアが「知的産物」であるのに対して，神話は「特定の集団の持つ確信と同じである．なぜならこの確信を運動の言葉で表現したものが神話だからだ」．彼は指摘する．「現代のわれわれの神話が，現存するものの破壊に向けた戦いの準備へと人びとを導くのに対して，ユートピアの働きはつねに精神を，既存体制の部分的変化にすぎない改良へと導く」と．*Ibid*., 33.

(28) *Ibid*., 37.

(29) *Ibid*., 86.

(30) *Ibid*., 144.

(31) *Ibid*., 91.

(32) *Ibid*., 99.

(33) Zeev Sternhell, with Mario Sznajder and Maia Asheri, *The Birth of Fascist Ideology: From Cultural Rebellion to Political Revolution*, trans. David Maisel(Princeton, NJ: Princeton University Press, 1994).

(34) Mark Antliff, *Avant-garde Fascism: The Mobilization of Myth, Art, and Culture in France, 1909-1939*(Durham, NC: Duke University Press, 2007).

(35) Carl Schmitt, 'Die politische Theorie des Mythus', in Carl Schmitt, *Positionen und Begriffe im Kampf mit Weimar - Genf - Versailles*(1940; Berlin: Duncker & Humblot, 1988), 9-18; here 11.

(36) *Ibid*., 15 and 17.

(37) *Ibid*., 16 and 17.

(38) [独]Benito Mussolini, *Die Lehre des Faschismus*, Rom o. J.[um 1935], S. 34.

(39) Quoted in Vinen, *A History in Fragments*, 136.

(40) François Furet, *Le Passé d'une illusion: Essai sur l'idée communiste au XXe siècle*(Paris: Robert Laffont, 1995), 197-198[フランソワ・フュレ著，楠

瀬正浩訳『幻想の過去――20世紀の全体主義』バジリコ，2007年］.

(41)［独］F. T. Marinetti, »Manifest des Futurismus«[1909], in: Hansgeorg Schmidt-Bergmann (Hg.), *Futurismus. Geschichte, Ästhetik, Dokumente*, Reinbek bei Hamburg 2009, S. 75–80, hier: S. 77 f. 未来主義者がそのことを真剣に考えており，彼らがファシズムの露払いであることをここではっきりさせておこう．1909年のあるインタビューでマリネッティは，戦争が「野蛮時代への逆行」ではないかという問いに対して次のように明言した．「そうです．しかし，それは他の何にもまして重要な健康の問題なのです．結局国民の命は，感染症や血液過多を浴槽と瀉血によって治癒する個人の場合と同じではありませんか」．'Futurism: An Interview with Mr. Marinetti in *Comoedia*', in *F. T. Marinetti: Critical Writings*, ed. Günter Berghaus, trans. Doug Thompson (New York: Farrar, Straus & Giroux, 2006), 18–21; here 19.

(42) 'In This Futurist Year', in *ibid.*, 231–237; here 235. このテキストは1914年11月から終戦までに数回登場した．

(43) とりわけマリネッティは，「衰退，悲観主義，怠惰，ノスタルジー，中立主義」を誘発するとしてパスタを非難した．Quoted in Vinen, *A History*, 135.

(44) Jeffrey Herf, *Reactionary Modernism: Technology, Culture, and Politics in Weimar and the Third Reich* (New York: Cambridge University Press, 1984), 2. 次も参照．Roger Griffin, *Fascism and Modernism: The Sense of a Beginning under Mussolini and Hitler* (New York: Palgrave, 2007).

(45) ケインズ自身はナチスを最初から忌み嫌っていた．ところが，1945年以後の新自由主義的なケインズ主義批判者は，経済への国家介入という「中道路線」に「ファシズム」という汚名を着せようとし，しかもそれはイタリアなどでは成功した．

(46) Donald Sassoon, *Mussolini and the Rise of Fascism* (London: HarperPress, 2007), 13.

(47) Ilse Staff, 'Der faschistische Korporativstaat und die ihn bestimmenden Ideologien', in Aldo Mazzacane et al. (eds.), *Korporativismus in den südeuropäischen Diktaturen* (Frankfurt/Main: Vittorio Klostermann, 2005), 91–127.

(48) Quoted by Luciano Canfora, *Democracy in Europe: A History of an Ideology*, trans. Simon Jones (Malden, Mass.: Blackwell, 2006), 159.

(49) これは当時すでに認識されていたことである．ハーバードの保守的な教授W. Y. エリオットは1928年に次のように書いている．「ファシズムのイデオロギーとは，一種のマキアヴェッリ風プラグマティズム，ジェンティーレ風の観念論，ソレル風の神話作成と暴力，そのうえギルド社会主義とイタリア・サンディカリズムの職能主義まで含んだ奇妙な寄せ集めである」(Elliott, *Pragmatic Revolt*, 10).

(50) 紛らわしいことに，シュパンはその全体論(と民族的特殊主義と)を「普遍主義」と名付けた．See Othmar Spann, *Der wahre Staat: Vorlesungen über Abbruch und Neubau der Gesellschaft* (1921; Graz: Akademische Druck-u. Verlagsanstalt, 1972).

(51) Gerard Mozetič, 'Outsiders and True Believers: Austrian Sociologists Respond to Fascism', in Stephen Turner and Dirk Käsler (eds.), *Sociology Responds to Fascism* (New York: Routledge, 1992), 14–41.

(52) Benito Mussolini, *My Rise and Fall* (1928/1948; New York: Da Capo Press, 1998), 274.

(53) Quoted in A. James Gregor, *Mussolini's Intellectuals: Fascist Social and Political Thought* (Princeton, NJ: Princeton University Press, 2006), 128.

(54) Quoted in *ibid.*, 129.

(55) See also his *Memoirs of the Twentieth Century*, trans. Anthony G. Costantini (Amsterdam: Rodopi, 2000), 37–46.

(56) See Wolfgang Schivelbusch, *Three New Deals: Reflections on Roosevelt's America, Mussolini's Italy, and Hitler's Germany, 1933–1939* (New York: Metropolitan, 2006) [W. シヴェルブシュ著，小野清美・原田一美訳『三つの新体制——ファシズム，ナチズム，ニューディール』名古屋大学出版会，2015年].

(57) Giovanni Gentile, 'Il mio liberalismo', in Giovanni Gentile, *Che cosa è il fascismo? Discorsi e polemiche* (Florence: Vallechi, 1925), 119–122. このエッセイは，もともと1923年に公刊されたものである．

(58) A. James Gregor, *Giovanni Gentile: Philosopher of Fascism* (New Brunswick, NJ: Transaction, 2001), 30–31.

(59) [独]Mussolini, *Die Lehre des Faschismus*, S. 21f.

(60) Richard Bellamy, *Modern Italian Social Theory: Ideology and Politics from Pareto to the Present* (Cambridge: Polity, 1987), 109.

(61) *Ibid.*, 58.

(62) M. E. Moss, *Mussolini's Fascist Philosopher: Giovanni Gentile Reconsidered* (New York: Peter Lang, 2004).

(63) Quoted in Gregor, *Gentile*, 34.

(64) Quoted in *ibid.*, 59.

(65) Quoted in Reinhard Mehring, *Carl Schmitt: Aufstieg und Fall* (Munich: C. H. Beck, 2009), 370.

(66) [独]Mussolini, *Die Lehre des Faschismus*, S. 76.

(67) Quoted in Gregor, *Gentile*, 63.

(68) Gentile, 'The Philosophic Basis', 302–303. See also the 1917 'Futurist

Democracy.'「われわれは……何かをする権利も何もしない権利もすべてを，数と量，すなわち大衆に安心して委ねることができる．なぜなら，われわれのところでは，数と量，すなわち大衆が，ドイツやロシアのように凡庸で無能で怠惰な存在ではないからだ」(*Marinetti*, 300-303; here 301)．

(69)　[独]Gentile, »The Philosophic Basis of Fascism«, S. 302-303.

(70)　ただしこの言葉は，1950年代に，ある特定の種類の体制を記述する，一見価値中立的な社会科学用語へと一度は変容したのだが．

(71)　Quoted by Ruth Ben-Ghiat, *Fascist Modernities: Italy, 1922-1945* (Berkeley: University of California Press, 2001), 4.

(72)　R. J. B. Bosworth, 'Italy', in Gerwarth (ed.), *Twisted Paths*, 161-183; here 170-171.

(73)　Paul Baxa, 'Capturing the Fascist Moment: Hitler's Visit to Italy in 1938 and the Radicalization of Fascist Italy', in *Journal of Contemporary History*, vol. 42 (2007), 227-242, and Fest, *Hitler*, 787.

(74)　Paolo Pombeni, 'The Roots of the Italian Political Crisis: A View from History, 1918, 1945, 1989, and After', in Carl Levy and Mark Roseman (eds.), *Three Postwar Eras in Comparison: Western Europe, 1918-1945-1989* (New York: Palgrave, 2002), 276-296.

(75)　Bosworth, 'Italy', 177.

(76)　Quoted in Sassoon, *Mussolini*, 11.

(77)　Alessandra Tarquini, *Il Gentile dei fascisti: gentiliani e antigentiliani nel regime fascista* (Bologna: Il Mulino, 2009).

(78)　ホルティがそうしたのは，協商国から強い圧力を受けてのことだった．君主は1921年に正式に廃位となった．

(79)　António Costa Pinto, *Salazar's Dictatorship and European Fascism: Problems of Interpretation* (New York: Columbia University Press, 1995).

(80)　Paul Hanebrink, *In Defense of Christian Hungary: Religion, Nationalism, and Antisemitism, 1890-1944* (Ithaca, NY: Cornell University Press, 2006), 165.

(81)　Gerhard Besier, *Das Europa der Diktaturen* (Munich: DVA, 2006), 126-127.

(82)　Quoted in Mazower, *Dark Continent*, 27.

(83)　1960年代になってもサラザールは以下のように公言している．「最善の方式，そしておそらく将来の方式だと考えられるのは，政府が立法を，諸団体の代表機関と協議し，できれば法的専門家の委員会に支えられて行うやり方である」．そしてまた「良い政府の安定こそが国民にとって最高の恩恵だとわたしは思う」とも断言している．See *Salazar Says...* (Lisbon: S. P. N., 1963), 27 and

26.

(84) 文字通りには「ディレッタントのシャボン玉」である．See Weber, 'Wahlrecht und Demokratie in Deutschland', in *Max Weber-Gesamtausgabe* I: 15, ed. Wolfgang Mommsen in collaboration with Gangolf Hübinger (Tübingen: Mohr Siebeck, 1984), 347–396; here 355–363［マックス・ヴェーバー著，山田高生訳「ドイツにおける選挙法と民主主義」マックス・ヴェーバー著，中村貞二ほか訳『政治論集』第1巻，みすず書房，1982年］.

(85) Mozetič, 'Outsiders'.

(86) Besier, *Das Europa*, 280.

(87) Ivan T. Berend, *Decades of Crisis: Central and Eastern Europe before World War II* (Berkeley: University of California Press, 1998), 305.

(88) *Ibid.*, 304.

(89) ヴィシー政府の宣伝の自虐的性質は，クロード・シャブロルの映画『ヴィシーの眼(*L'Oeil de Vichy*)』に鮮やかに描かれている．

(90) James, *Europe*, 205.

(91) Quoted by Marc Olivier Baruch, 'Charisma and Hybrid Legitimacy in Pétain's *Etat français* (1940–44)', in António Costa Pinto, Roger Eatwell and Stein Ugelvik Larsen (eds.), *Charisma and Fascism in Interwar Europe* (London: Routledge, 2007), 77–86; here 80.

(92) Sigmund Neumann, *Permanent Revolution: The Total State in a World at War* (New York: Harper, 1942), 230［シグマンド・ノイマン著，岩永健吉郎・岡義達・高木誠訳『大衆国家と独裁——恒久の革命』みすず書房，1960年］.

(93) 確かにナチ・ドイツとファシスト・イタリアは全く同じ軌道を最後まで一緒に進んだわけではない．ナチスは完全な自己破壊へと進まざるをえなかったのに対し，イタリアの伝統的制度は何がしかの力を持ち続けていた(たとえば軍隊は最後まで国王に忠実だった)．にもかかわらず，この二つの体制は，他の権威主義体制と質的に異なるものだった．See MacGregor Knox, *Common Destiny: Dictatorship, Foreign Policy, and War in Fascist Italy and Nazi Germany* (New York: Cambridge University Press, 2000).

(94) 興味深い中間的事例はフランコである．彼は権力を君主に移譲した．

(95) Emilio Gentile, *The Sacralization of Politics in Fascist Italy*, trans. Keith Botsford (Cambridge, Mass.: Harvard University Press, 1996).「政治宗教」という命名は，「ウルトラ・ナショナリズムの転生したポピュリスト的形態」というファシズムの定義同様，ファシズムの重要な側面を捉えている．前者はイタリアの研究者エミリオ・ジェンティーレに由来し，後者はロジャー・グリフィンが，ジェンティーレのアプローチの多くを取り込んだうえで唱えたもので

ある．しかしながら，本文でのわたしの議論が明らかにしたように，二つの定義はいくつかの点で曖昧であり，ファシストが闘争というものにどれほど高い価値を置いていたかという点も捉え損ねている．「ウルトラ・ナショナリズム」という捉え方は，つねに人種主義に転じていくファシズムの民族集団概念を無害なものに見せてしまうし，他方で「転生」という捉え方は多くの(場合によってはすべての)運動に当てはまる．さらに政治宗教に関する研究は——必ずではないが——ときに問題含みの社会的，規範的想定をともなう．世俗化された社会には無規範状態(アノミー)と意味への渇望が広く存在するという想定である．わたしが「政治宗教」パラダイムに若干懐疑的なのは，ファシズム体制下の男女の多くが，ファシスト宣伝家たちの推し進めた，ジェンティーレのいわゆる「人間革命」を実際には経験しなかったという事実に基づくものではない．全体主義の概念の場合と同様に，運動の目標と，実現した体制のもとでの生活の現実とを区別することが大切なのである．思想史研究が前者に関わるものであることが明らかな以上，生きられた経験は「実際には全く別だった」という事実をもちだしても，決定的反論にはなりえないだろう．グリフィンのアプローチについては *The Nature of Fascism*(London: Pinter, 1991)を参照．

(96) Alfred Baeumler, *Bildung und Gemeinschaft* (Berlin: Junker & Dünnhaupt, 1942).

(97) とはいえ，独自のナチ的キリスト教を唱えたナチ思想家も多かった．See Richard Steigmann-Gall, *The Holy Reich: Nazi Conceptions of Christianity, 1919–1945*(New York: Cambridge University Press, 2003).

(98) ヒトラー自身，その本の一部分しか読んでいないことを認めている．Ernst Piper, *Alfred Rosenberg: Hitlers Chefideologe* (Munich: Karl Blessing, 2005), 186.

(99) Quoted by Roberto Esposito, *Bíos: Biopolitics and Philosophy*, trans. Timothy Campbell(Minneapolis: University of Minnesota Press, 2008), 142.

(100) 洗礼式は命名式と改名され，以下の文が唱えられることになっていた．「われらは血の担い手，民族を信ず．また神がわれらに定めたもうた総統を信ず」. See Peter Longerich, *Heinrich Himmler*(Berlin: Siedler, 2008), 299.

(101) Quoted in Michael Burleigh, *The Third Reich: A New History*(London: Pan, 2001), 13[引用部分はドイツ語版に拠った].

(102) Wolfgang Schieder, *Faschistische Diktaturen: Studien zu Italien und Deutschland*(Göttingen: Wallstein, 2008), 17.

(103) Ben-Ghiat, *Fascist Modernities*, 17–19.

(104) *Ibid.*, 5.

(105) Quoted by Ben-Ghiat, *Fascist Modernities*, 19.

(106) Robert S. C. Gordon, 'Race', in R. J. B. Bosworth(ed.), *The Oxford Hand-*

book of Fascism (New York: Oxford University Press, 2009), 296-316.

(107) Quoted by Esposito, *Bíos*, 112.

(108) この点がファシズムのひとつの特徴であり，イタリアとドイツの両体制の共通点だとしてよいだろうか？ 然り，と言ってよい．なぜなら他のどんな主要イデオロギーも闘争の価値をこれほど重視はしなかったからである．確かに，プロレタリアートも闘いに従事する集合体である．しかし，プロレタリアートの闘いには終わりがあり，闘争の終了後に何かの価値が実際に失われるわけではない．

(109) ローゼンベルクの霊的人種主義が，政治意志と生物学的決定論との間にある決して解かれることのないこの矛盾を，典型的に示している．もちろん，戦争に負けることでドイツ人は，ヒトラーが期待した人種ではないことを自ら証明したと主張することもできた．ヒトラーが1945年にドイツ人の全滅を本当に望んだのはこうした理由からだった．

(110) 以下の見事な研究を参照せよ．Peter Fritzsche and Jochen Hellbeck, 'The New Man in Stalinist Russia and Nazi Germany', in Geyer and Fitzpatrick (eds), *Beyond*, 302-341; here 303, 314 and 339.

(111) Claudia Koonz, *The Nazi Conscience* (Cambridge, Mass.: Harvard University Press, 2003).

(112) Michael Wildt, *Volksgemeinschaft als Selbstermächtigung: Gewalt gegen Juden in der deutschen Provinz 1919 bis 1939* (Hamburg: Hamburger Edition, 2007).

(113) Michael Stolleis, 'Gemeinschaft und Volksgemeinschaft: Zur juristischen Terminologie im Nationalsozialismus', in *Vierteljahrshefte für Zeitgeschichte*, vol. 20 (1972), 16-38.

(114) Reemtsma, *Vetrauen und Gewalt*, 392.

(115) Mehring, *Schmitt*, 367.

(116) Quoted in Gregor, *Mussolini's Intellectuals*, 119.

(117) Carl Schmitt, *Constitutional Theory*, trans. Jeffrey Seitzer (1927; Durham, NC: Duke University Press, 2008) ［カール・シュミット著，阿部照哉・村上義弘訳『憲法論』みすず書房，1974年］.

(118) Reinhard Höhn, *Frankreichs Demokratie und ihr geistiger Zusammenbruch* (Darmstadt: L. C. Wittich, 1940).

(119) Alfred Baeumler, *Alfred Rosenberg und der Mythus des 20. Jahrhunderts* (Munich: Hoheneichen, 1943), 19.

(120) Quoted in Fest, *Hitler*, 595.

(121) Gentile, 'Mussolini's Charisma', 230-231.

(122) *Ibid.*, 227. 少なくとも，「長いナイフの夜」[1934年にエルンスト・レーム

ら突撃隊幹部らが粛清された事件］以後の時代ではそうであった．

(123)　Fest, *Hitler*, 597.

(124)　Wildt, *Generation*, 13.

(125)　Stolleis, ‘Gemeinschaft’.

(126)　Carl Schmitt, *Staat, Bewegung, Volk: Die Dreigliederung der politischen Einheit* (Hamburg: Hanseatische Verlagsanstalt, 1935)［初宿正典訳「国家・運動・民族――政治的統一体を構成する三要素」カール・シュミット／カール・シュルテス，服部平治ほか訳『ナチスとシュミット――三重国家と広域秩序』木鐸社，1976年，7-81頁］.

(127)　Quoted in Gorlizki and Mommsen, ‘The Political (Dis)Orders’, 54.

(128)　これは中世の「王の二つの身体」という議論を先鋭化したものである．次を参照．Ernst H. Kantorowicz, *The King's Two Bodies: A Study in Medieval Political Theology* (Princeton, NJ: Princeton University Press, 1997)［エルンスト・H.カントーロヴィチ著，小林公訳『王の二つの身体――中世政治神学研究』上下巻，ちくま学芸文庫，2003年］.

(129)　Ernst Fraenkel, *The Dual State: A Contribution to the Theory of Dictatorship*, trans. E. A. Shils, in collaboration with Edith Lowenstein and Klaus Knorr (New York: Oxford University Press, 1941)［E.フレンケル著，中道寿一訳『二重国家』ミネルヴァ書房，1994年］.

(130)　このフレーズ［「総統の意志を汲んで働く」］は，ヴェルナー・ヴィリケンスというナチ官吏［プロイセン農務省事務次官］が最初に使ったものであり，イアン・カーショーが，一見自己急進化を続けるナチ体制のなかのヒトラーの役割を解釈する際に鍵となったものである．See Ian Kershaw, *Hitler*, 2 vols (New York: W. W. Norton, 2000 and 2001)［イアン・カーショー著，川喜田敦子・福永美和子訳，石田勇治監修『ヒトラー』全2巻，白水社，2015/2016年］.

(131)　Gorlizki and Mommsen, ‘Political (Dis)Orders’, 56.

(132)　Franz Neumann, *Behemoth: The Structure and Practice of National Socialism* (London: Left Book Club Edition, 1942), 383［フランツ・ノイマン著，岡本友孝・小野英祐・加藤栄一訳『ビヒモス――ナチズムの構造と実際』みすず書房，1963年］.

(133)　Mehring, *Schmitt*, 340.

(134)　Hannah Arendt, *The Origins of Totalitarianism* (New York: Harcourt, 1976), 459［ハンナ・アーレント著，大久保和郎・大島通義・大島かおり訳『全体主義の起原』全3巻，みすず書房，2017年］.

(135)　Christopher R. Browning and Lewis H. Siegelbaum, ‘Frameworks of Social Engineering: Stalinist Schema of Identification and the Nazi Volks-

gemeinschaft', in Geyer and Fitzpatrick (eds.), *Beyond*, 231–265; here 262.

(136) Gorlizki and Mommsen, 'Political (Dis) Orders', 64.

(137) *Ibid.*, 82.

(138) Dan Diner, *Weltordnungen: Über Geschichte und Wirkung von Recht und Macht* (Frankfurt/Main: Fischer, 1993).

(139) ヒトラーによる国家の定義は簡単である.「国家は特定の経済編成や経済発展とは無関係である. 限られた生活空間のなかで経済的課題を果たすために競争者が作る統合でもない. それは肉体的・精神的に同等な生存者が種の存続を維持改善し, 生活の将来の目標を達成するために作る共同体の組織である. これだけが国家の目的と意味である」(*Mein Kampf*, trans. Ralph Mannheim (London: Pimlico, 2001), 137).

(140) Quoted in Davide Rodogno, *Fascism's European Empire: Italian Occupation during the Second World War*, trans. Adrian Belton (New York: Cambridge University Press, 2006), 59.

(141) Richard Overy, *The Dictators: Hitler's Germany and Stalin's Russia* (London: Penguin, 2004), 574–577.

(142) [独]Hitler, *Mein Kampf*, S. 1.

(143) Quoted in Piper, *Rosenberg*, 598.

(144) Hannah Arendt, 'The Seeds of a Fascist International', in Arendt, *Essays*, 140–150; here 144 [ハンナ・アーレント「ファシスト・インターナショナルの種」ジェローム・コーン編, 齋藤純一・山田正行・矢野久美子訳『アーレント政治思想集成 1 組織的な罪と普遍的な責任』みすず書房, 2002 年]. このエッセイは, 最初は 1945 年に刊行された.

(145) Alexandre Kojève, 'Outline of a Doctrine of French Policy', in *Policy Review*, no. 123 (2004), 3–40 (translation modified).

(146) Browning and Siegelbaum, 'Frameworks', 261.

(147) Quoted in Kershaw, *Hitler*, vol. 1, 125.

(148) Gunnar Heinsohn, *Warum Auschwitz?* (Hamburg: Rowohlt, 1995) and Roberts, *Totalitarian Experiment*.

(149) Quoted in Overy, *Dictators*, 589.

(150) Quoted by Fest, *Hitler*, 1046.

(151) Thomas Mann, 'Schicksal und Aufgabe', in *Gesammelte Werke*, vol. 12 (Frankfurt/Main: Fischer, 1960), 918–939 [トーマス・マン著, 池田紘一訳「運命と使命」『トーマス・マン全集』第 11 巻, 新潮社, 1972 年]. ファシズムを扱うのに医学的比喩を用いることが適切かどうかは, 検討の余地がある (クローチェはファシズムを「道徳的病気」と呼んだが, これはもうひとつの著名な例である). そうすると, 政治現象を自然現象として扱うことになるだけで

なく，彼らが反対しようとしている当の相手の言語の使い方に囚われることにもなるからである．